AF155534

Carl Gottfried Vollmer

Natur- und Sittengemälde der Tropenländer

weitsuechtig

Carl Gottfried Vollmer

Natur- und Sittengemälde der Tropenländer

ISBN/EAN: 9783956560637

Auflage: 1

Erscheinungsjahr: 2013

Erscheinungsort: Bremen, Deutschland

weitsuechtig

Natur- und Sittengemälde

der

Tropen - Länder.

Skizzen einer Reise
durch Süd - America und um die Welt
in 14 Vorlesungen

von

Dr. Vollmer,

Professor der Physik und Chemie.

Mit dem Bildnisse des Verfassers,
e'iner Karte und acht Abbildungen.

München 1828.
Bey Friedrich Wilhelm Michaelis.

Gedruckt bey Dr. Carl Wolf.

Den schönen Schwestern

der

Grazien und Musen

den Fräulein

Louise und Emilie

Baroninen von Lilienstern

widmet als Zeichen der innigsten Verehrung

und Hochachtung

diese Blätter

der Verfasser.

Vorwort.

Es ist ein kühnes Unternehmen, in dem kleinen Raum der folgenden Blätter eine so grosse Reise zu beschreiben. Die Vorlesungen, welche ich im verflossenen Frühjahr hierselbst hielt, veranlassten mehrere meiner Herren Auditoren zu dem, mir sehr schmeichelhaften Wunsch, dieselben gedruckt zu sehn, um eine bleibende Erinnerung an jene Abende zu haben.

So wenig ich nun früher gesonnen war, meine Reise herauszugeben, da so viele und treffliche Werke über denselben Gegenstand schon vorhanden sind, so bewog mich jene Aufforderung doch, das, was ich in den 14 Vorlesungen gesagt hatte, in flüchtigen Zügen zu Papier zu bringen. So entstanden diese Scizzen, welche nicht als ein geographisches, physikalisches oder naturhistorisches Werk, sondern nur als eine Zusammenstellung der interessantesten Erscheinungen und Begebenheiten zu betrachten sind.

Zehn Jahr sind seit jener Zeit verflossen, und viel muss sich verändert haben, ich bin daher ohne Zweifel in den Fall gekommen, manches nieder zu schreiben, was jetzt nicht mehr so ist, wie denn z. B. die Soldaten von Rio de Janeiro jetzt trefflich uniformirt, und nur in Rücksicht auf ihren Löwenmuth noch die alten seyn sollen etc. etc. Da jedoch dies Büchlein durchaus keine politische Beziehung hat, so sind jene Veränderungen, für dasselbe, nicht von Wichtigkeit; es ist ein Naturgemälde jener Länder, und die Natur verändert sich nicht so schnell.

Der Versuch einer ästhetischen Behandlung dieses grossen Gegenstandes muss die sonstigen Mängel entschuldigen, mit der Bitte dies zu berücksichtigen, und sonach ein mildes Urtheil darüber zu fällen, übergebe ich dasselbe dem Publikum.

München im Juni 1828.

Der Verfasser.

Namen der verehrlichen Herren Subscribenten.

		Velin-papier.	Weisses Druckp.
1	Hr. v. Aichberger, k. Regierungsrath	—	1
2	„ Gr. v. Arko, Exc., Obristhofm.	1	—
3	„ Arnold, Kassier b. d. k. Hofbauint.	1	—
4	„ Bader, Dekan u. Pfarer zu Grafing	—	1
5	„ Bauer, Oberappellatgerichtsr.	—	1
6	„ Beckers, Oberappellgerichtsr.	1	—
7	„ Bellile	—	1
8	„ Beutelhauser, Oberaufschläger	—	1
9	die Bibliothek der Stände	—	1
10	die Bibliothek des 1sten Inf. Regim. .	—	1
11	Hr. v. Binder	—	1
12	„ Böhm, Glaser	—	1
13	„ v. Bosch, Major	—	1
14	„ Boshart	—	1
15	„ W. Brand, herrschaftl. Kammerd.	—	1
16	„ Brandmaier, Dekan, Abgeordneter bei der Ständeversamml. .	—	1
17	„ v. Branka, Frhr. u. Gutsbesitzer	—	1
18	„ Bürgel	—	1
19	„ Bürger	—	1
20	„ v. Caspar, k. Appellgerichtsr. .	1	—
21	„ v. Closen, Frhr. Ministerialrath	1	—
22	„ Degmaier	—	1
23	„ Deigelmeyer, Maurermeister . .	—	1
24	„ Delling, k. Appellgerichtsr. . .	—	1
25	„ Dippel, Oberbürgerm. Abgeordn.	—	1
26	„ Duschl, Bierbrauer	—	1
27	„ v. Ehrne	—	1
28	„ v. Eichthal, Simon, Baron . .	—	1

			Vélin-papier.	Weisses Druckp.
29	Hr.	Fahrnbacher	—	1
30	„	v. Fieck, Baron, Obrist . . .	—	1
31	„	v. Frauenberg, Frhr., Erzbischoff von Bamberg	1	—
32	„	v. Freyberg, Frhr., Appellations-gerichts - Director	—	1
33	„	v. Freiberg, Frhr., Ministerialr.	1	—
34	„	v. Fürstenwärter, Frhr.; Obristl.	—	1
35	„	Furtner Dr., Regimentsarzt . . .	—	1
36	„	Gattinger, Buchhalter b. d. k. Staatsschuldentilgungs - Cassa .	—	1
37	„	Gebhard, Staabsarzt	—	1
38	„	v. Gebsattel, Frhr., Erzbischoff von München	—	1
39	„	v. Geiger, Generalsekretär . .	—	1
40	„	v. Geiger I., Rathsaccessist . .	—	1
41	„	v. Geiger, Dr.	—	1
42	„	v. Griesenbeck, Frhr., Major .	—	1
43	„	v. Gruben, Baron, k. Kammerhr.	2	—
44	„	v. Hagen, k. Registrator . . .	1	—
45	„	v. Handel, Frhr., Rittmeister .	—	1
46	„	Harras G., Kaufmann . . .	1	—
47	„	Haushalter Carl, k. Hoffourier .	—	1
48	„	v. Haxzi, Staatsrath	—	1
49	„	Hegnitz, k. b. Kammerherr . .	—	1
50	„	v. Heilbronner, Rittmeister . .	—	1
51	„	Heinrichen, Oberappellgerichtsr.	1	—
52	„	v. Heckenstaller, Domdechant .	1	—
53	„	v. Heldenberg, Regierungs - und Forstrath	—	1
54	„	v. Hepp, Baron, k. Zahlmeister	—	1
55	„	v. Heppenstein	—	1
56	„	v. Himbsel, k. Baurath . . .	1	—
57	„	Hinkert, k. Hofgärtner . . .	—	1
58	Fräulein N. v. Hinsberg			—	1

			Velin-papier.	Weisses Druckp.
59	Hr.	v. Hofstetten, k. Oberappellgerr.	—	1
60	„	Heckl, Poststallmeister	—	1
61	„	Iakob, Dr., k. Rath	—	1
62	„	Iakobezky, Kammerfourier	—	1
63	„	v. Iägerhuber	1	1
64	„	Kaula Ioh.	—	1
65	„	v. Kern, Ritter, k. b. Rath	—	1
66	„	v. Kersdorf	—	1
67	„	Kiefhaber, Dr., k. b. Rath	—	1
68	„	v. Kirschbaum, Staatsrath	1	—
69	„	Klar, Bürgermeister	—	1
70	„	Kleinmeyer in Grafing	—	1
71	„	Knopp, Staatsrath	1	—
72	„	v. Kobell, Egid, k. Staatsrath	—	1
73	„	Koppenstädter, Bataillonsarzt	—	1
74	„	Kraft	—	1
75	„	Kremer, Bürgermeister, Abgeordn.	—	1
76	„	Krempelhuber	—	1
77	„	v. Kreuser, Freiherr	—	1
78	„	v. Künsberg, Frhr., k. Rath	1	—
79	„	v. Küster, k. preuss. Gesandter	1	—
80	„	v. Ladiges, E.	—	1
81	„	v. Lampel, k. Rath	1	—
82	„	Langbein	—	1
83	„	La Rossee, Hauptmann b. Leibr.	—	1
84	„	La Rossee Desider., k. Kammerhr.	—	1
85	„	Leichner, Bijoutier	—	1
86	„	v. Lengrisser, Dr., Ritter	—	1
87	„	Lodron Gr. v., Iohanniter - Ritter-Ordens - Commandeur	—	1
88	„	Loesch, Abgeordneter der Ständeversammlung	—	1
89	„	v. Löwenstein fürstl. Durchl.	—	1
90	„	v. Lipowski, Reichsarchivar und Zentral - Rath	1	—

			Velin-papier.	Weisses Druckp.
91	Hr.	Macek, königl. Zahlmeister	—	1
92	„	v. Maderny, Freiherr	—	1
93	„	Maffei, Cavaliere, königl. Rath	1	—
94	„	Maierl	—	1
95	„	Maier, General-Lotto-Administ.	—	1
96	„	Maximilian, Herz. in Bayern k. H.	1	—
97	„	v. Mann, Staatsrath u. Präsident	1	—
98	„	Marx, Gebrüder, Grosshändler	1	—
99	„	Marx, Isidor	—	1
100	„	v. Mettingh, Kammerherr und Oberst à la Suite	—	1
101	„	Miller, General-Maut-Direktor	—	1
102	„	Molerus, B. v., k. niederl. Gesand.	—	1
103	„	v. Montgelas, k. Staatsminister	—	1
104	„	v. Morigotti, Ober-App. Ger. Dir.	—	1
105	das	Museum zu München	—	2
106	Hr.	v. Neumaier, Staatsrath	—	1
107	„	Obermayer I. B.	—	1
108	„	v. Oefele, Freiherr	—	1
109	„	v. Orf, Dr. C. Ritt., k. Mediz. Rth.	—	1
110	„	Ott, M. Hofoffiziant	—	1
111	„	v. Pakenreith	—	1
112	„	v. Pappenheim, Gr. Generallieut.	—	1
113	„	Pappenheimer I. H. Groshändler.	—	1
114	„	v. Paumgarten, Graf	—	1
115	„	v. Pidoll, Oberpostrath	—	1
116	„	v. Perfall, Frhr. Maj. u. Kämmer.	—	1
117	„	v. Pfetten, Freiherr	—	1
118	„	Ioseph Pösenbacher	—	1
119	„	Probst, Magistrats- u. Baurath	—	1
120	„	v. Ranson, Baurath	1	—
121	„	Rechberg, Gr. v., General-Lieut.	1	—
122	„	Reichmann	—	1
123	„	Reiter, Lehrer in Grafing	—	1
124	Fräulein	v. Reizenstein, Baronin	—	1

			Velinpapier.	Weisses Druckp.
125	Hr.	v. Reuss, Graf	1	—
126	„	v. Ringel, Staatsrath	1	—
127	„	v. Rieg, Bischof von Augsburg	—	1
128	„	Dr. v. Ringseiss, Ober-Medizrth.	—	1
129	„	v. Ruffini Aug., Baron . . .	—	1
130	„	v. Sandizell, Graf	1	—
131	„	Sartori, Landrichter	—	1
132	„	v. Sapprta, Gr. Kammerhern	—	1
133	„	Schanzenbach, Rentbeamter . .	—	1
134	„	v. Schilcher, Staatsrath . . .	—	1
135	„	Schindler, Kaufmann	—	1
136	„	v. Schleich, Freyh. k. Kämmerer	—	1
137	„	Dr. Schneider, Professor . .	—	1
138	„	Scholwöck, k.Ober-Vormundsch.R..	—	1
139	„	Schreibmaier, Kaufmann . . .	1	—
140	„	Schröder, Richard	—	1
141	„	v. Schultes, Auditor d. k. Gensd.	—	1
142	„	Schwab, Uhrmacher	—	1
143	„	v. Schwerin, Freiherr . . .	1	—
144	„	v. Seiboldsdorf, Graf	1	—
145	„	Seiling, Ober-Appell. Grchtsrth .	—	1
146	„	Seinsheim August, Gr. v. . .	—	1
147	„	Seitz, Hofgärtner	1	—
148	„	Seybold, Ober-Forstrath . . .	—	1
149	„	Spies, Ministerialrath . . .	—	1
150	„	Spittler, Abgeordneter . . .	1	—
151	„	Stieler, Dr. Ober-Consistorialr.	—	1
152	„	v. Streber, Bischof	1	1
153	„	v. Ströhl, Frhr. Generallieut. .	—	1
154	„	v. Sutner, Staatsrath	—	1
155	„	v. Thürheim, Gr. k. Staatsmin.	—	1
156	„	Tascher de la Pagerie, Graf .	—	1
157	„	Töring Seefeld, Graf Major .	—	1
158	„	Unruh, Dr. und Professor. .	—	1
159	„	Urban, Pfar. a. d. M. K. U. L. Fr.	—	1

			Velin-papier	Weisses Druckp.
160	„	*v. Verger, Oberlieutenant* . .	—	1
161	„	*Vetterlein, Regierungsr. Abgeord.*	—	1
162	„	*Vogt*	—	1
163	„	*Vogel, Gutsbesitzer*	—	1
164	„	*Volke, k. Controleur*	—	1
165	„	*Vorherr, k. Baurath*	—	1
166	„	*Wächter, Abgeordneter* . . .	—	1
167	*Frau*	*v. Welling, geb. B. v. Eichthal*	—	1
168	*Hr.*	*Wendling F. C.*	—	1
169	„	*Werthheimer*	—	1
170	„	*v. Wissmaier, Ober-Kirchenrath*	1	—
171	„	*Wittmann, Dr. Kreis-Medizinrth.*	1	—
172	„	*Wepfer, Forstrath*	—	1
173	„	*Wolfanger, Ober-App.Grchtsrth.*	—	1
174	„	*v. Worchitzka, Ober-Finanzrath*	—	1
175	„	*Wrede, Fürst, k. General - Feld-Marschall, Durchlaucht* . .	1	—
176	„	*Würzburg, Frhr. v., Reichsrath* .	1	—
177	„	*v. Xylander, Ingenieur-Hauptm.*	—	1
178	„	*v. Yrsch, Gr., Regierungsrath* .	—	1
179	„	*Zimmermann, Professor d. Akad.*	1	—
180	„	*Zivet, Archivar im Staatsminist.*	—	1
181	„	*v.Zweybrücken, Graf, Generalmaj.*	—	1

Erste Vorlesung.

Es war im Juni des Jahres 1817, als ich mich entschloss, Südamerika zu besuchen. Ich hatte meine naturwissenschaftlichen Studien beendet, und meinen Plan dahin gerichtet, nicht einen Theil des grossen Continents ausschliesslich zu sehen, sondern so viel als möglich das grosse Ganze zu überblicken, mir einen Begriff von dem Habitus des Welttheils zu verschaffen. Desshalb wollte ich, von Paramaribo, der Hauptstadt der Holländischen Guianne anfangend, um ganz Südamerika reisen, und überall, wo es sich thun lassen würde, in das Innere des Landes dringen.

Ich schiffte mich in London auf dem Achilles, einem grossen Kauffahrer, unter Befehl des Capitain Andersson, ein, und erreichte nach einer äusserst glücklichen und kurzen Farth, im August 1817 das feste Land der Guijanne.

1

Unbeschreiblich ist der Eindruck, den die tropische Welt auf den Nordländer macht: Man kommt aus Deutschland, wie durch einen Zauberschlag in das Reich der Palmen, der Pisang, der baumartigen Gräser und Farrenkräuter ohne einen Uebergang. Darum bleibt mächtig und unauslöschlich, das Bild dieses ersten Anblickes, und obwohl ich später vielfach schöneres sah, als die niedern — gleichsam in die See kriechenden Ufer der Guijanne, welche sich mit dem Meere so verbinden, dass von den zahllosen kriechenden Pflanzen, die Wurzeln auf dem Lande festsitzen, indess sich, wie ein Filz, ihr dicht verschlungenes Gewebe weit auf die Oberfläche des Wassers erstreckt, und, von den Wellen bewegt, auf und ab wogt wie diese, auch nur sparsam Palmen und Cocos ihre langen Blätter im Winde wehen lassen, — so war doch mein Staunen geringer, als bei dem ersten Anblick aller dieser fremden wunderbaren Formen.

In Paramaribo angelangt, traf ich sogleich Anstalten, zu meiner ersten grossen Reise nach den Quellen des Orinokko, dem Parimésee, den Wasserfällen des Orinokko und dem Rio Negro.

Mit sechs Maulthieren und deren Treibern und mit drei eingebornen Amerikanern vom Stamme der Ottomaken, versehn, trat ich meinen Marsch an. Man rühmt diese Ottomaken als die besten Führer, weil sie, tief aus dem Innern des Landes kommend, vertraut mit den Wegen sind, weil sie die höchsten Entbehrungen zu ertragen vermögen, indem sie Ton und Erde essen, um den Magen zu füllen, wenn sie sonst nichts haben. Dabei führt ihr, man möchte fast sagen, Instinkt, sie zu den geniessbaren Früchten und Wurzeln, wenn man glauben sollte, es wäre meilenweit nichts davon zu haben.

Ein Marsch von fünf Meilen brachte mich auf den 3200 Fuss hohen Kostenberg, wie die Holländer denselben nennen, auf welchem ich in einer Hütte die Nacht zubrachte. Hier hatte ich den ersten vollständigen Anblick der Wunder, der Tropenwelt. Ueber dem fernen, spiegelglatt sich an die Küste schmiegenden Meere, ging die Sonne auf, und liess mich den Zauber der südlichen Natur in all ihrem Reiz, in all ihrer Schönheit sehen. Die stolzen Palmen, der himmelanstrebende Ficus gigantea, gepaart mit den kurzen ungeheuer dicken Malven, wie die Adansonien und Boababs, welche im Stamm eine Höhe von 10 bis 12 Fuss, aber einen Durchmesser von 26 bis 27 Fuss, oder einen Umfang von mehr als 80 Fuss haben, (die Adansonia digitata gar einige dreissig im Diameter), die prächtigen Stämme der Musa paradi-

siaca, welche über 50 Fuss hoch wird, und 20 Fuss
lange Blätter hat, als wären sie von Atlass, so fein
und glänzend, vor der brennenden Sonne schützend
durch ihren erquickenden Schatten, und daneben
weit hinaus in die Luft ragende Mimosen, durch
deren zarte, feingefiederte Blättchen der tiefe blaue
Himmel sieht, und dann wieder die wunderbaren
Formen der Cactus und der Euphorbien, die saft-
reichen Aloeen, die alles verflechtenden Lianen,
dies giebt ein so bezauberndes Bild, dass die leb-
hafteste Einbildungskraft sich vergeblich bemüht,
etwas ähnliches zu schaffen.

Meine fortgesetzten Beobachtungen haben mir
als ziemlich gewiss gezeigt, dass gerade diese
übermässige Fruchtbarkeit des Landes, den Anbau
hindert. Amerika wird vielleicht in 1000 Jahren,
wenn jeder Theil desselben mehr bevölkert sein
wird, als Frankreich jetzt ist, noch dies Ansehn
der blühenden Jungfräulichkeit behalten, das es
jetzt hat. Die wilden, halb civilisirten Indianer,
welche ich hier fand, gaben mir den ersten Beweis davon, und jeder Tag meines Aufenthaltes
auf dem grossen Continent, lieferte mir neue Be-
stätigungen. Eine kleine Hütte, gross genug um
10 bis 12 Menschen zu fassen, von Bambus oder
anderem Rohr gebaut, mit Pisangblättern gedeckt,
ist ihr Pallast; ihr Mon-repos und ihr Sans-souci,

ein paar Pisang - oder Musapflanzen, geben ihnen
die Hauptnahrung, wollen sie sich recht pflegen, so
kratzen sie ein wenig Erde auf, eine handvoll Mais
hineinstreuend, alles übrige liefert die Natur unge-
fodert, die eine Palme giebt ihnen Sago, die andere Datteln, die dritte Cocosnüsse, die Yams-
wurzel liefert ihnen Brod, Wein die Ananas oder
die Ajave, was brauchen sie, was wollen sie mehr,
der Pisang liefert auf gleichem Flächenraum 25 bis
30 Mal mehr Nahrungsstoff, als die besten und ein-
träglichsten Cerealien.

Der Mensch hier, will nichts als essen,
hiezu braucht er blos den Mund zu öffnen. Ein
bevölkert Land in Europa hat fast keine Wälder,
es ist in ein Ackerfeld verwandelt, ein eben so
bevölkert Land in Amerika, wird stets wie eine
Wildniss aussehn, weil eine jede Pflanzung durch
einen 30 Mal grösseren wilden Raum, von der
andern getrennt ist. Jeder Colonistenhaushalt, ist
ein vereinzelter Völkerstamm, der Mensch ist hier
nicht gebietender Herr der Erde, sondern ein
Wanderer, ein Gast, zufrieden mit dem, was er
findet. Bei den volkreichsten Städten findet sich
dichter Urwald oder reiner, jungfräulicher Rasen, den noch keine Pflugschaar verletzt hat, bei der
höchsten Vermehrung der Bewohner, wird der neue
Continent seine eigenthümliche Gestalt behalten.

Nur einer Erquickung entbehrt der Mensch hier, an den Ostküsten des grossen Landes ganz, das ist, des kalten Wassers. Die Temperatur der Quellen, ist ein Resultat der Temperatur eines Landes. Tief unter der Oberfläche, da, wohin Sommerwärme und Winterfrost nicht mehr dringen, sammelt sich auf Ton - oder Steinlagern das, durch die lockere Erde sinternde Regenwasser, giebt den Quellen ihren Ursprung und ihre Nahrung. Die mittlere Temperatur der Länder Europa's zwischen dem 40 und 55sten Grad ist — 13 bis 9 Grad des hunderttheiligen Thermometers. Wir können die Quellen fast überall, (mit Ausnahme der heissen, welche ihre Wärme irgend einer Localursache, einem chemischen Prozess oder einem Vulkan danken) als Repräsentanten der mittleren Temperatur betrachten, so geniessen wir bei einer Sonnenhitze, welche manchesmal 36 Centigrade übersteigt, der höchsten Erfrischung, welche uns ein Trunk Quellwasser von 25 Grad weniger d. h. von 10 bis 12 Gr. gewährt. In den Tropenländern ist der Unterschied, zwischen der mittleren und der höchsten Temperatur sehr gering, das frischeste Quellwasser hat 30° indessen die Luft 36° erreicht, nur in der Nähe der hohen Gebirge, welche in die Regionen niederer Temperatur, oder gar zur Schneegränze reichen, findet man diese, dem Europäer zum Bedürfniss gewordene Erfrischung.

Doch die Natur, überall gut und weise, hat auch hier für ihr Schooskind, den Menschen gesorgt, und dieser hat ihr schlau die Mittel abgelauscht. Auf den Ebenen, welche grössere Städte Brasiliens meistens umgeben, sieht man häufig Maisstroh in kleinen Bündeln ausgestreut und auf diesen in langen unabsehbaren Reihen, flache Gefässe von locker gebranntem, unglasirtem Ton, viereckig, mit einem zollhohen Rande, sie sind mit Wasser gefüllt welches auf allen Seiten ausschwitzt. Befremdet fragt man den Wächter, was dies sey — trocken giebt er und lakonisch zur Antwort, den Namen der Gefässe: Alcarazza. Da steigt die Nacht herauf mit ihrer dunklen Bläue, mit ihrem reinen durchsichtigen Himmelsgewölbe, vermehrt die Ausdünstung bis zum wunderbaren, und vor Sonnenaufgang sieht man hundert Hände beschäftigt, die dünne Eisrinde welche eine jede Alcarazza bedeckt, abzunehmen und schleunig in die Eiskeller der Stadt zu bringen, von wo sie verkauft, oder zur Bereitung süsser kühlender Getränke benutzt wird.

Dieselbe Ausdünstung, welche hier das Wasser zum frieren bringt, erregt auch im Menschen die empfindlichste Kälte. Daher schläft der Indianer stets an einem Feuer oder wohl gar zwischen zweien, steht auch des Nachts häufig auf, um es zu unterhalten und gewinnt zugleich den Vortheil, wilde Thiere von seiner Wohnung dadurch zu verscheuchen; allein er darf nicht an der Erde, er muss in einer Hängematte schlafen, welche daher jedem Reisenden sehr zu empfehlen ist, denn die Schlangen, (besonders die Klapperschlange) lieben die Wärme und werden fast immer die Schlafkammeraden dessen seyn, der sich unvorsichtig, etwa in seine Decken gehüllt, auf der Erde, am Feuer dem Schlaf überlässt. Sie enteilen nun freilich am Morgen, allein die geringste Störung, der leiseste Druck den man ihnen, in einer unwillkührlichen Bewegung giebt, hat einen tödlichen Biss zur Folge.

Wegen der äusserst starken Ausdünstung darf man hier auch nicht mit unbedecktem Gesicht im Freien schlafen, weil gänzliche Blindheit oft die Folge einer einzigen solchen Unvorsichtigkeit ist. Die grosse Erkältung des Auges bringt den schwarzen Staar, eine Lähmung des Gesichtsnerven hervor.

Da der Raum dieser Blätter es nicht gestattet, ein Tagebuch zu führen; — so werde ich häufig Zeiträume von 14 Tagen und 4 Wochen überspringen und nur besonders merkwürdige oder irgend eine wichtige Beziehung habende Punkte, herausheben, ich verlasse daher den Berg auf welchem ich stand, um mich gleich an den Parimésee zu versetzen. Er hat seinen Namen von dem, ihn halb umgebenden Parimégebirge und ist bemerkenswerth weil er den Orinocco aufnimmt, welcher nicht aus ihm entspringt; wie man lange Zeit fälschlich angenommen hat, sondern durch ihn hindurch fliesst, wie die Rhone durch den Genfersee. Der Strom ist bei seinem Eintritt in denselben, schon so stark dass sich schliessen lässt, er habe eine Bahn von 100 Meilen bereits zurückgelegt. Ungeheure Bambuswälder (eine Grasart welche zur Höhe von 90 F. und drüber, ansteigt) umgeben ihn, im Dickigt derselben lauert der Krokodil auf seine Beute, und der Indianer versendet vergebens seine Pfeile, um ihn zu erlegen und sich aus seinem Panzer einen Schild zu machen, und die Boa, um den Stamm der niedern Cascarilla, deren Rinde seit 20 Jahren mit der Fieberrinde rivalisirt, geschlungen, wartet auf den jungen Stier oder das zum Trinken kommende Reh, zerbricht ihm in ihren entsetzlichen Ringen die Glieder, und verschlingt es ganz. Der Kopf mit dem Geweih hängt ihr zum geöffneten Schlunde heraus, welchen dann zahllose Schwärme von Insekten zum Aufenthalt wählen. In diesem Zustande nähert sich ihr der Indianer ohne Furcht und schlägt mit einem Stecken ihr auf die Nasenspitze, wodurch sie sogleich getödtet wird. Nicht wie man fälschlich glaubt, wenn sie ihren Raub im Magen hat, ist sie unfähig sich zu bewegen, son-

dern wenn sie denselben nicht in den Magen bekommen kann, wenn die Hörner dasselbe verhin-
dern. Ist der Kopf des Thieres abgefault, so ge-
langt der Körper in den Magen und nun ist sie
beweglich und munter wie zuvor.

Ausser der Boa giebt es in diesen heissen und
sehr feuchten Länderstrecken, noch eine Menge anderer Schlangen, welche den kleineren Thieren
nachstellen, denn Schaaren von Affen aller Art,
Eichhörnchen, bunte Vögel beleben die ganze reiche
Natur; man weis nicht, was man zuerst bewundern
soll, die Menge und Verschiedenheit der Thiere, oder
die der Pflanzen. Der Ara schwingt sich auf den
Blättern der stolzen Palme und an die Zweige der
Tamarinde hängt sich schaukelnd mit seinem Wickel-
schweif der Waldteufel, die Beutelmeise hängt in
den Feigenbaum ihr zierlich geflochtenes Nest,
welches ihre Jungen vor jedem Angriff schützt und
im Sonnenschein schwirrt der Colibri, gleich einer
Biene umher, und die Erde hat nicht Raum genug
für alle Pflanzen; jeder Baumstamm ist mit einem
grünen, mit Blumen tausendfarbig durchwirkten Teppich umhüllt, die Schling - und Schmarotzerpflanzen
auf einem Feigenbaum (Ficus gigantea 150 Fuss
hoch, 6 bis 10 Fuss dick) oder auf einer Palme
deren Stamm 180 Fuss erreicht, sind genug um
einen Raum von 150 Quadratklaftern, dicht zu be-

decken. Diese Mannigfaltigkeit setzt den Naturforscher oft in Verlegenheit. Passifloren aller Art,
Asclepien, Cubeen, Lianen, Cactus, Vanille u. s. f.
umschlingen und durchschlingen sich so, dass man
Blätter, Blumen und Früchte nicht mehr sondern
kann, und sie häufig ganz verschiedenen Pflanzen
beilegt.

Der See ward von mir, in selbst gezimmerten
Kähnen, aus dem Stamme ungeheurer Euphorbien,
durchschnitten, wozu wir 2 Tage brauchten, denn
er ist nach einer Messung am Himmel, über einen
Grad lang, alsdann lies ich mich von den Wellen
des Orinocco durch die langen Ebenen, Savannen
oder Llianos tragen.

Welch ein verändertes Bild, ich kam gegen
das Ende der trocknen Jahreszeit hieher — die
grossen baumleeren Wüsten, unbegränzt auf allen
Seiten, dehnten sich flach wie das Meer, bis zum
Horizont aus. Flimmernd in der Mittagshitze scheint
die ganze unübersehbare Ebene, auf und ab zu
wallen, wirbelnd steigt der Wind in langen Schritten darüber hin, und hebt die Asche der ver-
brannten Pflanzen in die Luft, lechzend eilt der
müde Stier, das ermattete Pferd, die letzten Kräfte
anstrengend durch die schattenlose Wüste, einen
Trunk Wassers suchend, das Maulthier tritt die

kugelartigen Cactus entzwei ihren Saft trinkend,
der Jaguar ereilt mit wüthenden Sprüngen seine
Beute, welche blutlos, ausgedürrt ihm keine willkommene Nahrung gewährt; Schlangen und Krokodille sieht man nicht, sie halten ihren Sommer-
schlaf, wie mehrere Thiere bei uns im Winter,
sie verbergen sich in der Erde, im Schlamm, und
liegen erstarrt bis der erste Regen sie wieder weckt,
und die Qual der armen Thiere, welche diese
wohlthätigen Schlafes nicht geniessen, vermehrt
noch eine Naturerscheinung, allen Steppen der heissen Zone eigen, die Fata morgana, die Luftspiegelung, eine bis zur höchsten Täuschung gehende
Darstellung einer entfernten Wasserfläche. In der
glühenden Luft scheinen die einzelnen Gegenstände
zu schwimmen und zeigen entweder ihr erhöhtes,
vom Boden getrenntes Bild, oder, welches der voll-
kommenste Grad dieses Wunders ist, ausser diesem erhöheten, noch das umgekehrte Bild derselben unter ihnen; so dass der Vernünftige, Ueber-
legende, mit der Luftspiegelung (mirage) bekannte
Mensch, in jedem Augenblick, seinem besseren
Wissen zuwieder, glaubt, Felsen und einzelne
Bäume, oder eine Oasis, am anderen Ufer eines
Sees, mit ihrem Bilde darin, zu sehn.

Allein selbst in diese Einöden, hat Gewinnsucht den Menschen geführt. Die zahllosen Schaa-

ren von Rindern, Pferden, Maulthieren, und das
schöne Fell des geflockten amerikanischen Tigers,
des Jaguar, sind Gegenstände des europäischen
Handels. Das Fleisch der Rinder wird gedörrt
zur Proviantirung der Schiffe; die Felle werden
zum Gerben, und die Maulthiere und Pferde als
Last - und Zugvieh nach Carracas, Cumana Paramaribo, Cajenne u. s. w. gebracht.

Wochenlang schwammen meine Canots den
breiten mächtigen Strom hinab, bis ich an die berühmten Wasserfälle desselben, bei Maypures kam.
Hier wird die Natur wieder freundlich, nicht blos,
die Ufer des Flusses sind grün und bewachsen;
weit in das Innere, fern von den Flüssen, dehnt
sich die reiche Vegetation aus, denn überall durch-
strömen Bäche das Land und geben ihm die nöthige Feuchtigkeit, es wird gebirgig und mit be-
schleunigtem Lauf, drängt sich der Strom durch
das verengte Bette — da kommt man nach San
Fernando — und kann nicht glauben, dass der Fluss
hier weiter gehen kann, er durchbricht das queer
durch sein Bette gehende Gebirge, und stürmt in
zweien, meilenlangen Kataracten, früher 16 bis
17,000 Fuss breit, nun auf 8000 Fuss zusammen
gezwängt, daher.

Unbeschreiblich ist der Anblick; von Klippe
zu Klippe springt schäumend und tosend die un-

geheure Wassermasse herab ihr rauhes Botte, ra-
send durch jeden Widerstand, den tausend grosse
und kleine schwarze Felsen ihr entgegen stellen,
mit fürchterlichem Gebrüll, gleich dem rollenden
Donner der Vulkane, vereint mit den lautesten
Schlägen des Gewitters und dem dumpfen Schall
des grossen Geschützes. Hoch hinauf zum Himmel
spritzt der dampfende weisse Schaum, eine Wolke
bildet er über der ganzen grossen Naturscene und
nun sinkt die Sonne nieder, hinter den fernen Bergen im Westen und tausend bunte Regenbogen
überstrahlen das wunderbare Bild mit magischem
Licht und die Spitzen der stolzen Palmen, welche üppig von jedem Felsen, der einen Fuss hoch
Erde trägt, aus der Mitte des mächtigen Falles,
emporwachsen, sind erleuchtet von der Sonne Gold,
und lassen glauben, hier sey Elisium, und auf
den bunten Wolken wachsen die Himmelsfrüchte
und wandlen die Edlen und Helden der Vorzeit,
bis düstre Schatten das ganze Gemälde überdecken
und lauter in der Stille der Nacht brüllen die Donner des Falles unter dessen Tritten die Erde zu
beben scheint.

Jetzt trat die Regenzeit ein, es war mir nicht
möglich die berühmte Todtenhöhle, welche sich in
der Nähe der Wasserfälle befinden soll, zu sehen,
weil der erste Wolkenbruch die Wege ungangbar

macht und vollends das Hinaufklettern an einer
nackten Felswand ganz verbietet. Nach achttägi-
gem Aufenthalt, während welchem ich mehrere Vermessungen über die Dimensionen der Wasserfälle
vorgenommen hatte, kehrte ich zurück, schon zu
lange in einem Lande, in welchem spanischer Des-
potismus, den freien Ureinwohner zwingt, seines
glücklichen Bodens Erzeugnisse nicht zu bauen,
in welchem spanische Henkersknechte die Tabacks-
pflanzung des armen Wilden zerstören und ihn,
den Verbrecher und Uebertreter eines heiligen Ge-
setzes, als Sclave fortführen — doch grade dieses Beispiel erinnert mich, dass man nicht nach
Amerika zu reisen braucht, um ähnliche Schandthaten ausüben zu sehen.

Um auch zur Rückkehr den Strom benutzen
zu können, wählte ich einen Seitenarm, der den
Orinocco mit dem Rio Negro verbindet. Diess ist
eine besondere Merkwürdigkeit dieser Länderstrecke,
man kann unter dem 65° westlich von Paris in
den Orinocco bis zum 70° darin hinauf durch das
feste Land, schiffen, von da auf den Rio Negro
weiter, und dann in den Amazonenstrom gehn,
unter dem 50° westlich von Paris, nach einer
Reise von wenigstens 600 geographischen Meilen,
ohne den Fuss auf das Land gesetzt zu haben,
wieder in das Atlantische Meer einlaufen. Noch

eine zweite Merkwürdigkeit giebt uns diese Region,
das ist die der schwarzen Flüsse, deren nicht
einer, wie der auszeichnende Name Rio Negro vermuthen läst, deren mehrere hier die Fluren durch-
ziehen. Im tiefsten, reinsten Schwarz, fliessen
diese Gewässer dahin und werfen mit den lebhaftesten Farben, die Bilder der reich geschmückten
Ufer zurück. Ueppiger scheint in ihrer wohlthätigen Nähe alles zu blühen, reicher die Natur sich
zu entfalten, die Bäume tragen die köstlichsten
Früchte; der Duft der Ananas erfüllt die reinere
Luft, welche kühlend und erquickend weht und
nicht von Schaaren der lästigen Mosquitos bewohnt
ist, deren man bei jedem Athemzuge tausend einzuziehn sich fürchten muss.

Wie es scheint, wollen die schwarzen Wasser den Fischen nicht behagen, deren man grössere hier fast gar nicht findet, dafür hat man jedoch auch keine Krokodille zu fürchten; selbst die
riesengrossen Wasserschlangen sind hier nicht, obwohl es ihr Clima ist. Die Farbe dieser Flüsse
rührt wahrscheinlich von aufgelösten Pflanzenstof-
fen her; es ist das Wasser in Gefässen auch nur
hell kaffeegelb; in den Torfsümpfen Europa's findet man überall das Wasser von derselben Farbe,
auch dieses sieht im Glase hellgelb, in dem Torf-
boden stehend aber, schwarz aus. —

Jetzt hatte sich die Scene sehr verändert, wenig Tage Regen, und aus der Asche entsteht neues Leben, überall regt sich die schnell emporkeimende Pflanzenwelt, das wilde Heerdenvieh findet reichliche Nahrung es sucht nicht mehr lechzend nach einem Tropfen Wasser, jede Vertiefung bietet ihm dasselbe im Ueberflusse, und spielend, sich darin badend, hat es bald seiner Noth vergessen, bis, wenn der Regen Monate lang gedauert, die unübersehbare Ebene überschwemmt ist, neue Noth, durch zu grossen Ueberfluss, ihm bevorsteht; dann schwimmen die Heerden umher sich von den Spitzen der, über die Wasserfläche hervorragenden, Gräser, nährend, und höhere Stellen suchend, hier werden die jungen Thiere, Beute der Krokodille, oder der elektrischen Aale, welche letztere sie zwar nicht verzehren, aber wohl durch ihre Schläge tödten können.

Hat dann wieder, nach Monden, durch die vielen mächtigen Ausflüsse, sich das Wasser verzogen, so wird die weite Wüste von Menschen bewohnt. Wie die wandernden Araberstämme ihre Zelte von Filz, so schlagen die Heerdenbesitzer ihre Hütten von Thierhäuten auf, um das Rindvieh, welches nun durch das Gras, in dem es nicht gesehen werden kann, reichlich mit Nahrung versehen, fett geworden ist, zu schlachten, und seine Häute zu trocknen, um Schaaren von wilden Pferden und Eseln zu fangen, und auch um sich der, als Speise beliebten Zitteraale zu bemächtigen. Zu diesem Behuf treiben sie, mit langen Stecken Pferde und Esel in die kleinen Seen, in welche das Wasser, und mit ihm der Zitteraal sich zurück gezogen hat. Dieser von den stampfenden Thieren in seinem Element beunruhigt, sucht durch heftige elektrische Schläge die Friedensstörer zu verscheuchen, doch stets von neuem jagt der unbarmherzige Fischer, die erschreckten Rosse in dem Sumpf, wobei viele getödtet werden, denn ein voller Schlag dieses klafterlangen Thieres ist von der gewaltsamsten Wirkung.; allein bald ermatten sie, selbst von den wiederholten Entladungen erschöpft, und nun kann der Fischer sich mit dem Netz hinein wagen, sie sind nicht mehr im Stande, ihm zu wiederstehn.

Wie die unermesslichen Steppen, werden natürlich auch die Steppenflüsse überschwemmt und bieten zu dieser Zeit, besonders während der Nacht, ein interessantes Schauspiel dar. Völker nämlich und Horden von sehr verschiedenen Stämmen bewohnen die Ufer derselben. Ihren geringen Bedürfnissen angemessen, sind ihre Wohnungen; aus einigen Grasstängeln als Eckpfählen mit Blättern des Pisang gedeckt, bestehen sie, und gewähren ihnen den gewünschten Schutz. Wenn aber der tropische

Regen in Strömen herabgiesst, so ist das Erdreich bald zu einem lockern nassen Schwamm geworden, und nun verändert sich die Scene. Zwischen den Zweigen der mächtigen Bäume oder an den Stämmen nahe bei einanderstehender Palmen, spannen sie ein Netz, von den Fasern der Cocosschale geknüpft, aus, mit den Rippen der Palmblätter wird dies durchflochten, dann mit Holz belegt, und endlich in der Mitte mit Leimen, mit fettem Ton, bedeckt, hierauf machen sie Feuer das einige Bananblätter vor dem Erlöschen schützen, und nun ist ihr Winterpallast fertig, welcher in keinem Fall so viel kostet als der zu Petersburg befindliche. Das höher steigende Wasser erreicht sie bald, allein ihr leichter Floss schwimmt, und sie knüpfen die Ankerseile nur etwas höher; die vier Bäume an denen sie hängen, geben ihnen alles was sie brauchen. Sago liefert ihnen das Mark, die unreifen Früchte ein treffliches Mehl, die köstlichste Erfrischung bieten ihnen die reifen dar, der Schwamm welcher den Fuss des Stammes bekleidet gibt ihnen lederartige Decken, Feuerung seine Blätter und Blattstiele, berauschenden und süssen Palmwein sein Saft — sie haben weiter keine Forderung an die Natur.

Hier ist nun das schöne Bild — zahllose Flammen scheinen unmittelbar auf dem Wasser zu

schwimmen und wie sie emporstreben so dringt
ihr Spiegelbild wieder in die Tiefe; wunderliche
schwarze Gestalten, bald vor dem Feuer sich wär-
mend, bald in den Zweigen, gleich den Affen ein
bequemes Bette suchend, beleben die eigenthümliche
Scene, bis man selbst aus dem Beobachter zu
einem Theilnehmer wird, und sein Nachtlager bei
einem solchen Feuer, unter den willigen, gern mit-
theilenden Menschen findet.

Auf dem Parimefluss zu dem See gleiches Namens zurückkehrend, hatte ich sehr viel von den
lästigen Insekten, von den Muskitos, und tausend
anderen, empfindlich stechenden Thieren zu leiden,
welche in der feuchten warmen Luft sich zu solchen Schaaren vermehren, das sie undurchsichtig
wird, dass sie die Gegenstände vor welchen sie
schweben, verbergen. Man kann sich nur durch
sehr gesteifte, vom Körper weit abstehende Kleider gegen sie schützen, diese müssen an den
Hand und Fussgelenken genau anliegen, damit sie
nicht hier hinein können, und der Kopf ist durch
eine grüne Florkappe bedeckt. So ausgestattet
werden die Thierchen, welche kaum den vierten
Theil der Grösse unserer Mücken oder Schnacken
haben, nicht mehr so beschwerlich, während sie
ohne dieses Trutzmittel die lästigsten Gäste sind.

Zweite Vorlesung.

In Paramaribo wieder angelangt, suchte ich eine Schiffsgelegenheit, welche mich nach Cajenne brächte. Im November kam ich daselbst an, machte mich sogleich wieder auf, um eine Reise in das Innere anzutreten, und überschritt die Granitgebirge, so wie die Gränzen der französischen Guianne dort, wo die Serra fast parallel mit dem Amazonenstrom läuft, welcher früher gewiss sie selbst zum Ufer hatte, wie er noch jetzt, bei den Ueberschwemmungen, während der Regenzeit, seine alten Rechte geltend machen zu wollen scheint.

Vor dieser, schon in Brasilien liegenden Gebirgskette, vor diesem Hauptgebirgsstock, ziehen sich mit derselben gleichlaufend, weniger hohe Bergreihen, und noch niedrigere Hügelketten, welche das Land von Osten nach Westen durchschneiden, wie auch der Amazonenstrom von Westen

nach Osten seine grösste Ausdehnung hat. Von
den Gebirgen entspringen eine beträchtliche Anzahl
kleinerer, doch nicht ganz unbedeutender Flüsse,
welche sich in ihren mächtigen Nachbar verlieren.
Darnach sie aus den niederen oder höheren Bergen
hervorsprudeln, müssen sie einige oder mehrere
Reihen derselben durchbrechen, und so ist es auch.
Die von Westen nach Osten streichenden Bergreihen sind durch von Norden südwärts fliessende
Gewässer so durchschnitten, das jeder Hügel iso-
lirt steht und man mithin von dem höchsten Standpunkt aus keine zusammenhängenden Reihen, sondern Ketten von kleineren abgerundeten, oder von
grösseren Kuppeln, Kugeln u. s. w. übersieht.

Dieser grosse Ueberblick ausgedehnter Länderstrecken, zeigt recht deutlich die Ursachen ihrer
Formation, so wie der späteren Modifikationen, welche sie erlitten haben, und ist daher für den Geo-
gnosten von höchster Wichtigkeit, für meine ver-
ehrten Leser wird wahrscheinlich ein anderer Anblick, von einem minder hohen, jedoch der Scene
näheren Standpunkt noch interessanter seyn, der
nämlich, von welchem man das ungeheure Thal des
Amazonenstromes überschwemmt sieht.

In dem tropischen Winter giesset unendlicher
Regen herab, Tropfen von mehr als einem Zoll

Durchmesser fallen dicht, in fürchterlichen Massen
herab und Tag für Tag, und fast ununterbrochen
dauert dieses vier, ja an manchen Orten fünf Monate. Die Giessbäche stürzen von den Bergen, die
Quellen sprengen ihre Gränzen, die Steppenflüsse
steigen zur doppelten und dreifachen Höhe, der
Unterschied des niedrigsten und des höchsten Was-
serstandes ist oft 50 Fuss, und alles dies ergiesst
sich in die breiten Flussthäler. Diese werden nun
zu Meeren süssen Wassers, und von den alten
Ufern der Ströme, von den nächsten Gebirgen
kann man sie übersehn. Hier hat man den über-
raschendsten Anblick. — Das geblendete Auge vermag nicht zu zählen die Schaaren von Inseln welche
che daraus hervorsehen, jede Pflanzerwohnung liegt
auf einem Hügel den die Wasserfläche nicht erreicht, und lustig in den oft unterbrochenen Blicken
der Sonne lachen die Palmen, die saftstrotzenden
Pisang daraus hervor. Mit hinlänglichen Vorräthen
versehen, wegen geringer geistiger Bedürfnisse nie
von Langerweile geplagt, erwartet der Herr in seinem sicheren Hause, das Ende dieser Ueberschwemmung, welche ihn reichlich seegnet; seine Reisfelder,
sein Mais und Zuckerrohr sind dadurch trefflich gedüngt und können dem langen Sommer ruhig entgegen sehn.

Diese Inselwelt hat etwas bezauberndes, man
sieht hier nicht das Bild der Zerstörung, welches

eine Ueberschwemmung in Europa stets zur Folge,
und zum Begleiter hat, es ist der reichste Ueberfluss, den segnend die liebende Natur, aus vollen
Quellen ihren Kindern spendet, es ist die üppigste
Fülle, welche schwelgerisch alles überschüttet hat.
Nicht satt kann man sich sehen an diesem Anblick,
der in jedem Moment neue Schönheiten zu entfalten scheint, und um so reizender wird, je länger
man dabei verweilt. Der Schmuck der Tropenwelt überdeckt jedes freie Plätzchen, das Arum colocasia lässt seine zart gezeichneten Blätter bewundern, millionenweise sehen aus der Wasserfläche die
tiefen weissen Kelche der Calla hervor und das
Calladium bicolor entzückt durch die Verschmel-
zung des zartesten Rosen - und Purpurrothes seiner
Blätter, mit dem heiteren Grün der Ränder; das
schlanke Arundo donax wetteifert mit dem himmel-
anstrebenden Bambus, und mit lieblichen Farben
durchflechten die grosblättrigen Cannaarten das
schmale Laub der baumartigen Gräser, und dort
und da sehen die Hütten heraus, aus ihrem Versteck, hier rudern in leichten Kähnen, dort flie-
gen, vom Winde begünstigt andere, Pflanzer den
Nachbarn besuchend, Fischer der Wasserjagd nach-
gehend, hier wieder schwimmen ganze Heerden
von Rindvieh, das Trockne suchend, dort zieht ein
Reisender im Kahn, die unbeladene Troppa Maulthiere hinter demselben, über die weite Flä-

che und so ist das Bild von allen Seiten belebt,
bis wieder Regenströme herabstürzen, als gälte es,
die Erde aus ihrer Bahn zu schwemmen, bis dichte
Wolken alles verhüllen, rollende Donner fürchterlich toben, zuckende, flammende Blitze die Scene —
in diesem Augenblick das treueste Conterfei der
Sündfluth — beleuchten, bis auch sie wieder ent-
weichen und von neuem dem heitren Sonnenschein
Platz machen.

Auch ich schwamm durch dieses Meer süssen
Wassers, den Amazonenstrom hinab, nach San Sebastian, Curupatuba, bei dem Delta des Stromes,
bei der am Ausfluss liegenden Insel Caviana vorbei nach Para. Eine Reise nach dem Gouvernement Maranhao, nach der Stadt gleiches Namens,
von da nach Natal, und durch das Land über den
See von Piato, über Villa do Yeo nach Pernambuco will ich überspringen, um sogleich nach Cidade
de San Salvador da Bahia de os Todos Santos,
(kurzweg Bahia genannt) zu kommen.

Auf der Halbinsel, welche die geräumige Aller-
heiligenbai bildet, liegt bergansteigend die prächtige
Stadt, welche über 100,000 Einwohner haben soll,
und ohne Zweifel der wichtigste Stapel- und Han-
delsort Brasiliens ist. Mit einigen vierzig Thürmen geziert, steigt sie vom Ufer der Bai, wo der

Handelsstand seine Wohnungen aufgeschlagen hat, zum Rücken des Berges hinan, auf welchem grosse herrliche Gebäude stehn, die (Uebermuth der reichen Iesuiten) zum grossen Theil aus Steinen erbaut worden sind, welche man in Europa brechen, behauen und dann hierher führen liess, obwohl hier treffliche Bausteine liegen, mit denen man andere Städte, selbst Rio de Janeiro versieht.

. Will man den guten Eindruck, welchen eine portugiesische Stadt macht, behalten, so darf man sich derselben nicht anders, als auf Kanonenschussweite, nahen. Die liederlichste Bauart sieht aus allen Strassen, die liederlichste Wirthschaft aus allen Häusern heraus, man wird nirgends so sehr von Muskitos, Flöhen und Schika's (Sandflöhe) geplagt, als in einer solchen Stadt, in welcher portugiesische Reinlichkeit dafür gesorgt hat, dass alle möglichen Leckerbissen, welche diese Freunde der Geselligkeit, diese, gute Compagnie liebenden Thierchen, nur wünschen können, Tag und Nacht auf ihren Strassen in hinlänglicher Quantität vorhanden sind. Unregelmässig, ohne Plan angelegt, geben die Strassen ein hässliches Bild, und die schlecht gebauten löcherigen Gebäude geben den Scolopendren, Scorpionen, grossen Spinnen etc. hinlänglichen Raum.

Doch. durch die Aussicht von der Höhe der Stadt kann man für die Täuschung entschädigt, für die Mühe belohnt werden. Hier übersieht man die ganze Bai, den Hafen und Ankerplatz, hinter der, zu den Füssen des Beschauers liegenden, Stadt, die Werfte, auf der, ihres dauerhaften Holzes wegen, berühmte Schiffe gebaut werden, die Forts, welche Stadt und Hafen beschützen, und nun die grossen oder kleinen Schiffe, den Meerbusen durchkreuzend, mit geschwellten Seegeln dem Ankerplatz zusteuernd oder die hohe See gewinnend; dies alles ist, wie in einem optischen Kasten, eingefasst von, die Bai umschliessenden, herrlichen und malerischen Gebirgen, aus deren dichten Schatten da und dort ein Dörfchen oder eine Fazenda hervorsieht. Wahrlich es ist ein reizender Anblick.

Nach möglichst kurzem Aufenthalt, reiste ich in das Innere, durch die Provinz Bahia nach dem Gouvernement Goyaz. Ausser den gewöhnlichen Reisebedürfnissen, versah ich mich auch noch mit Bogen und Pfeil, welche ich schon zu führen wusste, und welche mir sehr gute Dienste thaten; weil häufig in den feuchten Wäldern, nach den Regengüssen der Schuss unbrauchbar wird, ja selbst das Pulver so stark Wasser anzieht, dass man sich dessen nicht mehr bedienen kann. Der Bogen verlässt aber seinen Führer nicht. Weiss man ihn zu brauchen, so ist er im Regen so gut als im Sonnenschein.

Mein Weg führte mich über die Bai nach San
Mauro, von dort nach Villa de San Juan, nach San
Antonio de Urubu durch den Rio de San Francisco
in das Gouvernement Goyaz, nach den Gold-, Sil-
ber- und Salpeterminen bis zu dem Dorfe San Juan
de Ullea. Dies ist eine Mission von etwa 400 Bewohnern, die unter einem Pfarrer stehen, und zur
christlichen Religion gebracht sind. Ziemlich regelmässig und gleichförmig sind ihre Hütten gebaut, auch hat man ihnen beigebracht, dass sie
Morgens und Abends einige Kreuze schlagen müssen, so wie, dass sie am Sonntag in die Messe
zu gehn haben; so sind sie denn, nun gute
rechtgläubige Christen und es fehlt ihnen nichts,
um seelig zu werden. Dass sie stehlen, wie die
Raben, und den todtschlagen, der sein Eigenthum
sich nicht willig nehmen lässt, kann nicht in Be-
tracht kommen; küssen sie dem Pfarrer doch den
Rock, wenn sie ihn sehen, und nun die Kleinigkeit, dass sie ihre Feinde, d. h. von ihrem eignen
Stamm, denn zum kriegführen sind sie durch ihre
Erziehung schon zu feig oder zu christlich geworden, unter dem Schein der Versöhnung, fern von
ihren Wohnungen locken, sie an einen Baum über
einen Ameisenhaufen binden, und die abgehauenen
Hände und Füsse mit besonderem Apetit verzehren,
um solche Kleinigkeit wird man sich nicht beküm-
mern, hat er doch sorgfältig einen Verband an die

Wunden gelegt damit der Feind sich ja nicht ver-
blute, sondern fein langsam durch die Ameisen be-
fördert werde; er bringt seinem Herren Licentiaten
einen, auf der Jagd erlegten Affen, und dieser ver-
zeiht ihm gern die lässliche Sünde.

Von Bahia hatte ich eine sehr gute Empfehlung an den damaligen Gouverneur der Goldminen
Don Álvaro San Marco de Idelfonso y Guano y
Rixos y Malabranca. Er hatte die Gefälligkeit,
mir seine Anlagen zu zeigen, wobei ich zum ersten
mal einen Begriff von Portugiesischem Bergbau erhielt. Er ist zu merkwürdig, als dass ich nicht
einige Worte darüber sagen sollte. Wo die Oberfläche der Erde oder des Felsen, so goldhaltig
ist, dass man dasselbe deutlich sieht, dort, und
sonst nirgend sucht man darnach, und zwar, indem
man Löcher, in welchen zwei Mann arbeiten können, unter irgend einer Richtung in das Gestein
treibt. Die herausgeschafften Steine werden zer-
schlagen, und durch Quecksilber sucht man das
Gold daraus zu gewinnen. Ist man 3 bis 4 Klafter
tief gekommen, so will das Grubenlicht nicht mehr
recht brennen und nun steigen die Arbeiter heraus,
um irgendwo anders, — zwei Schritte davon, ein
neues Loch zu graben und zu hacken. Auf diese
Weise wird die Oberfläche durchlöchert wie ein
Sieb. Einige deutsche Bergleute fand ich dort,

freilich nicht Menschen, welche durch Verstand
oder tüchtige Kenntnisse eine Autorität gewinnen
könnten, aber doch so praktisch gebildet, um in
jedem Falle zehnmal mehr zu gewinnen. Diese
klagten mir, ihrem deutschen Landsmann, ihre
Noth, dass sie, wenn das Gestein anfinge, goldhal-
tiger zu werden, oder wenn die Art desselben auf
grösseren Reichthum in der Tiefe schliessen liesse,
dass sie dann gerade aufhören müssen, weiter zu
graben, und dass ihre zweck- und nutzlose Danai-
denarbeit, stets von neuem beginne. Und sie haben in der Nähe Beispiele von einer besseren Art,
Bergbau zu betreiben. Es befinden sich nämlich
Salpeterminen hier, aus denen trefflicher Salpeter,
mitunter in mächtigen grossen Krystallen, gewonnen wird; hier sind, zwar auch nicht Gänge, Stol-
len und Schachte, allein doch Höhlungen, tief in
das Innere des Bergs getrieben, zum sicheren Beweis, dass es möglich ist, weiter hinein zu dringen, als sie es bei den Goldminen thun, d o c h
halten sie es für unmöglich und bleiben bei der
alten, elenden Methode, welche fast gar keinen,
oder doch nur sehr geringen Nutzen gewährt.
Desshalb lassen sie auch bald die Arbeit liegen.
An einem andern Berge von neuem beginnend, ohne
jemals zur matrix, zu den eigentlichen Goldadern,
zu den Gängen, welche das meiste taube Gestein
durchsetzen, gekommen zu seyn.

Von diesen Minen wandte ich mich weiter nördlich durch das Gebirge, wobei ich auf mehrere wilde Völkerstämme sties, welche hier mit dem allgemeinen Namen Tapujos belegt werden. Das heisse Klima gestattet ihnen ganz nackend zu gehn; dennoch sind sie sehr zum Putz geneigt und wissen zierliche Sachen, aus Affenzähnen, aus rothen kleinen Bohnen, welche wir hier mit dem Namen Grains d'Amerique bezeichnen, aus den Schildern des Armadill u. dgl. zu machen. Besonders geschickt sind sie in der Zusammensetzung feiner Federn; aus den Brustfellen der kleinsten Colibri's machen sie trefflich aussehende Arm- oder Kniebänder, tragen sie auch um den Hals oder durch das straffe, dicke, schwarze Haar geflochten und bedienen sich, um die kleinen lieblichen Thierchen zu erlegen, auch besonderer Waffen die ihr zartes Fellchen nicht verletzen, diess sind nämlich Pfeile mit fünf oder sechs Spitzen welche trichterförmig an dem Ende des Schaftes sitzen, so, dass das getroffene kleine Thier, zwischen die Spitzen geklemmt wird, ohne eine Verwundung zu erhalten, und den Tod nur durch den Schlag erleidet.

Ein Schmetterling, ich habe ihn nie fangen können, weil er, wie alle seine Brüder, sich in den höchsten Gipfeln der Bäume bei den honigreichen Blüthen aufhält, spinnt bei seiner Verpuppung eine Seide welche die Portugiesen Seda silvestre nennen. Die Coccons nehmen die Wilden von den Blattecken vieler Pflanzen, auf denen sich die Raupen aufhalten, ab, und bedienen sich der Seide, welche theils gelb, theils roth, theils aber auch ganz weiss ist, um ihre Bogensehnen daraus zu machen; häufig sind auch die Hängematten von diesem Stoff, und ich tauschte eine solche gegen Kleinigkeiten ein. Um Geld kann man nichts von ihnen bekommen, weil dies keinen Werth für sie hat.

Ein Thier, welches in diesen Ländern ziemlich häufig gefunden wird, ist das Armadill; davon mehrere Species, grösser und kleiner, vorhanden sind, sein fester glatter Panzer schützt es vor dem Angriff kleinerer Raubthiere; derselbe besteht aus einer hornartigen Decke des Vorder- und Hintertheiles und aus verschiebbaren Ringen, welche seinen Leib umgeben, daher der gewöhnliche Name Gürtelthier. Das Kugelarmadill ist so gelenkig, dass es bei einem Angriff sich, ähnlich dem Igel, wie eine Kugel zusammenballt, auch sich, wenn es etwa auf einer Höhe wäre, davon herab rollt. Das Thier hat fast den Bau eines jungen Schweines, nur ist es mehr rand im Körper. Sein Fleisch hat auch Aehnlichkeit mit dem genannten, es ist indessen weisser und zarter, es wird desshalb auch sehr verfolgt.

Mein grosser Hund spielte gern mit dem Thier, welchem Zufall ich die Entdeckung einer ausgedehnten Tropfsteinhöhle verdankte. Es verfolgte derselbe ein Armadill, welches sich an einer schroffen Felswand in das dicke Gebüsch verkroch. Da es gross und uns eine willkommene Beute war, so lies ich das Strauchwerk weghauen und fand hinter demselben eine Oeffnung in dem Felsen. Sogleich riefen meine Leute „*una mina del oro!*" denn in den Köpfen der gemeinen Portugiesen (auch der vornehmen) ist jeder Schwefelkies, Gold, und jede Felsenspalte ein Goldbergwerk. Ich glaubte eine Knochenhöhle zu finden, lies den Eingang räumen, einen jungen Ficus elasticus spalten, die Stücke anstatt der Fackeln, welche es hier nicht gab, anzünden, und ging nun hinein.

Die Höhle bestand aus sehr weissem, durchsichtigem Tropfstein; welcher sich aus dem Dom derselben, den mein Auge nicht erreichen konnte, bis auf den überglatten Boden, in herrlichen Säulen senkte, je weiter ich hinein kam, desto ausgedehnter ward der grosse Raum, desto kühner der Schwung der mächtigen Bogen; manche von diesen ungeheuren Säulen, hing ganz an dem Gewölbe, frei, so dass ihre Spitze den Boden noch nicht erreicht hatte, andre waren noch kürzer, wieder andre standen schon fest, oder waren mit dem Boden verwachsen,

3

welcher ihnen entgegen kam, indem der herabfal-
lende Tropfen dort, wo er hängt in dem Ansatz
eine Spur seines Daseyns zurücklässt, und dort
wo er hinfällt, das übrige seiner aufgelösten festen
Theile ablegt.

Einige Stücke, dünn genug, um sich abschla-
gen zu lassen, zeigten in ihrer Mitte eine unregel-
mässige Krystallisation, welche sich nach den
festeren Wänden des Stückes zu, verlor, am lebhaftesten in der Mitte selbst war, ähnlich der Man-
delsteinbildung, wie dieses auch in der Höhle von
Adelsberg bei Triest so ist. Der am Eingang bis
auf einige hundert Fuss mit der Tropfsteinmaterie
überzogene, candirte Boden, war es tiefer hinein
immer weniger, bis zuletzt die Kruste unter
unseren Tritten brach und wir nur mit Mühe
vorwärts dringen konnten, ja zuletzt verwandelte
er sich in einen zähen Schlamm, der bis an die
Knie reichte, und das weitere Vordringen unmöglich machte. Es war dies von dem Eingang der
Höhle 1200 Fuss entfernt. Ich liess nun noch
mehr dürres oder harziges Holz hinein bringen und
dies auf einem Haufen anzünden. — Ein unver-
gleichlicher, ein zauberischer Anblick, die klaren
Säulen, nach ihrer Dicke, im Transparent, weiss,
gelb, röthlich oder dunkelroth strahlten in der
finsteren Nacht, mit einem eigenthümlichen Licht,

'das fern in der Tiefe lodernde Feuer lieh der Scene
etwas magisch - wunderbares, selbst die unempfind-
lichen Indianer, waren von diesem Schauspiel tief
ergriffen, standen staunend da und wussten ihre
Freude nicht anders auszudrücken, als dass sie ah!
ah! rufend mir die Kleider küssten, und immer
wieder unter ihrem ah! auf die unvergleichliche
Scene zeigten.

Plötzlich hörten wir ein fürchterliches, tau-
sendstimmiges Geschrei aus der Tiefe der Höhle
zu uns herüberschallen, welches mich um so mehr
befremdete, als ich nicht die Spur eines lebenden
Wesens bemerkt hatte; meine Leute waren aber
so entsetzt, dass auch sie ein fast eben so lautes
Geschrei erhoben und von der entsetzlichsten Ge-
spensterfurcht zu Boden geschmettert wurden, heu-
lend und zähneklappernd lagen sie da; als das Getöse aber immer ärger wurde, raffte sich einer derselben auf und entlief nach dem Eingang der Höhle,
kaum sahen dies die andern als auch sie schleunig
entflohen, und mich allein liessen,

So wenig ich Geisterfurcht kenne, so muss ich
doch gestehen, dass mich dieser Vorfall ausser Fas-
sung brachte, und auch ich meinen Rückzug mit
dem einzigen Feuerbrand, den meine Helden mir zufällig gelassen halten, antrat. Da, als ich an das

Tageslicht trat, erkannte ich wohl die Ursache; ich
hatte wilde Thiere gefürchtet, — doch mich bald
überzeugt, dass dies nicht der Fall seyn könnte,
weil ich keinen Weg durch das dicht verwachsene
Gesträuch bemerkt hatte, dann verfiel ich auf Schaaren von Affen — nun sah ich es wohl, was ich
beim Hineingehn gar nicht bemerkt hatte — Federn
gross und klein, und die Losung gefiederter Thiere,
fand sich in beträchlicher Menge hier, es war also
mehr als wahrscheinlich, dass die Höhle von solchem
lichtscheuen Gesindel, von Nachtvögeln, Eulen,
Käuzen u. dgl. bewohnt war.

Meine Begleiter waren weit entflohen, so weit
als sie, das Geschrei aus der Höhle noch ver-
nehmen konnten, und in der That hatte es etwas äusserst grauenhaftes, aus diesem Drachen-
Schlund, das verworrene Getöse zu hören. Die
Tropeiros (Treiber oder Führer der Maulthiere)
wussten nun auch schon, was das zu bedeuten
hatte, es war dies nämlich der Eingang in die
Hölle, und die armen Seelen, durch unsere Ankunft in ihren erbaulichen Betrachtungen gestört,
und nun vollends durch das hell lodernde Feuer
aus dem Text gebracht, hatten aufgehört zu beten
und die Teufel in Hoffnung auf den trefflichen Fang
unserer wohl genährten Leiber, reif durch hinlängliche Sünden, denn die mehrsten hatten seit einem

viertel, wohl seit einem halben Jahr keine Ablas-
zettel gekauft, hatten bereits ein Jubelgeschrei an-
gefangen. Der älteste derselben Mattheo Evange-
lista Maria Anna Juan Bapt. Cattone mit Namen,
hatte diesen seinen Gefährten des Breiteren aus-
einandergesetzt, er hatte die Teufel mit den rothen
Zangen und den langen Ohren auch schon gesehn,
nur der heilige Matheo, sein Schutzpatron habe ihn
und sie alle gerettet, dieser habe seine Feder, mit
der er das Evangelium geschrieben, vorgehalten
und so seyen sie entkommen, — ich müsste kein
Christ oder ein sehr sündhafter Mensch seyn, denn
ich sey der Gnade nicht theilhaftig, und wie er
sich am Ausgang umgesehn, haben mich die Teufel
schon in den Klauen gehabt, und unter grossem
Jubel in die Hölle geschlept.

Ich trat nun unter sie, und mein Bedienter
erzählte mir den ganzen so eben angeführten Ser-
mon des Herren Maria Anna Juan etc. Vernünftig
dies zu bestreiten und zu wiederlegen, wäre ganz
unmöglich gewesen, ich stimmte daher in seine
Erzählung völlig ernsthaft ein, und fügte nur noch
hinzu, der San Matheo habe ihnen gewinkt, um
ihnen ein Mirakel zu zeigen, sie seyen nur so
furchtsame Hasen gewesen und entlaufen, sonst
hatten sie dies Wunder ansehn können; er habe
nämlich alle Teufel in Vögel, in Eulen, Fleder-

mäuse etc. verwandelt, und schliesslich habe er
mir aufgetragen, sie alle, damit sie seinen Ruhm
verbreiten könnten, wieder in die Höhle zu führen
und ihnen die Verwandelten, jetzt gans unschäd-
lichen Teufel zu zeigen. Dies hörten sie sehr
gläubig an, wollten jedoch durchaus nicht mit gehn,
bis ich ihnen bewies, dass, wenn sie sich seinen Be-
fehlen wiedersetzten, er ihnen gewis nie wieder aus
der Noth helfen würde. Dies Argument bewog sie
mit mir zu gehn, es wurden wieder Feuerbrände
bereitet, ein jeder versah sich aus übergrosser
Angst mit zweien, und jetzt ging es wieder in die
Höhle hinein in welcher es unterdessen etwas ruhi-
ger geworden war. Als wir uns jedoch etwa
300 Schritt weit hinein gewagt hatten begann das
Geschrei von neuem, und sie warfen die Brände
fort, um wieder zu entfliehen. Meinen Bedienten
nebst zweien Indianern bewog ich zum Dableiben,
und so gelangten wir in die Nähe des halb erloschenen Feuers — hier zeigte sich denn, dass
meine Vermuthung mich nicht getäscht hatte. Der
Rauch des Feuers war bis zu dem Dom der Höhle
gedrungen und hatte ihre Bewohner, Schaaren von
Horneulen und einen noch unbeschriebenen Vogel,
den die Indianer Pakahu (von seinem Geschrei)
nannten, und ungeheure Fledermäuse, Blattnasen
Caprimulyo's und Vampire, in ihrer Ruhe gestört,
wir fanden mehrere, besonders Junge, durch den

Rauch betäubt am Boden liegen. Meine Begleiter schürten das Feuer von neuem an, einer derselben ging nach mehrerem Holz und brachte nun auch die furchtsamen Kameraden mit. Stärkere Feuer wurden jetzt an mehreren Orten angezündet, bei deren vereintem Schein ich die Nester mit ihren Bewohnern, an den Stalactiten hängend, sehn konnte, bald aber verbarg der dicke Qualm des Harzes sie uns wieder, und nun ging das Geschrei auch von neuem los, wobei meine furchtsamen Freunde wieder Miene machten, zu entfliehn. Viele der grossen Vampire und Pakáhu's kamen auf den Boden, ich konnte mehrere mit Pfeilen erlegen, mit dem Gewehr wagte ich nicht zu schiessen, der möglichen, zu starken Erschütterung wegen. Der grösste Vampir mass mit ausgespannten Fittichen drei und ¼ Fuss, der grosse Pakahu aber von einer Flügelspitze zur andern fünf Fuss.

Auf meiner Weiterreise traf ich zuerst einige Botocudo's, welche ihrer merkwürdigen Mund - und Ohrhölzer wegen, besonders auffallend sind. Da sie jedoch durch die Reise des Prinzen von Neuwied, und die der Herrn von Spix und von Martius hinlänglich bekannt seyn müssen, will ich von ihnen weiter nichts sagen. Noch mehrere Völker nämlich die Kamanko's oder Kamaco's und Patakos traf ich an, welche ziemlich friedlich und freundlich sind. Die letzteren halfen mir sogar Jagd auf einen herrlichen schwarzen Tiger machen. Das gewaltige Thier, welches die Meinung, als wären die Amerikanischen Raubthiere alle so sehr klein, gar nicht bestätigt, mass von dem Kopf bis zum Anfang des Schweifes 6 Fuss 3 Zoll; 17 Pfeilschüsse und sechs Kugeln hatte es erhalten, bevor es niederfiel; das schöne Fell war daher gar nicht brauchbar. Einer meiner Pfeile mit stählerner lanzenförmiger Spitze, war ihm tief in den Rückgrad gedrungen, zwischen zwei Wirbel, und ich glaube dass dieser der Todespfeil war. Die Pfeile der Wilden hatten nur Spitzen von Dornen, oder Knochen.

Mit Pflanzen und Thieren beladen kehrte ich nach einem Monat, in den letzten Tagen des Mai 1818 nach Bahia von der Landseite, nordwärts her, zurück, hielt mich jedoch nur einen halben Tag auf, mich sogleich auf dem Packetbot, welches zur Abfarth bereit lag, nach Rio de Janeiro einschiffend, weil ich fürchtete wegen der Heiligen-Geschichte aus der Höhle, mit dem Glaubensgerichte in unangenehme Berührung zu kommen.

Dritte Vorlesung.

Auf der Farth nach San Sebastian, welches der eigentliche Name von Rio ist, hatte ich Zeit meine Sachen zu ordnen und vor dem Verderben zu schützen. Am 15ten Tage hatten wir Cabo Frio schon im Gesicht. Der Wind erlaubte uns nicht rasch genug dem Lande zuzusteuern, es ward daher dunkel, ehe wir es erreichten, und wir mussten in der See Anker werfen. In der Nacht gab eine lange Reihe von Wachtfeuern längs des Ufers, eine sehr interessante Ansicht desselben, doch plötzlich sahen wir so nahe bei uns ein solches, das wir glaubten, der Anker habe nicht gefasst, er schleife und lasse uns ans Ufer treiben; im höchsten Schrecken vor der nahen Gefahr des Strandens und Scheiterns an der Küste liess der Capitain die Seegel aufziehn, um mit dem Landwind von der Küste loszukommen. Kaum war der Befehl ertheilt, als die Ueberhand nehmende Grösse des nahen

Feuers uns vermuthen lies, dass dieses doch kein
Wachtfeuer seyn könne; bald zeigten auch die
Nothschüsse ein brennendes Schiff an, nun sah der
Capitain, dass er wohl nicht stranden würde, allein
die Nähe des brennenden Schiffes setzte ihn in
noch grössere Angst. An das Ankertau wurden
mehrere ledige Fässer gebunden, weil zum Lichten
desselben keine Zeit war, und nun entfernten
wir uns um etwa 1000 Faden (6000 Fuss), von wo
aus wir das schauerlich schöne Schauspiel deutlich
in all seiner furchtbaren Majestät übersehn konnten.
Mein Fernrohr zeigte mir die in dem Tauwerk,
an welchem schon die Flamme leckte, umherklet-
ternden Matrosen, beschäftigt, die brennenden Seegel abzunehmen, an langen Seilen flogen lederne
Eimer auf und ab, mit Versuchen der Rettung sah
man alles hin- und wiederrennen, dann krachten
wieder die Nothschüsse durch die Stille der Nacht
und nun flammten die von allen Seiten ergriffenen
Seegel hoch auf in die Luft; dann brannte der
Rumpf des Schiffes lichterloh auf, nun fielen die
Rahen herab auf das Verdeck, dann brachen die
Masten zusammen und schlugen es durch, und bei
dem immer helleren Schein konnte man erkennen
wie aus einer Seitenöffnung des Schiffes Leute in
ein Boot stiegen, allein es war zu spät, im Augenblick, da sie vom Bord stiessen, geschah eine fürchterliche Explosion, das Firmament schien auf einen

Augenblick in Flamen zu stehn, unser Schiff bebte
und ich sah, wie der rauhe Capitain das Geländer
Krampfhaft gefasst, mit weit hinüber gelegtem
Körper hinstarrend, in diesem Moment zitterte, dass
ihm die Zähne zusammen schlugen. Dann war alles
Nacht und Grabesstille — man hörte keinen Athem-
zug, bis der Capitain, sich den kalten Schweis von
der Stirne wischend, rief: jetzt Kinder ist es Zeit
zu retten, was noch zu retten ist.

Die Boote, welche unterdessen ausgesetzt waren, füllten sich alle drei mit Matrosen und Soldaten, auch der Capitain blieb nicht zurück; wir zün-
deten auf dem Hinter - und Vordertheil der Boote,
grosse Laternen an und thaten aus kleinen Dreh-
bassen von Zeit zu Zeit Signalschüsse, den Verun-
glückten ein Zeichen, dass Hülfe komme, welche,
wie der Capitain sagte, früher nicht geleistet werden konnte, weil wir alle so verschlungen worden
wären, wie das Boot der Unglücklichen.

Wir kamen da an, wo Trümmer uns belehrten
dass hier das Unglück vorgefallen sey, allein wir
sahen und hörten keinen Menschen — — Nach
mehrstündigem Suchen kehrten wir an Bord zurück, und mit des Tages erstem Strahl war ich auf
dem Mastkorb, durch mein gutes Rohr schauend,
ob nicht ein Unglücklicher noch über den Wellen

sey. Bis zu unserer Einfarth in den Hafen ständ ich so — Trümmer genug, Planken, Masten, halb verkohlt, doch niemand darauf, dem mein Eifer hätte nützlich werden können. Haifische zeigten an, dass sie gute Beute gehabt hatten — das Schiff war untergegangen mit Mann und Maus!

Nachdem der, in der Nacht verlassene Anker gelichtet worden war, fuhren wir auf das Vorge-birge zu, hielten uns dann bei Ponte Negro ziem-lich nahe an die Küste und genossen des maleri-schen Anblickes der reich geschmückten Ufer. Jede Kabeltaulänge veränderte sich die Scene. Hier hohe Granitfelsen aus der diamantreichen Serra, Frio oder Serra Itaçambyra hervorspringend, dort tiefe Einschnitte in das Land, durch kleine Flüsse ausgespülte Schluchten, reich mit der üppigen Ve-getation des Tropenklima's geziert. Den Eingang in den Hafen schmückt ein Felsen der mit senk-rechten Seiten, und horizontaler Oberfläche, wie ein mächtiger Cubus, wie ein einfach grosses ciclo-pisches Denkmal auf einem Berge steht, es ist der Gavia, nahe dabei steht der Corcovado, eine mäch-tige Felsenspitze und der Wächter des Hafens kann der Zuckerhut genannt werden, welcher unmittelbar an dem Eingang sich befindet.

Hohe Felsenmassen umgeben wie aus einem Guss die Strasse welche eine halbe Stunde breit

ist, ziemlich starke (durch ihre Lage) doch schlecht
vertheidigte Forts umgeben sie, im Innern des
Hafens ist noch eine Batterie auf einem nackenden
Felsen doch so niedrig, fast dem Wasser gleich,
dass bei einem Sturm oder heftigem Andrang der
Fluth, die Besatzung in Lebensgefahr kommt und
auf Kähnen entfliehen muss. Wir schlossen uns an
eine Flotte von einigen sechzig Kauffartheischiffen
von erster Grösse, welche zugleich die Reise über
den Ocean gemacht hatten, und aus Africa, theils
Sclaven, theils Manufactur und Colonialwaaren
brachten. Sie gehn in so grosser Anzahl, damit,
wenn ein englisches Kriegsschiff ihnen begegnet,
welches nach Sclaven suchen sollte, sie sich nach
allen Winden zerstreuen können und das Kriegsschiff in Verlegenheit, wen es verfolgen soll, alle
entkommen lässt. Ein solches Schiff, bei schwa-
chem Winde, mit vollen Seegeln, deren es alsdann
über fünfzig beisetzt, heranschweben zu sehn, hat
schon etwas sehr majestätisches, stolzes; aber
höchst grandios ist der Anblick einer ganzen
Flotte von dieser Zahl; ich konnte mich nicht
satt sehen daran. Das Salutiren von den Schiffen
und den Forts machte die Scene noch lebhafter
und dieses Bild auf dem Hintergrunde der schönsten Bai der Welt, deren Ufer, aus bunten Felsen,
rothem Thon, grünem Granit und braunem Gestein
bestehend, doch überall, wo ein wenig Erde ist,

von Spiegel der See bis zum Gipfel hinauf, mit
dem üppigsten Pflanzenwuchs bedeckt sind, aus
deren dunklem Grün, zierliche Landhäuser lachend
hinausschauen, im Angesicht der prächtigen Stadt
San Sebastian, welcher von dem Ufer, ansteigend,
sich bis zu den Spitzen der Berge zu erheben
scheint, deren Unzahl von Thürmen, Kirchen und
weissen Häusern ihr etwas unendlich reinliches und
freundliches giebt, bekränzt mit herrlichen waldi-
gen Höhen, aus deren Schoos wieder Kirchen,
Klöster und weit schimmernde Landhäuser steigen,
deren Hafen mit Schiffen bedeckt, von Booten und
Schaluppen schwärmend durchzogen, von Jachten
durchkreuzt ist, deren Quai's wimmeln von weissen,
farbigen und schwarzen Menschen, in der verschie-
denartigsten Tracht in leichten Kleidern, oder halb
oder ganz nackend; von Sclaven, welche bei ihrer
Arbeit lustig singend sich tummeln, oder beim Gehen rythmische Lieder anstimmen, um sich im Takt
zu erhalten, alle Fenster besetzt mit den Bewohnern, welche dem bunten Treiben zuschauen oder
begierig auf Neuigkeiten, der Ankunft der Schiffe
entgegensehen — — wahrlich ein solches Bild allein
ist es werth, desshalb nach Amerika zu fahren, und
man gesteht sich, Rio sey würdig ein Kaisersitz,
und die Hauptstadt eines halben Welttheils zu seyn.

Jetzt stieg ich ans Land — — und — ach,
ich wollte ich dürfte das Buch hier schliessen, —

die Pracht und Schönheit, der Glanz verschwindet
sehr bald. Ueberall stösst der Deutsche auf eckel-
erregende wiederwärtige Dinge, während der Portugiese sich nur in seinem gewohnten Element befindet. Die Strassen sind zwar ziemlich gerade,
allein sehr eng und voll Schmutz; was das Haus
unreines hat, wird dahinaus geworfen und die Nase
des Europäers, fühlt sich bei jedem Schritt unglaublich gekränkt. Nur die Hauptstrassen sind gepfla-
stert und die ansehnlichste derselben läuft mit der
Bai parallel, sie endet auf einem freien Platze von
etwa 400 Fuss Länge und 200 Breite auf welchem
der Pallast des jetzigen Kaisers steht, der jedoch
bei uns den Namen Pallast schwerlich erhalten
würde. Er ist nur länger als die gewöhnlichen
Häuser dort, welche fast alle nur zwei Stockwerk
haben, sonst hat er keine Auszeichnung und ist
seinem Zweck so wenig angemessen, dass die Dienerschaft selbst keinen Platz darin hat. Zum Ueberfluss sind noch Wachtstuben und Kaufmannsgewölbe
be in dem Erdgeschoss. Diess Letztere findet überall in Rio statt, daher dem Hausherrn nur eine
Etage bleibt, und diese ist schlecht genug einge-
richtet; an allen Meubeln Mangel, nur Ueberfluss
an Divans oder Sophas und Ruhebetten, weil der
träge Portugiese gerne alles im Liegen abmacht,
die Fenster sind öffen und man sieht noch jetzt
nicht überall Glas. Balkons sind häufig; ehemals

wurden die Häuser durch sogenannte Jalousien ent-
stellt, welche wie ein dicht vergitterter Käfig aus
dem Fenster heraus standen und gross genug waren um zwei Menschen darin stehen zu lassen.
Diese hässlichen·Gefängnissfenster sind verschwunden, seit der Hof in Rio residirt, angeblich um die
Stadt zu verschönern, wahrscheinlich jedoch aus
einer nicht ganz ungegründeten Furcht vor dem· etwas heimtückischen Charakter der· Bewohner.

Die Kirchen machen meistens einen guten Eindruck, obwohl sie nicht eigentlich in irgend einem
anerkannten Styl gebaut sind. Merkwürdig ist die
Cathedrale wegen des Alters; sie soll die erste seyn,
die hier gebaut wurde, neben ihr steht der Stein,
durch welchen Portugal Besitz von dem Lande nahm,
er enthält auf seiner Ostseite das portugiesische
Wappen und auf der Westseite die Insignien des
Christus-Ordens; er steht auf einem hohen Berge
hinter der Stadt, von welchem man Rio, die ganze
Bai, den Eingang, das Weltmeer, und West-, Nord-
und Süd-wärts das ausgedehnte Land übersieht. Der
Platz ist würdig eines Denkmals, das die Besitz-
nahme eines Welttheils andeutet.

Die Einrichtungen, welche den Handel betreffen,
sind äusserst elend, den Handel nicht begünstigend,
sondern ihn zerstörend. Als einziges Beispiel, will
ich ·die Erhebung der ·Zollgefälle anführen. Das

Packhaus ist ein elender hölzerner Schuppen, nicht gross genug, um die Waaren eines einzigen Indienfahrers aufzunehmen. Von hier werden die Ballen, durch schwarze Sclaven, in einen Saal gebracht, in welchem die Zollbeamten residiren. Aeusserst klug ist derselbe schon eine Treppe hoch angelegt, die Sclaven müssen daher die schweren Päcke hinaufwälzen; hier werden sie geöffnet, einer packt aus, ein zweiter misst und wiegt, ein dritter schätzt ab, ein vierter trägt ein; jetzt ist ein Act vorüber, und die Sachen werden an das andre Ende des Saales gebracht; hier beginnt die ganze Prozedur von neuem und das Ende des zweiten Actes ist: bezahlen, viel bezahlen! Nun tragen und werfen die Sclaven die Sachen eine Seitentreppe hinunter, da wird jedes einzelne Stück, jedes paar Handschuh oder Strümpfe, jeder Käse sogar, plombirt und für jeden Stempel ohne Ausnahme werden 10 Reis bezahlt; dies beendigt den dritten Act; der vierte besteht in der Controlle der drei vorigen, in nochmaliger Ueberrechnung und Revision der Stempel und Gebühren, in ungeheurem Bezahlen und die Catastrophe des Trauerspiels, der fünfte Act, ist, dass alles bunt durcheinander zur Thür und zum Fenster hinaus, auf die Strasse geworfen wird, wofür sich die Schwarzen, nachdem sie den Besitzer unverschämt bestohlen haben, noch unverschämt bezahlen lassen. Hier liegen

nun Butter, Atlass, Mousselin, Käse, Spitzen,
Oelfässer, Kasimir, Tuch, alles durcheinander;
jetzt hat ein jeder Erlaubniss, sich das Seine aus-
zusuchen.

Was dies für Verluste herbeiführt, lässt sich
denken, und fast allein diesem schändlichen Beneh-
men ist die Theuerung überseeischer Produkte zu-
zuschreiben. Der Kaufmann, welcher einen Ballen
der vorzüglichsten Waaren, rein und gut in das
Zollhaus liefert, muss dafür ungeheure Abgaben
bezahlen und erhält die Hälfte der Waaren zurück,
davon ist wieder die Hälfte unbrauchbar und be-
schmutzt; auf den Rest, ein Viertheil des Ganzen,
schlägt er nun den Verlust der übrigen drei Vier-
theile, die Mauthen und Abgaben, den Transport,
seine eigne Arbeit, seine Mühe und Kosten und
den nöthigen Gewinn um bestehen zu können.

Auf ähnliche Weise werden alle Staatsdienste
versehn und auf ähnliche Weise ist die Militär-
macht im elendesten und lächerlichsten Zustande.
Einige Tausend sogenannter Soldaten, zwar alle in
blauen Uniformen, allein nach allen Schattirungen
von schönsten Bleu murant oder Müllerblau oder
Waschblau bis zum Königsblau und zum tiefsten
Indig, machen die fürchterliche, grosse Armee
des neuen Continents aus, das Seitengewehr hängt

theils über der rechten, theils über der linken
Schulter an einem Bandelier oder einem Säbelge-
hänge von schwarzem, weissem, rothem Leder, von
schmuzigem verwaschenem Nanquin oder von Leinwand; manche haben gar im Uebermuth zorniger
Heldenhaftigkeit, zwei Säbel an ihrer Seite; Gewehre — ohne Schloss oder ohne Ladstock, oder
als Ladestock den Spazierstock im Laufe steckend,
mit dreieckigen oder runden Hüthen, mit Kaskets
und Sonnenschirmen, so zieht diese treffliche Fall-
staffsarmee einher, und es ist zu vermuthen, dass
sie selbst gegen einen entschlossnen Feind viel
ausrichten, denn dieser stirbt bei der Annäherung
vor Lachen, noch ehe ein Schuss gethan ist.

Sie ziehen meistentheils nur alle Monat einmal auf die Parade, wenn sie ihre Löhnung em-
pfangen — — sollten; denn keines Landes
Finanzen sind wohl so zerrüttet, als die von Portugal und Spanien; obwohl beide Länder die glücklichsten und reichsten seyn könnten. Ungeheurer,
schmählicher und schändlicher Druck hat das Land
ausgesogen, hat es dahin gebracht, dass beide Fürsten nur Bettler beherrschen, und dass beide die
reichsten blühendsten Provinzen verloren haben und
auf dem Punkte stehn, den Rest auch einzubüssen.
Zur Zeit da sie die Wache und die Löhnung be-
siehn sollen, sieht man sie durch die Strassen nach

dem Hauptplatz ziehn. Der Herr Soldat geht meistentheils mit blossen Füssen oder höchstens in
Pantoffeln, hinter ihm ein schwarzer Sclave, welcher das Gewehr und ein andrer, welcher Säbel,
Hut und Patrontasche trägt, zunächst ihm jedoch
einer, welcher dem Soldaten einen mächtigen Son-
nenschirm von Seide oder Palmblättern, oder Leinwand, Cattun, ganz oder mit einer Mustercharte
geflickt, überhält, damit der Heros nicht schmilzt,
doch das wunderbarste — ist der Wachtparade-Glanz.
Das ganze Corps in seinen, nicht Uniformen, sondern Multiformen, mit langen und kurzen Flinten, Büchsen etc. mit und ohne Bajonet, steht in
zwei Gliedern, hinter einem jeden der Schirm-
und Kreuzträger, selbst die Fahne hält ein Sclave,
der Junker repräsentirt blos und wälzt die Last
seines hohen Standes auf die Schultern eines Un-
tergebenen, und sogar der Offizier reitet, neben
sich einen Sclaven mit dem Schirm und dem
Schweistüchlein habend. —

So steht es mit allem übrigen, die Cavallerie
hat keine Pferde, die Artillerie keine Kanonen und
wenn welche dort sind, so haben sie keine Lavet-
ten, ich selbst sah in den Forts, welche den Eingang in dem Hafen decken und beschützen sollen,
die mehrsten Canonen auf der Erde, sie hatten
sichs bequem gemacht, — andre lagen mit der

Mündung auf der Brustwehr, mit der Traube aber
auf zwei, kreuzweis zusammengebundenen Stücken
Holz. Die Begrüssungen geschehen alle aus einer
einzigen Kanone, die noch soweit im Stande ist,
einen Schuss auszuhalten. Eben so steht es mit
der Seemacht. Die ganze Flotte mit der die königliche Familie herübergekommen ist, liegt im Hafen,
abgetackelt und in einem Zustande, der nicht begreifen lässt, wie sie unter solchen Umständen, nur
haben den Ocean passiren können. An ein aus-
bessern ist gar nicht zu denken, denn obwohl
die Natur auf das freigebigste alles hervorbringt
was man wünschen und wollen kann, so ist doch
nicht so viel Vorrath dort, um eine Fregatte zu
bauen. Keine Seegel, keine Taue, kein Holz, kein
Eisen, kein Kupfer; selbst das Pulver bekommen
sie von den Engländern; aus den Flinten schiessen
sie mit gehacktem Eisen, aus den Kanonen mit
steinernen Kugeln. Brauchbar sind nur drei Schiffe
gewesen, zur Zeit meines dortigen Aufenthalts.

Das häusliche Leben der Brasilier hat nichts
Anziehendes. Seit der Hof dort ist, haben die Damen mehr Freiheit erhalten, dies macht die Gesellschaften angenehmer, und die ausserordentliche
Leichtigkeit, mit der dem Fremden entgegen gekommen wird, kann nicht anders, als willkommen seyn;
doch sind die Brasilier selbst nicht von einer Art,
die den gebildeten Mann interessiren könnte.

Ein schöner Wuchs, ein zarter Bau, ein schalkhaft lachendes, lockendes Auge zieht den Fremden
zu den Weibern hin; ein, in der Kirche, oder auf
Spaziergängen, dem ganz Unbekannten, den sie der
Mühe werth halten, mit der liebenswürdigsten
Freundlichkeit gereichter Blumenstrauss, mit Blicken
begleitet, die gar keine doppelte Deutung zulassen,
machen nach näherer Bekantschaft begierig, und
nun sieht man die Schöne, welche auf der Strasse
der seidene Mantel halb zeigte, halb verbarg, in
ihrem Hause in der zahlreichen Gesellschaft wohl
gar mit blossen Füssen, aber höchstens in Pantoffeln, bedeckt, mit einem unreinen Unterrock und
einem eben so unsaubern Hemde, welche beide
jedoch mit kostbaren Spitzen garnirt sind, mit un-
gewaschenem Gesicht, unreinen Händen; nun hört
man sie in einem tiefen rauhen Ton ihre Befehle
austheilen, hört sie entsetzlich auf die Leute schim-
pfen, wohl gar zu Thätlichkeiten im Beiseyn der
Gäste schreiten; nun bemerkt man, dass das lüsterne
Auge voll Verlangen, voll brennender Begier aus
einem seelenlosen Kopfe strahlt, bemerkt, dass gänz-
licher Mangel an geistiger Bildung ihre vorzüg-
lichste Auszeichnung ist, — ich glaube nicht, dass
man sich an solche Engel sehr gefesselt fühlen
kann. Allein noch mehr als das genannte, macht
das Bild älterer Frauen einen üblen Eindruck.
Von Kindheit auf an ein müssiges, sitzendes Leben

gewöhnt, sind sie in ihrer Jugend, das heisst, bis zum 18ten, 19ten Jahr in einer üppigen Fülle, dann werden sie sehr stark, nie gezügelte Leidenschaften haben sich früh in ihnen ausgebildet. Diese drücken nun ihre deutlichen Spuren dem verzerrten tief gefurchten Gesicht auf, nach dem zwanzigsten Jahr werden sie schon unangenehm dick, und schwellen im fünf und zwanzigsten zu einer schwammigen Fettmasse an; die alte grundhässliche Frau ist nun fertig, schön kann man sie nur vom 12ten bis zum 16ten Jahr nennen. In dieser Zeit heirathen sie auch alle; ja häufig schon im eilften Jahr, sie haben auch bis dahin von ihren verworfenen schwarzen Sclavinnen hinlänglichen Unterricht in allem, was die letzteren selbst nur wissen, erhalten.

Bei ihren Besuchen werfen sie einen seidenen Mantel über den Anzug, bei grossen festlichen Gelegenheiten, oder bei Gastmählern sind sie ganz in unserer modernen Tracht; dasselbe gilt von den Männern. Die in unseren Zirkeln einheimische gesellige Unterhaltung kennen sie nicht, es dreht sich, wenn gesprochen wird, alles um abwesende Bekannte, über welche die Mädchen, wie die Weiber mit ihrem natürlichen beissenden Witz herfallen. Sonst ist Tanz nach der Viola (Guitarre) ihre einzige gesellige Vergnügung, hierin jedoch exceliren sie; der leicht bewegliche, kaum bedeckte Körper

lässt die vollen Formen im zierlichsten Spiel höchst
graziös und mit all der Gluth südlicher Tänze her-
vortreten, und dieser Tanz ist fast immer an den
anwesenden Fremden gerichtet, indem sie sehr den
Intriguen geneigt sind, und die Brasilier das Wie-
derspiel hievon, ihnen weder entgegenkommen,
noch auch wohl ihnen gnügen mögen. Doch weh
dem Fremden, der sich ihnen überlässt — er bezahlt
die kurzen Freuden meistens mit langer Reue,
wenn nicht bei dem leisesten Anlass zur Eifersucht,
ein gut geschliffner Stahl ihm die Zeit zur Reue
abschneidet.

Im Theater und am Hofe wenden sie viel Sorg-
falt auf ihren Anzug, besonders auf ihren Kopfputz. Blumen von bunter Seide, von den zarten
Federn kleiner Vögel, von Schmetterlingsflügeln,
auch natürliche Blumen zieren das starke, schwarz
glänzende, mit Brillanten durchsäete Haar, in dessen Anordnung sie viel Geschick und viel Geschmack
zeigen; allein auch nur bei solchen Gelegenheiten;
gewöhnlich sieht es um ihren Kopf so unordentlich
aus, wie in ihrem Kopf, und betrachtet man die
reizenden Damen etwas genauer, so nimmt man
leicht wahr, dass ihr ziemlich dunkler Teint nicht
von zu vieler Sonne, sondern von zu weniger Seife herrührt; das einzige was sie waschen,
sind die Füsse, und diese nicht aus Reinlichkeit,

sondern aus Furcht vor dem Sandfloh, welcher sich
gern zwischen Haut und Nagel einbohrt, und sich
erst durch seine zahlreiche Prosperität offenbart,
welche denn sehr schmerzhaft ist, das Ausschneiden
bis ins Fleisch nöthig macht, und wenn man sie
vernachlässigt, böse Geschwüre, wohl gar den Brand
veranlasst. Gegen andre kleine Gäste, nicht so
gefährlich, doch lästig genug, sucht man sich zu
schützen, indem, Mann oder Weib, einer dem andern wo es immer sey, auf der Strasse, auf dem
Balcon, den Kopf in den Schoos legt, zu einem
Geschäft, das man hier zu jeder Stunde vollbracht
sehn kann, das sich doch nicht wohl herschreiben
lässt.'

Dies alles, und der Glanz ihrer Haare, welche
mit Schweinschmalz pomadirt werden, und die Ursache ihrer dunklen Hautfarbe, welche sich durch
den Geruch erkennen lässt, ist nicht geeignet, dem
Europäer, der nicht in Spanien oder Italien zu
Hause ist, ausserordentliche Neigung für diese
Menschen einzuflössen, denn sie stehn im offenbar-
sten Gegensatz mit allem, was der Gebildete lie-
benswürdig nennen kann; ihr Schreibenlernen hat
allein zum Zweck, Billet doux abscheulich zu
kritzeln, das Lesen erstreckt sich nicht auf mehr,
als auf ihr Gesangbuch; an welchem letzteren indess die Männer Schuld sind, die behaupten, es

tauge einem Weibe keine andere Lectüre, als das Gesangbuch.

Sie könnten, wenn sie wollten, sehr reizend seyn; ihre regelmässige Gesichtsbildung, das wahrhaft antike Profil, das schwarze lebhafte Auge voll des tiefsten Ausdrucks, der schön geformte Mund, mit zwei Reihen kleiner Perlenzähne; die in früher Jugend niedliche Gestalt, gleich der einer Terpsichore leicht und gewandt, welche sich später zu aller Grazie eines vollendet schönen üppigen Körperbaues rundet, giebt ihnen Ansprüche auf den Namen reizender Geschöpfe. Allein entkleidet von jeder innern Schönheit, gefallsüchtig bis zum Widerwillen, leidenschaftlich im höchsten Grade, voll Zorn, zur Rachsucht geneigt, nur geschaffen ein paar Dutzend Sclavinnen zu quälen und im Athem zu erhalten, eigensinnig, boshaft, unrein bis zum Eckel, frei bis zur Frechheit, werden sie keinen Mann, der ein höher Ideal von weiblicher Schönheit hat, anziehn können. Und nun gar nach 25 Jahren — dann sind sie alt, hässlich, runzlich, das Gesicht drückt alle die Leidenschaften, von denen der Südländer bewegt wird, nun bis zur Karikatur aus, zigeunerhaft wird das scharf markirte Gesicht, die Nase springt adlerartig weit hervor, tiefe Furchen zwischen den Augenbraunen geben ihnen ein stets zorniges zurückschreckendes Ansehen, dann sind

sie plump und dick, und werden es noch immer
mehr, denn die einzige Bewegung welche sie sich
machen, ist täglich ihre Sclaven und Sclavinnen
mit dem Holzpantoffel zu schlagen — und der
Herr der Schöpfung! — wenn ein Mann bei uns
das Glück hat, unter dem Pantoffel zu stehn, so
ist er doch meistentheils von Sammet oder Seide
und ziemlich leicht; ein derber Sabot fällt heftig
auf, wenn er mit dem Nacken des Ehemannes in
Berührung kommt.

Das Leben der Portugiesen, ausser dem Hause
hat für den Fremden auch nicht viel Anziehendes.
Die Strassen sind mehr durch farbige, und schwarze
Sclaven, als durch Weisse belebt, die Damen lassen sich meistentheis in einer Art Portechaise tragen, die reichen Leute fahren auch in, wenigstens
nach ihrem Geschmack, eleganten, häufig vergoldeten Kutschen.   Durch den Hof muss das
öffentliche Leben übrigens viel Veränderung erlitten haben, denn mein Banquier machte mich häufig
auf solches aufmerksam, und frug mich wiederholt,
ob mir das nicht besser gefiele als sonst, obgleich
ich ihm öfters gesagt hatte, dass ich zum ersten
mal in Rio sey.

Das Theater steht auf dem Platze Roccio; es
ist nicht übel gebaut, doch die Schauspieler und
ihre Darstellungen sind elend genug. Man will, dass

zu auf die Sitten wohlthätig einwirke, man macht die Untugenden und Laster, den Dialect und die schlechten Maniren der Bewohner von San Sebastian lächerlich, ob dies aber wirklich bessere — das Leopoldstätter Theater in Wien giebt mehr Lokalpossen, als irgend ein andres, die Bürger lachen, gehn das nächste mal wieder hin, allein sie bessern sich nicht, so in Rio — selbst, was mich sehr wunderte, und was in Oestreich gewiss nicht geschehen dürfte, weil die Geistlichen dort alle vollkommen, und Muster eines frommen erbaulichen Lebenswandels sind — selbst die Priester und Mönche, werden häufig durchgezogen, allein ohne dass es eine Veränderung unter ihnen hervorbrächte. Sie gestehen, dass es solche Charactere, wie die dargestellten giebt, allein keiner greift in seine Brust, rufend: mutato nomine de te narratur fabula, und eben so wenig wird das Volk an ihnen irre gemacht; sie erlauben sich die gränzenlosesten Betrügereien und führen ein zügelloses Leben. Die Beichte wird sehr streng, und sehr oft gefordert, jedes Vergehn mit einer Anzahl von Fasttagen (d. h. Fischessen) belegt, da man jedoch die Fische in Rio nicht für gesund hält, so lassen sie sich diese Strafe mit mehr oder minder Geld abkaufen; so werden die dummen Brasilier geschröpft und Millionen von Piastern wandern wöchentlich in die Taschen habsüchtiger Priester.

Von dem jetzigen Kaiser aus, der nicht dieses Mittel hat, sich freiwillige Beiträge zu seiner Existenz zu verschaffen, und der auch nicht Chatoullengüter besitzt, werden sie mit directen und indirecten Abgaben, Steuren, etc. belegt; da müssen sie ungeheure Zölle, Stempel, (jeder Käse wird plombirt) Gebühren u. s. w. zahlen; Monopole und Verbote beschränken den Handel. Der König behält sich als ein Regal das Salz, den Taback, das Rindfleisch, den Wein, das Pulver und unzählig andere Gegenstände, wie Brasilien - und jedes andre Färbeholz, Indigo, Thèe, Kaffee, etc. vor; so musste das Land der glühendsten Weine, die seinen durch königliche Hand, aus Portugal beziehen und wer die Traube, als Obst, auf seiner Tafel sehn wollte, musste sie in Körben von daher kommen lassen. Dies Land reich an Salpeter und Schwefel darf kein Pulver erzeugen, die Färbehölzer sind bei uns theuer, während dort unermessne Wälder absterben, welche kein Mensch benutzen darf, die Viehzucht könnte nirgends höher getrieben werden als hier, doch niemand kann sich damit abgeben, da das Fleisch den Raben nur zur Speise dienen würde und der Unternehmer höchstens das Fell benützen könnte. Selbst Salz und Taback wird eingeführt aus dem Mutterland. — Wenn dies eine Mutter ist, so ist's eine Rabenmutter.

Die Assembléen bei Hofe sollen interessant
seyn, weil man dort alles in seinem höchsten Staate
sehen kann, wie weit aber alles zurück ist, sieht
man auch hier wieder, die Brillanten, mit denen
jeder bedeckt ist, sind in Brasilien gefunden, und
werden nach Holland geschickt, wo man sie schleifen
fen lässt; dass in Holland eine Schleifmaschine
nicht fester steht als in Brasilien, weiss man, allein
niemand fällt darauf, diese Kosten zu sparen. Die
Assembléen in den Häusern vornehmer Portugiesen
haben nichts, was den Fremden zur Bewunderung
reizen könnte, als etwa die unsinnige Eifersucht
der Männer untereinander, gepaart mit der über-
triebensten Toleranz gegen Fremde. Ihre Speisen
sind schlecht; Schweinefleisch essen sie in fünf
bis sechs verschiedenen Formen bei jedem Gast-
mahl mit einer Art Stolz, um zu zeigen dass sie
nicht alttestamentarische Glaubensgenossen sind.
Das königliche Rindvieh und Rindfleisch ist unserem Gaumen nicht geniesbar, und das Schaaf wird
nicht gern gegessen, weil das Lamm Gottes
die Sünden der Welt getragen hat; nur
Früchte, in aller ihrer hiesigen Pracht und Vollkommenheit, sind im Ueberfluss vorhanden, und
sind das, woran sich der Fremde besonders halten
muss.

Vierte Vorlesung.

Bald verlies ich die Stadt um einige angrenzende Provinzen zu sehn, auch nach Goyaz und Matto Grosso zu gehn. Wenn man sich von der Bai entfernt, so wird die Gegend immer romantischer und wilder, die Felsen geben ihr etwas grossartiges, characteristisches, welches eine Gegend in der Nähe einer grossen Stadt selten besitzt. Die Berge liefern überall die deutlichsten Zeichen eines grossen metallischen Reichthums, doch wird so wenig darauf gewandt, dass die Eisenfabrikation ganz darnieder liegt, und Brasilien seinen Bedarf an geschmiedetem Eisen von England, oder über Triest aus Oesterreich bezieht. Die gar fern von den Städten wohnenden Landbauer, haben kleine Oefen, in denen sie etwa 20 Pf. Eisen schmelzen, welche dann mit gewöhnlichen Schmiedehämmern gefrischt werden, von Maschinen irgend einer Art ist gar keine Rede.

In der Nähe der Seen und Flüsse fand ich häufig den Federbuschreiher. Er ist von der Grösse eines Storches und zeichnet sich durch zwei Büsche schöner zarter Federn aus, welche von den Schultern über den ganzen Rücken, nach dem Schweif hin laufen, und welche theuer bezahlt werden, desshalb wird das arme, berühmte Thier sehr verfolgt, so dass es dermaassen scheu geworden, dass es mir nicht möglich war, eines derselben zu erlegen, obgleich ich ein treffliches Gewehr besass.

In den heissen Thälern findet sich häufig der Flamingo, die Sumpfthiere suchend; seine Farbenpracht erfreut das Auge des Wanderers, ein brennend Roth von unglaublicher Schönheit kleidet ihn, fliegend im Strahl der Sonne, gleicht er einer Feuerflamme von zwei andern Feuerflammen getragen, und tausend glänzende Colibri's schwärmen wie Lichtfunken blitzend in der Sonne, gleich dem Prisma in bunten Farben schimmernd; sitzt der kleine Vogel einen Augenblick im Feuer der Sonne still, so kann man sein schillernd Farbenspiel verfolgen blos indem man seine Stelle, unmerklich beinah, verändert, der glänzende Fleck auf seinem Kopf, an seinem Hals und seiner Brust geht vom reinsten Gold zum Gelb, Grün, Blau, Violet, Purpurroth, Feuerroth, Orange und wieder zum Gelb, Grün und Gold, über. Mit dem langen, sichelför-

mig gekrümmten Schnäbelchen sucht das schöne
Thier, die kleinen Insekten aus den Kelchen der
Blumen, oder nascht von dem Blüthenstaub, sucht
auch wohl die Nectarien der Blumen heim, um aus
ihnen Honig zu saugen, bis eine gräuliche Busch-
spinne mit ihren dicken behaarten Beinen, auf ihn
zufährt und seinem poetischen Leben ein Ende macht.

Eine andre hübsche Erscheinung bietet ein
Papillon dar, welcher sich an die tiefen Trichter-
blüthen der Aloe, Bignonien etc. hängt, seinen zu-
sammengerollten Saugrüssel, der ausgestreckt wohl
zwei Zoll lang ist, hinein steckt, und, den Honig
saugend, um seinen Rüssel immer im Kreise umher
schwirrt; so sieht man häufig hunderte derselben
flatternd die Blumen umschweben und ihr pracht-
volles Farbenspiel entfalten, denn was die Natur
zartes und liebliches besass, hat sie als Schmuck
auf die Flügel dieser Thiere getragen. Jedoch auch
die Schattenseite der Natur, wollen wir nicht
unberührt lassen. Unter den Insecten sind hier,
wie überall in der heissen Zone die Muskitos die
ärgste Plage, allein man wird auch von Wanzen
heimgesucht, welche einen Zoll Länge und die ver-
hältnissmässige Breite haben. Der Scolopender oder
Tausendfuss, das dürre todtengraue Gespenst, quält
den Schläfer auf dem freien Felde, wie in den
schlechten Betten. Viele kriechende Thiere werden

dem armen Tropenbewohner sehr lästig, mancherlei
Eidechsen, abscheuliche Kröten und Frösche hü-
pfen überall an feuchten Orten umher, unter diesen ist das scheusslichste Thier, die Rana Pipa; bei
einer Länge von sieben bis acht Zoll ist sie vier
Zoll breit; in ein eckliches gräuliches Braun gekleidet, mit dunkleren Flecken, scheint sie mit Ge-
schwüren bedeckt zu seyn, und dieses sind, wenn
man sie näher betrachtet, die Jungen, welche sie
in Zellen auf dem Rücken, erzeugt, ausbrütet und
so lange trägt, bis sie selbst schwimmen können.
Von solchen ecklen Thieren sind die Gärten und
Höfe der Landbewohner, wenn sie an feuchten Orten liegen wie besäet, man tödtet sie, indem man
bei den Abendspaziergängen, mit einem vier oder
fünf gespitzten Stock blindlings auf die Erde stösst,
wobei man jedesmal welche spiest. Grosse graue,
geflügelte Eidechsen welche den Namen Basilisken
führen, und Schlangen, giftige so wie unschädliche,
machen noch den Aufenthalt hier unangenehm und
gefährlich, auch Krokodille sind viel in allen Bä-
chen vorhanden und nicht so wohl gezogen, wie
die Haifische von Bahia, über welche behauptet
wird, dass der Bischof bei seiner Ankunft ihnen
seinen Seegen ertheilt habe, seit welcher Zeit sie
sich vorgenommen, die Matrosen ungeschoren zu
lassen, und daher aufgehört haben Antropophagen
zu seyn.

Auch Raubthiere, Tiger und Unzen machen das Land unsicher, und so muss der Mensch um seinen Unterhalt, hier mit den Thieren und mit einer zu üppigen, dort mit einer zu kargen Natur kämpfen. An einigen Stellen ist der Boden ziemlich gut bebaut, allein das will im Vergleich mit den ungeheuren wüsten Länderstrecken, natürlich nichts bedeuten. Die Weise der Ländervertheilung, ist auch von der Art, dass sie den Ackerbau nicht begünstigt, weil sie zu verschwenderisch ist. Für eine geringe Summe Geld, erhält man von der Regierung ein Stück Landes, zwei bis drei Meilen lang und eben so breit, dies wird auf der Karte ungewiss bezeichnet und mit dem Gränzbeamten begiebt man sich an Ort und Stelle, hier zeigt man an, wo das Haus gebaut werden soll, alsdann bestimmt er die Gränze. Von hier nach Norden, bis zu den 3 Palmbäumen; von hier nach Süden, bis zu dem Bach, Berg, Busch etc.; und nun ist nach Entrichtung der Gebühren die Sache abgethan, welche nur gemacht scheint die Advokaten von Rio, durch die täglich vorfallenden Grenzstreitigkeiten, zu bereichern.

Beim Bearbeiten des Bodens findet man häufig Knochen nnd ganze Scelete von antediluvianischen Thieren in der Decke von Dammerde welche die Hügel und Thäler überzieht. Merkwürdig genug ist

es, dass man sie fast gar nicht in den oft vorkommenden Höhlen findet. Das Megatherion und
Mastodonton zeigt sich häufig, nicht so das Mega-
lonix, das Faulthier der früheren Zeit, welches man
tausend fünfhundert Meilen weiter nördlich in vollständigen wohlerhaltenen Exemplaren fand:

Die Pflanzungen bestehen hier, hauptsächlich
aus zweierlei Gattungen des Zuckerrohres, der Canna
creol. und der Canna Cajenn., davon die erstere
hier auf heimathlichen Boden steht, die zweite jedoch aus Cajenne eingeführt ist. Ferner pflanzt
man Kaffe, Baumwolle, Cacao, doch selten, weil er
erst späth seine reichlichen Früchte trägt, dann
ersetzt er das Anlagekapital jährlich wohl zwanzig-
fach, allein dies dauert dem faulen Brasilier zu
lange, eben so ist es mit den Theepflanzungen.
Man hat es versucht; der Thee soll nicht so gut
seyn, als der Chinesische, weil dieser durch das
dichte verpacktliegen an Güte und Aroma gewinnt;
etwas der Art gleichfalls zu versuchen, liegt auch
nicht in dem Character des Brasiliers, desshalb
bleibt dieser wichtige Handelsartikel, der fast den
hauptsächlichsten Reichthum des unter gleicher
Breite liegenden Paraguai ausmacht, ganz liegen.
Von den ausländischen, d. h. Europäischen Obst-
gattungen wird besonders die Orange gepflanzt,
weil man sie hier sehr schätzt und für äusserst ge-

sund hält, eben so ist die Ananás (Bromelia) hier sehr häufig, ja in den grossen Ebenen ganz ohne Anpflanzung in solcher Menge, dass ihr erfrischender Duft viele Meilen weit die Lüfte erfüllt. Ich machte diese Erfahrung hier nicht, weil ich im Winter hier war, doch wurde mir dies allgemein erzählt.

Der Winter oder die Regenzeit fällt in die Monate Mai, Juni, Juli, August, September welches manche Reisende, (wahrscheinlich Verwechselung mit unserer Jahreszeit) den Sommer nennen, daher denn auch die Bemerkung, dass es hier im Sommer täglich regne, und man seine Spaziergänge nach der Zeit, vor oder nach dem Gewitter bestimme.— Man muss diese Zeit doch wohl Winter nennen, weil sie die kältere, und die der kürzeren Tage ist.

Das Pflanzenreich überhaupt bietet hier eine grosse Ausbeute dar, und es ist wohl zu bewundern, dass der botanische Garten von Rio, die mehrsten Pflanzen von Otaheita und fast gar keine von dem überreichen Brasilien enthält. Das Brasilienholz findet sich hier in grosser Masse, obwohl es nicht so gesucht wird als das von Bahia. (Caesalpinia echinata.) Bäume mit adstringirenden Rinden wie der Manglebaum (Avicenna rhizophora), Palmen aus deren Nüssen ein treffliches Oel bereitet wird,

geben reichliche Ausbeute und sind besonders an
den Küsten häufig. Ueberhaupt findet man zu seiner Bewundrung alle Tage im Jahr, blühende Pflanzen in grosser Menge, solche, welche trockne, schat-
tige, feuchte, sonnenwarme Stellen lieben, zeigen
sich nach ihrem Habitus überall.

Das nächste Ziel meiner Reise war Villa rica,
der Itacolumini und die, in seiner Nähe wohnenden, halb gezähmten Indianer, die Coroates. Bei
dem Besteigen des Berges hatte ich Gelegenheit
die grosse Vorsicht der Maulthiere zu bewundern.
An den schroffesten Abhängen schreiten sie mit
einer Sicherheit, die allen Glauben übertrifft, so
nahe an den Rändern der Abgründe, dass man glauben sollte, sie müssen hinabstürzen und doch gehn
sie sicher und gewiss, wenn man sie nur sich selbst
überläst. Der Zügel ist nirgends entbehrlicher als
bei ihnen, ja wenn man ihn an gefährlichen Stellen
braucht, schadet man sich stets selbst. Das Thier
bleibt, wenn es nicht angetrieben wird, stehn,
sieht sich um, scheint zu überlegen — und dann
geht es von selbst fort, man kann sich darauf
verlassen, dass es den besten Ausweg erwählt hat.

Bei der Messung des Grades unter dem der
Itacolumini liegt (seine Höhe beträgt nach einer
Barometermessung 5590 Fuss) bediente ich mich

einer Boussole, und bemerkte dass sie iritirt wurde, sobald sich der Tropeiro derselben näherte; ich frug ihn, ob er Eisen bei sich habe, er wollte mit der Sprache nicht recht heraus, endlich gestand er, er trage einen kleinen Magnet auf der Brust, welcher äusserst gut sey, um die Frauenzimmer anzuziehen, er bat mich, ihn nicht zu verrathen, weil man ihn sonst für einen Zauberer halten würde, konnte aber seine Freude über die Wirkung des Magneten auf meine Boussolnadel nicht verbergen — wie dieser, so tragen fast alle, selbst die vornehmsten Brasilier irgend einen Talismann, ein Amulet, welchem sie verborgene Kräfte zuschreiben.

Die Coroates Indianer sollen von den Puri's abstammen, obgleich sie in ihrem jetzigen Zustande, die Feinde der wilden Puri's sind. Man hat versucht, sie hier ansässig zu machen, und ihnen grosse Länderstrecken angewiesen, in denen kein Weisser sich niederlassen darf, weil das Gesindel, welches von Portugal herüber kömmt, sie nur schändlich behandelt und den Zweck der Regierung hintertreiben würde. So sind sie hier in ihren Sitten ziemlich ungestört, denn man verlangt von ihren weiter nichts, als dass sie Sonntags zur Messe gehn sollen, wofür sie hinwieder auch nichts verlangen, als dass man ihnen Essen und Brandtwein giebt. So lange man jedoch einige ihrer Gebräu-

che nicht unterdrückt oder abgeschafft hat, wird es
schwer oder unmöglich seyn, sie an einem bestimmten Ort fest zu halten. Eine Familie baut z. B.
sich auf irgend einem bequemen Raum einige Hütten, mit Palmblättern gedeckt, fast von allen Seiten offen. Sie haben darin ihre Hängematten, ihre
Töpfe, Bogen, Pfeile, einige Werkzeuge etc.; sie
bauen etwas Mais, pflanzen auch wohl Pisang und
man sollte meinen, sie hätten sich nun hier festge-
setzt, allein so wie ein Mann aus dieser Familie
stirbt, so wird er in seiner Hütte begraben und
dann verlässt der Stamm diese Aldea (Niederlassung)
für immer.

Sie sind sonst ein ziemlich gutes Volk, sind
auch gegen die wilden Puri's von Nutzen, nur muss
man ihnen nicht zu viel Brandtwein geben; sobald
sie berauscht sind macht ihre Gutmüthigkeit einem
grimmigen, höhnenden Zorn Platz, der sich in
Drohungen auch wohl in Thätigkeiten gegen die
Weissen äussert. Sie selbst bereiten sich aus un-
reifem Mais ein berauschendes Getränk. Die Weiber kauen die Körner und werfen dies unapetitliche
Machwerk in ein grosses irdenes Gefäss, die Wein-
gährung tritt hier bald ein, und dann ist dasselbe
fertig, mit Schaalen aus Kürbis oder Cocos schöpfen sie davon, so lange etwas vorhanden ist, stimmen
nach ihren trefflichen musikalischen Instrumenten

einen heulenden Gesang an, tanzen auch nach ihrer
Art sehr schön und schlafen endlich ihren Rausch
aus.

Vergeblich habe ich mir Mühe gegeben ihre
Gesänge in Rhitmus und Tonfolge zu bringen, sie
sind so ohne einen bestimmten Takt, wie sie ohne
eine Tonart sind; wer einige musikalische Kenntniss
(das heisst von Generalbass und der Composition, denn
das Spielen eines Instrumentes, ohne Theorie der
Musik, kann hiebei nun vollends nichts helfen) besitzt, muss sogleich finden, dass sie wie die Türken und die Katzen, weit feinere Nüancen in der
Abstufung der Töne haben, häufig kommen Klänge
vor, die nur auf einen Streichinstrument hervorgebracht werden können, indem man mit dem Finger
auf einer Saite herab gleitet während sie gestrichen
wird, dazu bleiben sie wenn sie eine Melodie hätten, mit derselben nie in den Grünzen irgend einer
Tonart, oder auch nur der damit verwandten, sondern springen — wie Menschen welche gar kein
musikalisches Gehör haben — von der Melodie in
jedem Augenblick in eine andre, indem sie den
Klang um einen halben oder ganzen Ton fallen
lassen oder erheben; daher ist es ganz vergebliche
Mühe, die Töne aufzuschreiben; lässt man sich das
eben Notirte, von demselben Individuum, noch einmal vorsingen, so klingt es ganz anders.

Einige Spuren von Industrie findet man bei ihnen in ihren Putzsachen, doch freilich auch nur die ersten Anfänge; sie wissen sauber und zierlich Körbe, Taschen, Matten und dergleichen zu flechten, sie machen grosse Töpfe aus Ringen von Ton, die sie übereinander legen und durch Kneten mit einander verbinden, auch brennen sie dieselben bisweilen, auch machen sie sich wohl eine Art Bekleidung von Vogelfellen oder von Matten, auch von baumwollnen Zeugen, dies thun jedoch nur die Weiber, welche sehr frostig sind, und welche ich in der Kirche vor Kälte zähneklappern hörte, sonst besteht ihr Putz im Bemahlen des Körpers mit rother oder schwarzer Farbe. Meistens geschieht dies, indem sie mit dem klebrigen Saft von Euphorbien, oder vom Ficus elasticus Figuren auf ihren Körper zeichnen' und dann mit Kohlenstaub oder einem farbigen Ton sich einreiben, hierauf waschen sie sich, wo denn die Figur heller oder dunkler vor der Farbe der Haut hervortritt. Diese ist übrigens bei neugebornen und ganz jungen Kindern so weiss, wie die eines Europäers, allein immerwährendes Umhertreiben in Sonne, Regen und Sturm, ihr Schlafen in der Asche eines erloschenen Feuers, ihr Bemahlen und Tattoviren macht sie so braun, dass man sie dreist kupferfarbig nennen kann, ohne ihnen zu nahe zu treten. Doch ist die Farbe der Haut bei Erwachsenen mehr — aus den angegebenen Uraachen,— ein schmutziges Braun als das Roth, welches wir unter dem Namen Kupferroth kennen.

Die Puri's welche sich noch ganz wild; das heisst, noch gar nicht an eine Art fester Wohnplätze gebunden, dort in den Wäldern befinden, thun den angesiedelten öfters Schaden, sie hassen diese letzteren, wie sie sagen, deswegen, weil sie ihre Freiheit verkauft, weil sie sich zu Sclaven der Spanier gemacht haben.

Offenbar ist übrigens die Verwandtschaft zwischen ihnen, und ihre physiognomische Bildung ganz dieselbe wie bei den Coroates. Im Allgemeinen ist überhaupt die Gesichtsbildung dieser Völker keineswegs so grob sinnlich, oder so mit dem Stempel der Stupidität belastet, Bis auf die selten schöne Nase, und die etwas hervorstehenden Backenknochen, welche an einen kalmückischen Ursprung erinnern, sind sie recht wohlgebildet zu nennen.

Sonderbar nur ist es, dass die Sprache der Coroates sich seit der kurzen Zeit, dass sie sich unter spanische Bothmässigkeit begeben, schon so verändert hat, dass die Puri's sie kaum mehr verstehn, umgekehrt ist dies nicht der Fall, ein Coroates Indianer versteht den Puri wohl noch, denn ihm sind die alten gewohnten Töne noch erinnerlich, sie, die Puri's, aber haben keine Kenntniss der neu entstandenen Worte.

Die Puri's tattoviren sich auch und zwar noch auf eine andre Weise, indem sie sich förmlich die Haut aufritzen und Farben in die blutenden Wunden einreiben, die Flecken und Zeichnungen hievon bleiben stets zu sehn.

Ihre Gebräuche sind übrigens ganz denen der Coroates Indianer gleich, sie bauen sich ähnliche Hütten, schlafen in ähnlichen Netzen, binden die Befestigungsknoten an ihren Bögen und Lanzen auf dieselbe Art, worin sich fast stets die Völkerschaften von einander unterscheiden, sie führen ähnliche Tanzfeste auf, und berauschen sich eben so gern in ihrem eckelhaften Getränke aus gekautem Mais.

Alles dieses, um es nochmals zu wiederholen, verbunden mit dem Aufenthaltsort, zeigt unzweifelhaft von ihrem gleichen Ursprung, desshalb es nicht nöthig ist sie noch näher zu beschreiben, ich wende mich daher zu einem andern Thema.

In der Nähe von Villa rica und Marianna befinden sich gleichfalls Goldminen; da sie jedoch auf dieselbe Weise bearbeitet werden als diejenigen

der Provinz Goyaz, so will ich ihre Beschreibung
nicht wiederholen, sondern zu den Diamantgru-
ben, welche gleichfalls in der Umgegend, in
einem Gebirgsstock der Serra Itacambyra liegen,
kommen.

Aus dem Geschiebe der Flüsse (denn dies ist
das bequemste, und Bequemlichkeit die erste Bedingung des Lebens eines Portugiesen) wird meistentheils, selten aus eigentlichen Gruben, der Dia-
mantsand oder Kies, in grossen Partien geholt, und
nach einer in der Nähe erbauten Diamantwäscherei
gebracht. Dies ist ein grosser, hölzerner Schuppen, durch welchen man einen Kanal rasch flies-
senden Wassers in mehreren Armen gezogen hat.
An verschiedenen Orten des grossen Raumes befinden sich Erhöhungen, Tische könnte man sie nennen, auf welchen die Aufseher sitzen und von wo
ein jeder, die ihm untergebene Abtheilung von
Sclaven gut übersehen kann. Die letzteren stehen
nun, über den Kanälen, mit jedem Fuss auf einer
Planke, womit sie eingefasst sind, sie haben neben
sich einen Haufen Diamantkies und mit einer
Schaale schöpfen sie davon, die Erde in den Kanal schüttend. Das rasche Wasser führt die Erde,
den Sand u. s. w. fort und lässt die grösseren
Stücke liegen; mit einem Stock umrührend, beför-
dert er das Hinwegspülen, thut dann wieder neue

Erde hinzu etc. bis er einen Diamanten findet, dann erhebt er sich, klatscht in die Hände und zeigt seinen Fund hoch empor, hierauf übergiebt er ihn dem Aufseher zu dessen Abtheilung er gehört, und dann setzt er seine Arbeit fort. Um sie zum eifrigen Suchen zu ermuntern, hat ein jeder einen Antheil an seinem Fund, grössere Diamanten werden ihnen Stückweise bezahlt, und mit einem Stein von 20 Carat hat er seine Freiheit erworben. Betrügereien von Seiten der Sclaven können dabei nicht leicht vorgehen; wenn sie einen gefundenen Stein verbergen wollten, wüssten sie nicht ob nicht in demselben Augenblick der Aufseher, welchen sie ihrer gebückten Lage wegen nicht bemerken können, sein Auge auf sie gerichtet hat, die Entdeckung eines Diebstals zieht dazu harte Strafen nach sich — so fällt dies nicht leicht vor. Hin und wieder verschluckt wohl einer einen Stein, das Purgiren auf Leben und Tod, welches jedoch bei der Entdeckung veranlasst wird, schreckt schon allein die andern ab, der folgenden Strafe gar nicht zu gedenken. Die Aufseher selbst stehlen desto mehr.

Mitunter waschen sie die Erde auch in runden Schaalen, in welche sie Wasser schöpfen, und durch eine kreisförmige Bewegung die Erde von dem Wasser wegspülen lassen, bis nur die grösseren Stücke zurück bleiben, aus denen die Dia-

manten gesucht werden; allein da dieses langsamer
geht, auch die dabei sitzenden Sclaven ihren Wächter in den Augen haben, so thut man es nicht
häufig auf diese Weise.

Durch die Provinz Minas Geraes nach Villaboa
im Gouvernement Gojaz reisend, stiess ich öfters
auf Botocuden, deren eigentlicher Name Arari ist.
Botoque heissen die Pflöcke welche sie in Mund
und Ohren tragen, daher der Name. Man behauptet hier allgemein, dass sie Antropophagen sind,
und dass sie besonders gern Neger essen. Dies
ist noch zweifelhaft, sie läugnen es wenigstens,
allein eine unbestrittene Thatsache ist, dass sie
ihren getödteten Feinden das Blut aussaugen. Dann
schneiden sie denselben die Muskeln der Arme und
Beine quer durch, und zwar, um sie für die andre Welt so untanglich zu machen, dass sie ihnen
nicht mehr schaden können. Sie denken und glauben also doch auch schon an eine Fortdauer nach
dem Tode!

Dass sie den Feinden, welche sie nicht fort-
schleppen können die Arme und Beine abschneiden
wird auch erzählt, wahr ist es übrigens, dass es
mit der höchsen Gefahr verknüpft ist, in ihren
Wäldern einer starken Horde zu nahen; ihre Wildheit ist sehr gross, ihre Feindschaft gegen die Weis-

sen fürchterlich, und leider wohl verdient, und ihre
Waffen sind so gefährlich, als sie geschickt in der
Führung derselben sind. Sie haben Bogen mit
welchen sie Kugeln und runde Steine auf grosse
Entfernung senden, allein ihre Pfeile sind wahrhaft fürchterlich, aus Grasstengeln oder aus Rohr
gemacht, haben sie breitschneidige Spitzen von
Knochen, gespaltenen Steinen oder von einer sehr
harten Rohrart, auch Stacheln von Blättern brauchen sie, sie haben Wiederhacken, und die Spitze
steckt so locker im Rohr, dass beim Herausziehn
des Pfeiles, die erste in der Wunde bleibt. Gegen
diese Pfeile schützt auf eine Entfernung von 200 Fuss
der sogenannte Panzerrock der Brasilianischen Soldaten, doch wissen sie auch noch auf grössere
Entfernung das Gesicht, oder die unbedeckten Arme
und Beine zu treffen; allein sie haben Pfeile mit
stählernen Spitzen, und gegen diese schützen zwei
solche Panzerröcke nicht. Die Bogen, aus dem
höchst elastischen Gelbholz gemacht, treiben den
Pfeil auf 500 Schritt, 1000 Fuss, und in dieser
Entfernung wird ein gut getroffnes Thier noch
durchbohrt, ich schoss später, nach meiner Zurück-
kunft nach Europa, mit solchem Bogen nach einem
eisernen Cürass auf 200 Fuss, und wenn ich gut
traf, so flog der Pfeil hindurch ohne ein Federchen
zurück zu lassen. Sie treffen mit dieser fürchterlichen Waffe den Vogel im Fluge, sie treffen eben

so geschickt auf bedeutende Weite mit ihrer langen Lanze und noch weiter mit den vergifteten kleinen Pfeilen aus ihrem Blaserohr; man kann sich denken wie beschwerlich es ist, sie in ihre Wälder zu verfolgen, in denen sie jeden Schlupfwinkel kennen, in denen sie aus ihrem Versteck tödten, ohne dass der Getödtete seinen Feind gesehn hat. Dies ist indessen Spanische Politik, sie suchen lieber ein Volk zu vernichten, als es zu Freunden zu machen, das erstere scheint ihnen leichter.

Welch ein Raum ist in diesen Ländern noch dem kultivirenden Europäer offen, welche unendliche Quelle von Reichthümern lässt der thörichte Mensch ungenutzt versiegen. Tausende von Quadratmeilen des herrlichsten, fruchtbarsten Landes, liegen da, unbenutzt, unbebaut, Wüsten — nur vom heulenden Regenaffen, und dem ungeschickten Hirsch, dem Cavia aguti bewohnt, welcher dem Tiger wie dem Krokodill eine leichte Beute (seines langsamen Ganges wegen) wird.

Selbst nicht nomadische Völker bewohnen diese Strecken, kein Grenzbeamter zeigt dem Ansiedler hier, wie weit sein Territorium gehen soll, und wer nur mit so vielem Gelde herkommt, um ein Dutzend Sclaven zu halten, kann Schätze auf Schätze häufen (vorausgesetzt dass er es nicht

macht, wie der fleissige Portugiese, welcher vom
Morgen bis zum Abend, und vom Abend bis zum
Morgen auf dem Ruhebett liegt, zwölf Monat lang
in jedem Jahr).

In der Provinz Rio de Janeiro, hat man
wohl hin und wieder Indianer zum Bebauen des
Feldes in die Nähe der Städte gebracht, allein
wenn solch' eine unglückliche Familie, mit Schweis
und Blut den Boden gedüngt, die Wälder ausge-
rottet, die Felder urbar gemacht hatte, so schoss
ein Bube, ein guter Nachbar, hinter dem Zaun liegend, die Unglücklichen todt, als wenn es tolle
Hunde wären, und bemächtigte sich dann dessen,
was sie bebaut hatten, er scharrte nicht einmal
die Leichname ein, sondern liess sie von den Jaquars
zerreissen, und machte sich über seinen Besitz
nicht die mindesten Vorwürfe, beichtete seine lässliche Sünde am nächsten Sonnabend, ward mit der
schweren Pönitenz belegt, der Kasse für die Kir-
chengewänder zwei oder drei Piaster, nach der
Zahl der erlegten Schlachtopfer, zu zahlen, und
den Altar seines Schutzpatrones zwei Wachskerzen
zu opfern — und nun war er so ehrlich und ein
so guter Christ wie zuvor. Ja — ein so guter
Christ wie zuvor, allerdings.

Nach dergleichen Vorfällen krähte kein Huhn
und kein Hahn. So ging es in allen Gouverne-

ments bis kein Indianer sich mehr ansiedelte, nun
bleibt alles todt und wüst, wenn nicht irgend ein
deutscher Bauer, ein Schwabe oder ein Würtem-
berger, durch Zufall dahin verschlagen, mit eigner
Hand einen Acker umgräbt und sein Brod findet.

Ueber San Juan und Corcola kam ich nach
Villaboa, von wo aus ich die Goldminen besuchte,
welche hier im Gouvernement von Goyaz, wie in
dem von Matto Grosso häufig sind. Die Art die
Gewinnung des Goldes zu betreiben, ist hier so
elend, wie überall in Brasilien, eine Mine nach irgend
einem Plan anlegen, einen Gang aufsuchen, eine
Erzader verfolgen, das sind Dinge, von denen man
hier gar keinen Begriff hat.

Wie ich dessen schon bei Bahia erwähnte, so
ist im Allgemeinen das Verfahren auch hier; ein
anderes, weniger bekanntes kann jedoch noch in
meiner Erzählung Platz finden. Wo ihnen nämlich
das Gestein ein wenig zu hart ist, dort verfahren
sie auf folgende Weise. Aus grossen Entfernungen,
manchesmal mit Kosten und vieler Mühe, wird
ein Bach zu der Stelle geleitet, an welcher man
Gold vermuthet. Diesem Bach giebt man solche
Richtung, dass er aus möglichster Höhe auf das
Gestein herniederfällt, was während der Nacht so
aufgeweicht war, wird am Tage mit Hacken und

6 *

Rechen etc. losgearbeitet, und von dem Wasser herab, an den Fuss des Berges gespült. Hier sind nun Sammelkasten angelegt, welche zur Aufnahme des Sandes bestimmt sind, und damit das Wasser nicht Steine dort hineinführt, so sind sie mit einem Gitter versehen, auf welchem diese herabrollen. Aus den Sammelkasten nimmt man alsdann den Sand, ihn auf Fellen waschend. Wer ein wenig systematisch dabei zu Werke geht, lässt ihn vorher noch ein paarmal schlemmen, gewöhnlich doch unterbleibt dies. Was hiebei verloren geht, ist nicht zu sagen, alle grösseren Stücke welche z. B. über den Sammelkasten hinausgeführt werden, sind um nichts ärmer an Gold als der Sand welcher eben dadurch entsteht, dass sie sich beim Herabwaschen vom Gipfel des Berges zerkleinern. So werden die Gebirge zerstört, die Flüsse und Bäche versandet, so werden ungeheure Kräfte verschwendet, und es wird wenig gewonnen.

Auf diesen Verlust an edlem Metall gründet sich die letzte Art Gold zu erhalten, dies ist das Waschen aus den Füssen selbst. Man schöpft in einen runden Kübel den Flussland, und veranlasst das Hinwegschwemmen des leichteren, durch bewegen dieses Kübels im Flusse selbst. Den schweren Sand, welcher zuletzt übrig bleibt, sammelt man zu grösseren Quantitäten, und nun wäscht

man ihn auf einem ebenen Herd, welcher mit kurz-
wolligen Fellen belegt ist. Hier bleibt das Metall
zwischen den Haaren zurück, indessen der Sand
und das Gestein fortgespült wird. Es ist dies dem
Portugiesen jedoch viel zu gering, man überlässt
es daher den freien Negern, oder jedem, welcher
Lust dazu hat, wie sehr es der Mühe aber lohnt,
geht daraus hervor, dass der Neger welcher nicht
arbeitet, wenn er nicht muss, in einem Tage bequem, ohne Anstrengung, ein und ein halb Piaster
gewinnen kann. Wenn jemand also zu dieser Arbeit zwanzig Sclaven anstellt so kann er täglich
30 Piaster erlangen, welches denn doch der Mühe
werth sein sollte.

Wie soll man sich wundern, — wenn auch
jemand einen ordentlichen geregelten Bergbau beginnen wollte — es würde sich nicht einmal thun
lassen, weil die Art des Terrain abzutheilen dies
verhindert. Der Entdecker eines Ortes an welchem
er Gold vermuthet, erhält nämlich einen Raum von
etwa 20 Quadratklafter Oberfläche auf welchem ihm
erlaubt ist zu suchen. Rechts und links hat er Nachbarn, die ihn nicht weiter kommen lassen, d a h e r
auch schon, kann man nicht ordentlichen Bergbau
treiben. Dazu gehört, dass man Besitzer eines
ganzen Berges wenigstens sey, und bis dahin hatte
sich die Regierung hierauf noch nicht eingelassen.

Bald kehrte ich nun nach Rio de Janeiro zurück, nachdem ich mancherlei Vermessungen, Ortsbestimmungen u. s. w. gemacht hatte. Ich wählte einen andern Weg, und stieß dabei auf mehrere der wilden Völkerschaften: welche jedoch untereinander zu viel Aehnlichkeit haben, als dass man jede einzeln zu beschreiben brauchte, nur die Botokuden unterscheiden sich auf eine auffallende Weise durch mancherlei von ihren Nachbarn, welche sie übrigens sehr fürchten, und mit denen sie in einem immerwährenden kleinen Krieg begriffen sind. Unterwegens traf ich in den ödesten Wäldern doch noch Europäer, nämlich Ipecacuanhahändler, welche darin umherziehn und diese Wurzel die uns als Arzeneimittel fast unentbehrlich geworden ist, durch Eingeborne suchen lassen; diese kennen die verschlungenen Waldwege beinah so gut als die Indier, und wiesen mich oft zurecht, wenn ich meinen Trupp verloren hatte.

Fünfte Vorlesung.

Von Rio richtete ich meinen Lauf, zuerst nach Villa nueva de Laguna, einer nicht bedeutenden Stadt, in dem Gouvernement St. Paulo, welche nur durch die Laguna merkwürdig ist, an welcher sie liegt; diess ist nämlich ein See, welcher durch zwei Landzungen von dem Meere abgeschnitten ist, die da, wo sie nicht zusammenreichen, die Einfahrt frei lassen; eine Erscheinung, welche sich an der Ostküste von Südamerika, häufig wiederholt.

Von dem Gebirge, welches sich fast überall parallel mit der Küste, von Buenos Aires bis Pernambuco erstreckt und welches ich, des entsprechenden Namens wegen überall Serra della mare nennen möchte, entspringen an der Westseite, viele grössere und kleinere Ströme, welche dann das feste Land, auf dem längsten Wege durchziehn. Die Quelle des Uruguai aufzusuchen, (welche nach der trefflichsten Karte, die wir bis jetzt noch von Südamerika haben, nach der ziemlich alten von Olmedilla in dieser Gegend liegen muss,) nahm ich mir hier einige, des Landes kundige Indianer, dann die nöthigen Maulthiere und so überstieg ich das Gebirge.

Auf diese nie betretenen Pfade bringt man die Saumthiere nur mit Zwang, oft mussten wir absteigen und uns durch Klettern selbst weiter helfen, oft mussten wir mit breiten Messern uns erst einen kümmerlichen Pfad hauen, bis wir auf die Höhe kamen und nun ging die Noth erst an, das Herabsteigen war noch viel gefährlicher, ein langer Hohlweg war bei weitem noch das beste des gefährlichen Pfades, und hier mussten die armen Thiere, von Stein zu Stein springen, oder sie zogen alle vier Füsse zusammen, liessen sich auf die Hinterbeine nieder und glitten auf lange Strecken, von 20 bis 30 Fuss, über die graden Lagen des Schiefergesteins, wobei ich, dieser Art Schlitten zu fahren nicht gewohnt, oft genug herab fiel.

Hier hatte ich denn Gelegenheit die Ueberlegung — die Vernunft der Thiere zu bewundern. Bei einem jeden solchen Fall, streckte mein Maulthier den einen Vorderhuf aus, um sich aufzuhalten, und setzte sich sogleich ganz

nieder, selbst mitten auf seinem gefährlichen Wege,
dann wartete es bis ich mich aufgerafft, und wieder in den Sattel gesetzt hatte, hierauf erst erhob
es sich um seine Reise weiter fort zu setzen.
Mehrere male mussten wir uns einer schwankenden
unsicheren Lianenranke anvertrauen, während die
Thiere auf einem Steg gingen, der mir noch jetzt
die Haut schaudern macht.

Endlich waren wir am Fuss des Gebirges. Ich
hatte es so weit südlich durchschnitten, dass ich
sicher war; die Quelle jetzt nördlich zu haben,
und in diesem Sinne setzten wir den fünften und
sechsten Tag unsere Reise fort. Am Mittag desselben, vernahmen wir durch die schauerliche Stille
des Urwaldes, ein fernes dumpfes Brausen, dem wir
uns jetzt zu nähern suchten; immer lauter und
lauter ward dasselbe bis es wie das volle Tönen
des tiefsten Orgeltremulanten anschwoll; endlich
gegen Abend erreichten wir ein herrliches, eng um-
schlossenes Thal in dessen heiliger Ruhe nur das
Tosen des Wasserfalles eine ewige Stille unter-
brach, hier unter dem prächtigsten, reichsten Pflanzenwuchs, unter Dattelpalmen deren Blätter 80 Fuss
Länge hatten, hier, umkränzt von der stolzesten
Pflanzenform, welche die Natur hervorzubringen
vermocht hat, von der Urania spetiosa — hier
entspringt der Uruguai aus dem Felsen unmittelbar

in einer Stärke die zum Bewundern hinreisst. Die
Oeffnung des Felsen ist viereckig, als wäre sie zu
diesem Zweck gemeisselt, aus derselben setzt die
Wassermasse in einer Breite von fünfzehn, und
einer Dicke von acht Fuss hervor, den prächtigsten Springbrunnen bildend, den die Erde vielleicht
trägt, sechzig Schritt (120 Fuss) ist die Sehne des
Bogens den er bildet lang, über fünfzig Fuss hoch,
und mit solcher Kraft sprüht das Wasser hervor,
dass man unbenetzt unters dem mächtigen Bogen
hindurchgehn kann. Mit donnerndem Fall stürzt
die Wassermasse auf niedriger liegende Felsen,
löst sich in weissen, dampfenden Schaum auf, und
springt so in den schönsten Cascaden weiter.

Was sind alle Fontainen welche die Garten-
kunst durch Hülfe hydraulischer Maschinen oder
durch Wasserdruck horvorgebracht hat, was ist die
oft und viel bewunderte Fontaine der Wilhelmshöhe
zu Cassel — und Saint Cloud und Versailles gegen
diese einfache Majestät. Mich hat nie ein Anblick
mehr in Erstaunen gesetzt, mehr zur Bewunderung
der grossen allgewaltigen Natur hingerissen, als dieser. In der anliegenden Zeichnung habe ich versucht eine Anschauung davon zu geben, allein mir
vermag jemals, selbst die vollendeteste Kunst, nur
die entfernteste Aehnlichkeit, von diesem ausserordentlich lebendigen Bild zu geben.

Wahrscheinlich ist im Innern dieser Berge eine
Höhle welche die Tagewasser aufnimmt, und der
Bergsee hat sich dann diesen Ausweg gesucht.
Ein Luftdruck ist nicht wohl anzunehmen, er würde
eher die Decke spalten, als dass er mit solcher
Elasticität wirken sollte, wie sie für diesen Sprung
erfordert würde.

Der Anblick belohnte reich die Mühe des Weges, und mehrere Tage hielt ich mich in der Nähe
desselben auf, um sein Bild recht fest mir einzu-
prägen, endlich verlies ich ihn — und ferner tön-
ten seine Donner, dumpfer ward sein Brausen, bis
es mir ganz entschwand. — — Da fand ich nach
dieser Scene alles todt, und ohne Reiz um mich,
bis das mächtige Gefühl sich ein wenig schwächte,
und die Natur ihre alten Rechte auf mich ausübte.

Ich durchzog nunmehr die Thäler welche sich
an der Westseite des Gebirges hinziehn, bis ein
zweites Gebirge mir den Weg von Süden nach Norden versperrte. Ich befand mich einmal auf unge-
bahnten Wegen; daher war mir die Wahl nicht
schwer, das Gebirge ward überstiegen, und ich kam
am neunten Tage nach dem Besuch des Wasserfalles, (October 1818) an die Ufer des Caretuba.
Hier fand ich ein gutes Völkchen, welches mir für
einige Nägel, Messer und Beile mehrere Kähne

überlies, in denen ich weiter reisen konnte. Der Caretuba durchbricht hier das, wieder nordwärts, mit der Küstenkette parallel laufende Gebirge, und fliesst in sehr verengtem Bette, mit einer reissenden Geschwindigkeit der Nordspitze des Gebirges zu... Dort hat er dasselbe durchbohrt, wie er sich schon sein tiefes Lager in das Gestein gewühlt hat, dort fliesst er unter dem Berge hindurch welcher über ihm einen zwei Meilen langen Bogen bildet.

Wahrscheinlich ist derselbe, ein mit lockerem Gestein, mit Sand und dergleichen ausgefüllter Gang gewesen, welchen das, sich hier stauende Wasser rein gewaschen hat, oder es fand die Höhlung schon völlig leer vor. Dass dasselbe sich durch den festen Stein einen solchen Gang bohren könne ist mir nicht glaublich, auch ist derselbe zu grade und hat zu sehr das Ansehn natürlicher Klüftung des Gesteins.

Die Höhe desselben ist ausserordentlich, allein es gelang mir nicht sie zu messen, die Ufer sind so steil, so hoch und senkrecht abgeschnitten, dass man nirgends ein Plätzcheu findet, um sein Instrument aufzustellen, noch viel weniger ist es möglich eine Grundlinie zu solchem Behuf zu messen. Das beste Bild was ich indessen von der ungeheuren Höhe der Wölbung geben kann, ist, dass wenn der kühne Schiffer in dieses Thor zu Pluto's Reich sich wagt, das Tageslicht ihn nie verlässt, so hoch ist der Bogen dass in der Mitte des zwei Meilen langen Gewölbes man alles deutlich erkennen kann.

Eine Rückkehr war nicht möglich; auch ich musste den Weg machen, allein man hatte mir gesagt es sey derselbe ganz gefahrlos. Dies ist nun freilich der Fall für Indianer und Fische, — für Europäer hat es denn doch einige Bedenklichkeit, und ich selbst würde mich wohl besinnen, ob ich den Weg noch einmal zurücklegte. Das Bette nämlich ist sehr durchspickt mit scharfen, dem Strom entgegenstehenden Felsen, dieser ist nun zwar so tief, dass man nie zu fürchten hat auf eine Klippe zu stossen, allein die Felsen machen seinen Lauf doch so wild, geben ihm so viele Strudel und einen Wellenschlag welcher dem einer heftigen Brandung gleich ist, dass es wirklich nicht ganz ohne Ueberwindung möglich ist, sich zum zweitenmal hinein zu wagen.

Ich hatte beim Besteigen derselben, die Kähne mit Bambusröhren zusammen binden lassen, so dass deren viere eine Fähre mit ziemlich breiter Oberfläche bildeten, und darauf standen die Maulthiere. Ihre Unruhe machte uns die grösste Noth, wir mussten ihnen die Augen verbinden und selbst da wollten sie nicht ganz ruhig stehn, mein Glück war, dass ich viel Steine als Ballast mit genommen hatte, wodurch die Kähne tief genug gingen. So durchschiffte ich ohne Ruder, welche zu brauchen hier ganz unmöglich ist, in 50 Minuten, diesen zwei Meilen langen Bogen. Die Entfernung der einen Oeffnung von der andern — die Länge der Durchfarth, berechnete ich folgender Gestalt.

Ich band an einen ziemlich schweren Stein, eine Schnur von 100 Klaftern, und warf denselben beim Vorüberfahren auf ein hervorspringendes Felsenstück, genau beobachtend wie viel Zeit verging, bis die 100 Klafter der Schnur durch meine Hand gelaufen waren. Dies Experiment wiederholte ich viermal, und fand, dass dieses in 37 bis $37\frac{1}{2}$ Secunden geschähe, woraus sich ergab, dass dieser 80 mal zurückgelegte Weg fast genau 2 Meilen, jede zu 24000 Fuss betrug.

Bald nach dem Austrit aus diesem Höllenschlund bekommt der Fluss einen geringeren Fall, seine Ufer werden flacher, man naht sich üppig grünenden Fluren, welche um so reizender sind, als man vorher nichts als braunen und schwarzen Fels sah; sobald wir einen Landungsplatz fanden, stiegen wir aus, uns eine Stelle zum Lager wählend. Wir hatten an diesem Tage 21 Meilen zu-

rückgelegt. (Nach dem Chronometer berechnet
21 Meilen, von Osten nach Westen, ohne Zweifel
also in der Wirklichkeit, noch so viel mehr, als
die Krümmungen des Flusses betragen, welches
nicht ganz unbedeutend ist.)

Am folgenden Tage trafen wir hier die Caruguates, und einen daher geflohenen Stamm der
Guarani's, welche letzteren sonst nördlich von San
Sebastian wohnen, aber dort von den feindseligen
händelsüchtigen Botocuden vertrieben waren. Wenig
wird von ihnen zu sagen seyn, was ich nicht schon
von anderen Wilden erzählt hätte, als etwa dies,
dass sie dem Zustande der Natur beinah noch näher sind, wie jene, dass keine Andeutung selbst,
einer Cultur sich bei ihnen findet, Sie haben nicht
einmal Hütten, sie schlafen zwischen den Zweigen
grosser Bäume.

Die Guarani's scheinen was sie noch wissen
erst zu ihnen gebracht zu haben, bei ihnen findet
man noch eine Art Hütte, sie legen eine Querstange
über die Aeste zweier nahe bei einander stehenden
Bäume, und lehnen daran vor dem Winde Palmblätter, um sich ein wenig zu schützen, oder sie
stecken die grossen Blätter der Musa paradisiaca in
die Erde mit den Stielen, so dass sie in ihre natürliche Lage fallend eine Art Dach bilden, unter

welchem sie sich vor dem Regen verkriechen. Die Caruguates binden aber ihr Netz wenn sie ja ein solches haben, zwischen zwei Bäume, machen von jeder Seite ein Feuer, und dies sind ihre Wohnungen; an einen Stock bratet die Frau ein paar Frösche oder einen erlegten Vogel. Von vegetabilischer Nahrung, welche einiger Pflege bedarf, von Yams, Mais etc., ist keine Rede. Wenn der Palm - oder Cocosbaum, an welchem ihr Netz hängt, keine Früchte mehr hat, so hängen sie dasselbe an einen andren, die Frau schiesst die kleineren Vögel und Affen, der Mann die grösseren, so ist ihr Haushalt bestellt. Diogenes brauchte doch einen Mantel und eine Tonne, dessen bedürfen diese glücklichen Menschen nicht.

Ich kehrte nun zu Lande zurück, nachdem ich meine zusammengebundenen Canots an die Guarani's verhandelt hatte. Die Berge umgehend, traf ich, bevor ich an die Küstenkette gelangte, in den Thälern, welche keinen Abfluss haben, und daher periodisch bald Seen bald Sümpfe sind, den Tapir häufig an, allein das Thier ist so scheu und flüchtig, dass man glaubt, es schlafe im Stehen, mit den sehr gebogenen Hauzähnen an den Zweig eines Baumes gehängt; ich konnte keins derselben erreichen, so wie man sich ihm nähert, entschlüpft er in die undurchdringlichen Bambuswälder, wohin man ihm nicht folgen kann.

Allein eine andere Erscheinung belohnte meine an den Tapir vergeblich gewandte Mühe. Da, wo diese Seen gegen die Ufer zu flacher werden, überdecken sie eine Art sumpfigen Rasen, in welchem kleine Schaalthiere, Frösche, Schlangen, Eidechsen, Salamander, kurz alle die zahllosen Gewürme, der stehenden Wässer, sich aufhalten.

Zu ihnen gesellen sich nun ihre Feinde in Schaaren, ja, es klingt fast übertrieben, allein es ist es nicht, millionenweise versammeln sich hier Reiher, Kraniche, Flamingos, Ibis, Schnepfen, Störche, und all das langbeinige Volk, das von den Sumpfthieren lebt, — oft sind sie so dicht beisammen, dass man das Wasser, in welchem sie stehen, nicht sieht, die Ufer umgeben sie in enggeschlossenen Reihen, als wären sie regimenterweise aufmarschirt, als wollten sie in Colonnen, einen Angriff auf die armen Lachenbewohner machen, und sie vernichten.

Merkwürdig ist es, wie diese Thiere begierig fressen, ich habe hundertmal gesehn, denn die Erscheinung dieser, von Vögeln bewohnten Seen, ist in Brasilien überhaupt nichts seltenes, dass ein Reiher zehn bis zwölf kleine Schlangen, mit grossem Appetit verspeiste, wo ich geglaubt hätte, fünf derselben müssen hinlänglich seyn, den ganzen Vogel bis zum Platzen anzufüllen.

7

Da wo das Wasser tiefer ist, fischen sie auch; es sind dies jedoch nicht Schwimmvögel, sie müssen also zu einem andern Mittel ihre Zuflucht nehmen, so sieht man sie denn in Massen, schwebend nahe über der Oberfläche des Wassers, gleich den Schwalben dahinziehen, urplötzlich in das Wasser eintauchen, und mit träufelndem Fittig sich sogleich wieder erheben, das Gefieder gesträubt schüttelnd, um sich zu trocknen, allein sie haben eine Schlange oder einen Wassersalamander erwischt, und darin sind sie äusserst geschickt.

Nur freilich müssen sie ihre Verwegenheit oft mit ihrem Leben bezahlen, denn unter den dicken, flachen Blättern einer Wasserlilie, oder in den Sprösslingen des Rohres, liegt versteckt die scheussliche, graue Bava, ein kleiner, fünf bis sechs Fuss langer Krokodill, oder der grosse Kaimann, welcher den armen Taucher beim Kopf fasst, da er dann nicht so gut fortkommt wie der Kranich in der Fabel.

Der Krokodill ist überhaupt den kleineren Thieren ein fürchterlicher Feind, seinem alles verschlingenden Rachen entgeht nicht leicht die gewählte Beute, nur Pferde und Stiere sind im Stande, durch die Flucht sich zu retten, hat er sie jedoch einmal gefasst, so möchte man zu dem armen sagen, wie ein Lied von dem Bösen spricht; — „hat dich der Teufel bei einem Haar, so hat er dich bal ganz und gar," denn sein scharfes Gebiss lässt die gefasste Beute nicht fahren, und da er das Thier gewöhnlich beim Munde ergreift, so ist es auch ganz wehrlos.

Zudem sind seine Augen, beide nahe bei einander oben auf dem Kopf, er sieht daher alles was über ihm ist, nicht; so bemerkt das zum Trinken kommende Thier den unter Wasser lauernden Feind.

Eidechsen, der verschiedensten Gattung, oft von dem wiederwärtigsten Ansehn, oft gezeichnet mit den schönsten lebhaftesten Farben, beleben diese Gewässer, und ihre Zahl würde Legion werden, wenn sie nicht alle ihre Feinde hätten. Sie, wie das Krokodill, legen ihre Eier in den Sand, oder das Erdreich des Ufers, der Sonne das Geschäft des Brüthens überlassen.

Diese sehr wohlschmeckenden Eier suchen nun die Wilden häufig auf, da die Spur leicht zu finden ist, weil das Weibchen nach dem Legen und Verscharren der Eier sich darauf umherwälzt, um die Spur zu vertilgen, aber dadurch grade die Spur zeigt. Das zum Wasser kommende Vieh zertritt viele, die mannigfaltigen Iltis- und Marderarten, die Armadille und die Geier suchen sie auf, und so werden neun Zehntel vertilgt.

Nun lehrt der Instinkt dem Krokodill, dass es jetzt Zeit sey, nach seiner Brut zu sehn. Männchen und Weibchen gehn nach dem Platz wo sie liegen, und wenn sie welche finden, so zerbrechen sie die Schale um das Auskriechen der Jungen zu bewirken. Da frisst der Papa sogleich ein jedes Junge; ohne sich einen Kindermörder zu schelten, nur das bleibt verschont, was sich auf den Rücken der Mutter rettet, jetzt geht diese mit ihrer süssen Last nach dem Wasser; was unterwegens herabfällt, und sie hat nicht den sanftesten Gang, wird von ihr verspeist, eben so jedes Junge, was nicht schwimmen kann, so bleibt von der ganzen Brut, vielleicht eins übrig, und wie günstig muss sein Schicksal seyn, wenn es gross werden soll.

So sorgt die Natur, dass das nöthige Gleichgewicht nie gestört werde, so zeigen sich überall ihre weisen Anordnungen.

Am Ende des October kam ich nach Villa nueva zurück, schiffte mich nach Palmares ein, von wo ich zu Land über die Küstenkette, welche man hier auch zuweilen Serra del Sacramento (von

der Colonia del Sacramento) nennt, nach Monte
Video und von dort auf den Rio de la Plata nach
Buenos Aires ging. Die Einfarth in den Fluss hat
viel gefährliches. Er ist hier 23 geographische
Meilen breit, allein desshalb nicht tief, und besonders in der Nähe der Stadt und des Hafens, mit
grossen Schiffen nicht zu befahren; allein das grössere Uebel sind die sogenannten Pamperos, Stürme
welche von den unermessnen Wiesen um Buenos
Aires, von den Pampas kommen, auch daher ihren
Namen haben. Diese dauern zwar gemeinlich nur
eine halbe Stunde, allein während dieser Zeit mit
einer solchen Wuth, dass die Schiffe welche nicht
ganz vor ihnen geschützt sind, von den Ankern
gerissen, und im besten Falle in die hohe See geführt, meistens aber an den Ufern zerschellt werden; ihre Geschwindigkeit pflegt 85 Fuss in einer
Secunde, das heisst 12 geographische Meilen in
einer Stunde zu seyn. Eine Schnelligkeit des Win-
des, welche wir hier gottlob nicht kennen.

Der Anblick von Buenos Aires giebt kein so
schönes Bild, als Rio oder Bahia gewähren, es
liegt zwar auf einer Erhöhung, allein doch immer
nur auf einer Plateforme, welche über den höchsten
Wasserstand nicht beträchtlich erhaben ist. Es
nimmt eine bedeutende Strecke am südlichen Ufer
des Flusses ein, und ist sehr regelmässig gebaut,

und die vielen Kirchen, sowie die simetrische Ver-
theilung der Stadt zu beiden Seiten des Forts
zeigt doch immer etwas grossartiges und schönes,
dieses Fort selbst bestreicht zwar den Parade- und
den Landungsplatz, allein der beste Schutz, den die
Stadt besitzt, ist die Seichtheit des Wassers, welches Schiffe ganz verhindert sich zu nähern.

In Buenos Aires fühlt man sich erlöst von
den Widerwärtigkeiten Brasiliens. Die Häuser
haben ein freundliches Ansehn, und sind dem Clima
angemessen gebaut, indem sie mit flachen Dächern,
mit Geländern umgeben, versehn sind. Diese werden durch Teppiche und Decken geschmückt, durch
Blumen verziert und geben den Strassen etwas süd-
liches, und ungemein freundliches, welches man in
den portugiesischen Städten durchaus vermisst, so
findet man auch von der Reinlichkeit nicht so auffallende Spuren als in Rio etc.

Die Tracht der Einwohner, besonders der Damen ist die bei uns gebräuchliche, nach französischen und englischen Moden. Sie sind sehr lie-
benswürdig, gesellig, haben weit mehr höhere geistige Freiheit, üben eine gewisse verfemernde
Herrschaft über die Männer aus, besuchen Theater
und Spaziergänge, wodurch die Stadt freundlich belebt wird, und haben fast jeden Abend kleine Zir-
kel um sich versammelt.

Die Männer des Hauses nehmen an andern Gesellschaften Theil, so wie das Haus selbst von Bekannten besucht wird. Fremde sind darin nicht nur gern gesehn, sondern werden eifrig aufgesucht, und befinden sich, mit Brasilien verglichen, wie in einem Elisium, obwohl es nicht unsere Europäischen Gesellschaften sind, was Feinheit und geistreiche Unterhaltung, oder wissenschaftliche Bildung, anlangt. Doch den eigentlichen, leichten Conversationston, haben sie hier vielleicht in einem höheren Grade, denn ihre Artigkeit und Eleganz ist sehr gross; Verstand und Witz zeichnet sie aus, und ist doch von einer hervorleuchtenden Gutmüthigkeit begleitet. Sie sind so wenig um Stoff zur Unterhaltung verlegen, dass Musick und Tanz zwar niemals fehlt, allein doch auch niemals die Hauptsache der Vergnügung ausmacht.

Die Herren der Welt sind dort in ihrer Bildung noch nicht so weit vorgerückt, als die Zierde der Schöpfung, das liebenswürdige Weib; doch auch sie gewinnen sehr im Vergleich mit ihren Nachbarn. Das Leben derselben hat, durch das Land, etwas Eigenthümliches, sie sind nämlich fast immer zu Pferde, und so findet man in der ganzen Stadt fast keinen Fussgänger. Das Pferd ist stets gesattelt vor der Thüre seines Herren, und meistens ist auf den Schmuck desselben nicht Gold und

Fleiss verwandt; ein auf sämmtliche Kleider seines Herren; jeder Besuch wird zu Pferde abgelegt, und wäre es eine Visite bei dem nächsten Nachbarn, so steigt man auf sein Pferd; der Fischer fischt im Flusse zu Pferde; und wirft seine Angel und sein Netz vom Pferde herab, man jagt zu Pferde und badet sich zu Pferde, indem man mit demselben in das Wasser reitet, und da umher schwimmt, selbst der Bettler bettelt zu Pferde, und dass er ein Pferd hat, ist gar kein Beweis, dass er nicht zu betteln brauchte; der Töpfer lässt seinen Thon durch Pferde kneten, und Pferde müssen dreschen wie in Ungarn und der Türkei.

Trägheit des Südländers hat auch sie nicht verlassen und ist ziemlich allgemein hier, und darauf geht ihr einziges Streben hin, ja die Ursache ihrer Arbeit ist der Wunsch der Arbeit überhoben zu seyn, doch ist es mehr Hang zur Bequemlichkeit, als Faulheit zu nennen, und sie geht auch nie bis zur Widerwärtigkeit.

Die grosse Volksmasse besteht aus den Landeseingebornen, welche Guaucho's heissen. Dieses sind nicht die besten Leute, sie sind dem Trunk, dem Spiel, und in Folge dessen, den Händeln sehr geneigt. Ihre Bedürfnisse sind äusserst gering, die Kleidung besteht in einem Strohhut, in dem Poncho,

einem Stück Wollenzeug mit einem Loch in der
Mitte, wodurch der Kopf gesteckt wird, und in
ein paar Stiefeln ohne Nath, in dem Fell von den
Hinterbeinen der Pferde, woran kein Schuhmacher
eine Hand legt.; was er verdient geht mithin in
das Spiel - und Branntweinhaus, denn für seine
Frau zu sorgen fällt ihm nicht ein.

Er befindet sich gemeiniglich im Dienste eines
Heerdenbesitzers. Diesem muss er jährlich eine
gewisse Anzahl Pferde, Stierhäute und Straussen-
federn liefern, dafür erlaubt der Herr ihm zu leben,
d. h. sein Brod zu suchen, so gut er kann. Er
fängt sich ein paar Kühe die seine Frau mit Gras
versorgt; er bringt ein Viertel von einem abgezo-
genen Stier etc., während aller übrigen Zeit ist
er in der Pulperia (Brandtweinladen), aus welcher
ihn die Frau am Abend holt, wenn er betrunken
ist. Findet sie ihn todtgestochen, so lässt sie ihn
liegen, zehn andre bieten sich ihr zu Gatten an,
denjenigen, der ihr am besten gefällt, wählt sie und
führt ihn in ihr Haus. Vom Trauerjahr ist keine
Rede, die Frauen, vornehm oder gering, haben
auch dort keine Zeit zu verlieren.

Ein hoher Grad von Liberalität zeichnet den
Bewohner von Buenos Aires aus, seine Gastfreundschaft geht bis zur Aufopferung, und er hält sich

durch die Annahme derselben, oder durch Anspruche darauf, geehrt. Die Frau vom Hause erkundigt sich sogleich nach den Lieblingsgerichten und Neigungen des Fremden, und kommt denselben entgegen, sollte sie auch ihre eignen dabei verläugnen müssen. Bei dieser Herzlichkeit zeichnet sie doch eine gewisse Kraft, eine Energie aus, vor den andern südlichen Nationen, daher sie auch früher die unnatürliche Bürde, welche Spanien ihnen aufgelegt hatte, abschüttelten.

Der politische Zustand der Dinge ist zu sehr bekannt, als dass ich darüber etwas zu sagen brauchte. Die Trennung von dem Mutterlande ging im Jahre 1810 vor sich, und nach manchen blutigen Auftritten, kam es denn doch in den Zustand von Ruhe in welchem es sich damals befand. Die Empörung ist wohl seit langer Zeit durch die Spanier selbst, durch ihre fürchterlichen Bedrückungen vorbereitet. Der wilde Eingeborne kann nicht begreifen, wie irgend einer das Recht hat, ihm den fünften Theil seines Erwerbs zu nehmen — wie jemand fordern kann, dieses abzutreten. Am heftigsten gegen die Einführung des Christenthums, hat der erste Grundsatz seiner Prediger gewirkt, der nämlich: — „ihr müsst den zehnten Theil eures Besitzes und Erwerbes der Kirche, und den zweiten Zehntheil dem Geistlichen geben, und noch

ausserdem für erstere und letztere bauen und arbeiten u. s. w. Der Wilde ist gutmüthig, und
begreift, dass jemand dieses brauchen kann; wo es
also mit einer gewissen schelmischen Gewandtheit
wie in Paraguai in Anspruch genommen wird, da
konnte es festen Fuss fassen, um endlich durch
Gewohnheit ein Art Recht, einen Beistand, erlangen,
wo jedoch die rohe Gewalt mit barbarischer Härte,
nahm, ohne einen andern Grund als den der französischen Könige, Car tel est notre plaisir, —
wie es durch die portugiesische und spanische Regierung geschah, da konnte es nicht lange dauern,
und der Erfolg hat dies gelehrt.

Uebrigens darf man nicht glauben, dass die
Bewohner von Buenos Aires wirklich überaus viel
klüger wären als die Portugiesen in Brasilien. Mein
Wirth sah mich in der Kirche das Weihwasser nehmen, und freute sich über diese an mir entdeckte
gute Eigenschaft, indem er sagte: jetzt erst glaube
er, dass ich ein Christ sey, und er habe Hoffnung
mich in der andern Welt wieder zu sehn, welches
nicht hätte seyn können, wenn ich das Weihwasser
nicht genommen; dass ausser Spanien, Portugal
und Italien noch Christen sind, und dass ausser
dem Christen auch noch andre ehrliche Leute der
ewigen Seeligkeit theilhaftig werden können, lag
ausserdem Bereich des Wissens und des Glaubens.

bekenntnisses dieses Mannes. Ueber ihre politische Lage wissen sie doch zufrieden, und was er mir hierüber sagte, war — in möglichster Kürze, (da es ausser dem Zweck und dem Bereich dieser Blätter liegt;) etwa folgendes:

Als der Krieg England's gegen die Provinzen am Silberstrom — (im Jahr 1806) ausbrach, entfloh der Vicekönig Sobremonte feig in die inneren Provinzen, ein Franzose, de Liniers, übernahm den Befehl der Truppen, schlug den Angriff ab, und erst jetzt ward das Volk, auf seine eignen Kräfte aufmerksam. Man wünschte ihn an die Stelle des vorigen zum Vicekönig zu haben, er ward von Spanien aus mit Ehrenbezeugungen überschüttet, allein, — es ward ein anderer Regent geschickt; vielleicht blos deshalb, weil man ihn, (Liniers) zu haben wünschte.

Dies gab die erste Ursache zur Unzufriedenheit, doch blieb man Spanien getreu. Dort sah es zu dieser Zeit übel aus. Ferdinand VII. soll durch die Annahme der Krone von seinem Vater einen zweideutigen Character gezeigt haben; dies machte das Volk ihm abgeneigt, zudem kamen alle Augenblick neue Befehle, und gleich hinterher der Widerruf, Requisitionen plünderten das Land, welches die Unzufriedenheit auf den höchsten Grad stei-

gerte, doch wiederstanden sie noch den Lockungen
der Franzosen; welche ihre Agenten dort hatten,
so wie früher den Engländern, bis endlich Spanien
ganz in die Hände der Franzosen fiel.

Da beschloss Buenos Aires die Zügel der Regierung selbst zu ergreifen. Im Jahr 1810 ward
der Vicekönig abgesetzt, mit seinem Gefolge nach
Spanien gesandt, und es bildete sich eine Junta welche die Regierung im Namen des Königs führte, allein
merkwürdig — sie führte im Namen des Königs, Krieg gegen die Truppen des Königs in
Peru in der Banda oriental u. s. w. Bürgerkriege zerrissen nun die Provinzen, allein bald erklärten sie
sich für unabhängig, schlugen Geld, pflanzten eine
Nationalflagge auf, kurz sie betrachteten sich als frei.

Im Jahre 1814 bekam Ferdinand VII. den Thron
von Spanien wieder, und wollte auch Amerika von
neuem unterjochen. Die angewandten Mittel mussten
jedoch wohl nicht die rechten seyn. Die Gesandt-
ten von Buenos Aires wurden verächtlich behandelt,
die Bitte um eine allgemeine Amnestie, und um
ein verbessertes Regierungssystem aber ohne weiteres
abgeschlagen, und die Gesandten ohne Hoffnung
zurückgeschickt.

Dies hatte zur Folge, dass man sich offen gegen Spanien erklärte; früher war man geneigt, sich

zu unterwerfen, jetzt wollte man sich nicht mehr tyranisiren lassen. Pueiredon ward zum Director der Provinzen am La Plata ernannt, die Unabhängigkeit derselben proclamirt, und San Martin besiegelte durch seine Eroberungen die Freiheit.

Mit Paraguai war das anders. Hier hatte eine schlaue, listige Herrschaft die Gemüther demüthig erhalten, und Franzia war nicht geneigt, dies anders werden zu lassen. Er regierte anfänglich mit dem Gouverneur Velasco gemeinschaftlich, bald jedoch erhielt er ein solches Uebergewicht, daß er ihn absetzen, und sich zum Dictator erklären konnte. Seine ausserordentliche Gewandtheit, und die strengste Befolgung des, von den Jesuiten eingeführten Herscherplanes, macht es ihm möglich, sich zu erhalten, und da Spanien jetzt überhaupt keine Macht mehr dort hat, wird er wohl nichts mehr zu besorgen haben. Er schliesst sein Land gänzlich ab, und beobachtet nur eine bewaffnete Neutralität, hat daher auch den Antrag, in den Verein südamerikanischer Freistaaten zu treten, ausgeschlagen und befindet sich ohne Zweifel sehr wohl dabei. Einen Angriff auf sein Land und einen andren auf seine Souverainität hat er auf sehr originelle Weise abgeschlagen.

Der General Bellgrano sollte mit einer bedeutenden Macht Paraguai erobern. Er ging über die

Gränzen, und zehn Tagemärsche weit, auf die Hauptstadt zu. Gegen Abend dieses letzten Marsches, sah er sich von einer Unzahl von Wachtfeuern umringt, so dass gar kein Ausweg möglich schien. Ein Parlamentair erschien und liess dem General Bellgrano die Wahl, mit anbrechendem Morgen zurück zu kehren, in welchem Falle man ihn ruhig wollte ziehn lassen, oder durch die Menschenmasse welche ihn umgebe, erdrückt zu werden. Bellgrano von seinem Lande abgeschnitten, ohne Lebensmittel, die Stärke des Feindes nicht kennend, wählte das erste, hat während des Rückzuges keinen Menschen gesehen, war aber an jedem Abend, eben so von Wachtfeuern umschlossen, und marschirte an jedem Morgen durch das so eben verlassene Lager einer zahlreichen Armee.

Der zweite Fall, betraf einen Zweifel, gegen seine souveraine Gewalt. Er gab den Sprechern Recht, versammelte aus den Provinzen die Repräsentanten der verschiedenen Stände, über 1000 Individuen; eröffnete die Sitzungen mit einer langen Rede und liess sie nun debattiren; das dauerte über einen Monat, während welcher Zeit sie leben durften, wie sie mochten und konnten, er gab ihnen nicht Essen noch Trinken, nicht Wohnung noch Diäten, ihre Besitzungen ohne Aufsicht litten, er lies sie jedoch nicht fort, endlich gingen sie in

Corpôre zu ihm, die souveraine Gewalt förmlich in seine Hände niederlegend, und um ihren Urlaub erbittend.

Er stellte sich hierüber sehr gleichgültig, liess sie auch, da sein Zweck vollkommen erreicht war, gehn, behielt sich jedoch vor sie in vorkommenden Fällen wieder zusammen zu berufen, wo sie sich denn auf ein Jahr der Anwesenheit in der Hauptstadt gefasst machen sollten. Dies hat sie so erschreckt, dass die Stände ihn thun lassen, was er will.

Er hat die Schule, in welcher er erzogen ward, gut benutzt.

Sechste Vorlesung.

Nach dieser Abschweifung kehren wir zu dem eigentlichen Text, zum Verlauf der Reise wieder zurück. Buenos Aires ist umgeben von unermesslichen Wiesen, von den Pampas; das treffliche hohe Gras, in welchem man den Reiter auf dem Pferde nicht sieht, giebt den verwilderten Stieren und Pferden reichliche Nahrung, daher sie sich trotz aller Gefahren, auch zu unzählbaren Heerden vermehrt haben; sie locken aber auch wilde Thiere dort hin, der Jaquar ist hier recht zu Hause, und der grosse Fanghund, welchen die Spanier herüber brachten, um die Wilden zu unterjochen, ist nunmehr selbst verwildert, lebt in Colonien beisamen, gräbt Höhlen gleich dem Dachs, in die Erde und ist eins der gefährlichsten Raubthiere geworden.

Aber vor allen entsetzlich ist die Riesenschlange, welche hier ihre ganze Grösse und Stärke

erlangt. Thiere von 40 Fuss Länge sind nicht sehr
selten, von einigen dreissig habe ich sie selbst oft
gesehn, furchtbar ist der Anblick ihres Kampfes mit
dem jungen Stier, mit dem Pferde, ächzend trägt
es die Last des entsetzlichen Feindes, welcher ihn
in seinen Ringen gefesselt hält, das Opfer immer
fester umschlingend, bis er ihm die Rippen und
den Rückgrad zerbricht, und das furchtbare Brüllen
des gequälten Thieres seinen Todeskampf ankündigt.

Dies muss man nicht scheuen, wenn man dort
reisen will, der Unbequemlichkeiten nicht zu gedenken, dass man alle Nahrungsmittel mit sich
führen muss, weil man auf der grossen Strasse
selbst, nichts bekömmt, dass die Trinkhörner in
welchen man geistige Getränke hat, dieselben nicht
halten (weil der Maulthiertreiber stets Durst hat)
während das Wasser wohl in ihnen bleibt — der
Plagen welche man durch Insecten auszuhalten hat
u. s. w. Vor allem war aber zur damaligen Zeit
das Gefährlichste, das Begegnen eines Indianer-
stammes, welche die Pampas auf allen Seiten durch-
schwärmten; desshalb ich mich auch gar nicht mit
Packereien versehn hatte, ein Mantelsack enthielt
alles was ich brauchte, und mein Sattel nebst seinen Decken war zugleich mein Bett. Für den,
der nicht sehr gut reiten kann, ist solch eine Reise
doch nicht zu wagen, denn die Pferde sind über-

aus böse und wollen durchaus die Ueberlegenheit des Reuters fühlen, bevor sie ihm gehorchen.

Früher konnte man auch mit den Wagen der Caravanen, welche nach Chili gehn, fortkommen; seit der Revolution sind die Wagen jedoch seltner geworden, und ein Reisender dürfte sich den grössten Gefahren aussetzen, wenn er sie nehmen wollte, denn sie gehen äusserst langsam, was freilich für den Naturforscher willkommen seyn muss, indem er Gelegenheit erhält, nach Belieben seinen Weg zu verlassen; allein sie rauben auch jedes Mittel zur Flucht, worin meistentheils ganz allein Heil zu finden ist, vor den umherziehenden Wilden.

Die Grasfluren gleichen einem grünen Meer, nur einzeln stehen hohe Ajave'n mit ihren sechzig Fuss langen Blumenstengeln, und säulenartige Cactus, aus denen häufig die natürlichen Zäune gebildet sind, welche die Fazenda's in der Nähe von Buenos Aires umgeben. Da und dort sieht man eine Einpfählung, in welcher das Vieh eingefangen des Schlächters wartet, oder worin Pferde, Mais dreschen — keine Abwechselung, kein Wald, kein Dorf, nicht einmal hohes Gebüsch, ziert die öde Landschaft.

Weiter, zwei Tagereisen von der Hauptstadt, hören auch die einzelnen Häuser auf. Nicht mehr dem wasserreichen Flusse nahe, wird das Gras niedriger, man kann es, von dem Pferde herab übersehn, und das Auge findet nirgend einen Gegenstand, auf dem es ruhen hönnte, keine Oasis verspricht kühlenden Schatten, kein Hügel unterbricht die Fläche — man fühlt sich allein in der unendlichen Oede; unendlich wenigstens für uns, denn sie umfasst einen Flächenraum von 45000 Quadratmeilen, sie dehnt sich vom Meer bis nach den Hochgebirgen, — von der Region der Palmen und baumartigen Farren, bis zu der Region des ewigen Eises aus, nichts unterbricht am Tage die schauerliche Stille, kein lebend Wesen zeigt sich, als fernhin fliehend am Horizont der Amerikanische Straus oder der Touyou dem Casuar ähnlich, der auf den langen Beinen mächtig ausschreitend, mit gehobenen Flügeln dem, „ ihn auf einem, von Spornen bluttriefenden Pferde, im vollen Cariere verfolgenden, den Lasse (eine lange lederne Schlinge) schwingenden Guaucho, zu entkommen sucht. In einem Augenblick sind beide entschwunden, zeigen sich nur noch ganz ferne zwischen Luft und Erde wie ein paar Punkte, bis man sie gänzlich verliert, todt scheint alles in dem weiten Raum und selbst die Pferde des Reisenden scheinen dies zu fühlen, sie lassen den Kopf hängen und schleichen langsam fort, nur in der Abend - und Morgenkühle darf man sie antreiben, wo sie denn drei bis vier Stun-

den fast ununterbrochen galopiren. Trapp kennen
sie nicht.

Nun trit die Nacht ein, und wehe dem Armen,
der keine Hütte, keine sogenannte Poststation erreicht hat; die Stille des Tages hört auf, fernhin
hört man das Heulen der zahllosen Hunde, welche
oft blutgierig den Menschen selbst anfallen, hier
leuchten die rothen Augen des Jaguar, oder dort
die grün flammenden einer Riesenschlange dem
geängsteten Reisenden entgegen, dort hört man das
Schnauben der wilden Rosse, oder das fürchterliche
Brüllen des gequälten Stieres, und lautlos umflat-
tern auf gespenstigem Fittig ungeheure Fledermäuse, — Blattnasen und Vampire die Häupter
der Reiter, eine willkommene Beute in ihnen fin-
dend. Nun müssen die Pferde schwimmend durch
einen breiten Bach oder Steppenfluss setzen, und
an den Ufern lauern mit geöffnetem Rachen blutgie-
rige Crocodille, welche man nur durch das Geräusch
der Flintenschüsse zurückschrecken kann, triefend
von dem lauen Wasser, bald aber klappernd vor
Frost, denn die Kälte der Nacht ist gross, eilt
man weiter, da hat das Geräusch der Schüsse welche Noth thaten, um einen Feind abzuschrecken,
einen anderen herbei gelockt, das ist die schön
gefleckte Unze, welche, obwohl kleiner als der
Jaguar, doch wegen ihrer Gewandtheit fast gefährlicher ist als der letztere.

Endlich hat man das Nachtlager erreicht, und nun muss man es theilen mit der gräulichen Wanze und allen möglichen Gattungen von Flöhen, mit Ratten und Mäusen, wenn man in der Hütte, mit den Vampiren und den Muskitos, wenn man unter freiem Himmel, in der Einpfählung schlafen will.

Allein — Jugend und guter Muth lässt manches Ungemach vergessen, und für die ausgestandene Noth hat man am Morgen wieder die Freude, sein Frühstück von einer meistens sehr schönen Wirthin bereitet zu finden, welche sich am Abend nicht sehn liess, welche nun aber dem fremden Sennhor zu Ehren, ihre besten Kleider angelegt hat, und mit guthmüthiger Geschäftigkeit alles aufbietet, was der kärgliche Haushalt vermag, um ihn zu erfrischen; gern überlässt man sich der freundlichen Täuschung, und hört nicht auf die Ermahnung des Tropeiro, die Abreise zu beschleunigen.

Auf die Gefahr hin, das nächste Nachtlager wieder erst in später Dunkelheit zu erreichen, lässt man sich verführen, noch ein halb Stündchen und noch ein halb Stündchen, mit der freundlichen Frau, welche nur alle Monat einmal einen andern Menschen als ihren Herren Posthalter zu sehn bekommt, zu schwatzen und beim Abschied ist sie nicht zu bewegen, Bezahlung anzunehmen, eine

Hand voll Theeblätter, welchen sie sehr lieben, und selten erhalten, ist das äusserste, was sie sich aufdringen lässt, aber eine Blume von dem Hut des Reisenden erbittet sie sich zum Andenken, dasselbe wohl gar auf die gefälligste Art erwiedernd. Endlich scheidet man und sieht ein zartes Thränchen aus ihren Augen drücken, denn sie ist nun wieder auf Monate lang allein.

Wie ein Mädchen sich entschliessen kann, auf solche Weise ihr Leben zuzubringen, wie sie in dieser traurigen Einsamkeit, nur umgeben von Stieren, Pferden und Tigern viele Jahre lang ausdauern kann, bei allen Ansprüchen auf ein besseres glücklicheres Loos — ist fast nur auf eine Art zu erklären. Diese Besitzer der Poststationen sind sehr reich, sie haben Länderstrecken von 20 bis 30 Quadratmeilen, sie haben Heerden von 2 bis 300000 Stück Vieh, und sind also — das — was man eine gute Parthie nennt, die armen Mädchen, welche im 11ten oder 12ten Jahr verheirathet werden, hatten nicht einmal Zeit eine Bekanntschaft zu machen, welche ihr Herz in Anspruch genommen hätte, denn wenn auch ihr Körper seine volle Ausbildung erreicht hat, so ist doch ihr Geist noch immer kindisch geblieben, und so werden sie an diese Menschen verkauft, welche ausser ihrem Reichthum nichts haben, als ihre Verworfenheit und

lernen erst später kennen, dass ein solches Leben
nicht der Zweck ihres Daseyns — seyn konnte.

Diese Leute führen bei ungeheurem Reichthum,
bei wenigstens 400000 Piaster (manche kommen
auf 2000000 Piaster) jährlicher Einnahme, ein so
elendes Leben, dass der gemeinste unserer deutschen Bauern sich besinnen würde, mit ihnen zu
tauschen. Statt dass sie sich Feenpalläste in ihre
Besitzungen bauen könnten, wohnen sie in elenden,
halb in die Erde gegrabenen Hütten, mit dürrem
Gras gedeckt, von jedem Regen durchschwemmt,
ihre schwellenden Polster, ihre Betten und Sopha's
bestehn aus einer, über vier Pfähle gespannten
Ochsenhaut, welche zugleich ihr Wasch- und Spei-
setisch ist, oft haben sie für die ganze Familie
nur solcher zwei, und häufig fand ich beim Erwa-
chen die Frau oder die älteste Tochter des Hauses
zu meinen Füssen an der Erde liegen, weil dem
Gast das Lager derselben angewiesen war, so dass
ich zuletzt nie mehr auf einem solchen, sondern
in meiner Hängematte schlief, um den Besitzer
nicht aus seinem Eigenthum zu vertreiben.

Sie, welche die besten Speisen, die köstlichsten Früchte, die herrlichsten Weine haben können,
essen Stierfleisch gekocht, und statt des Brodes
getrocknetes Stierfleisch dazu, und trinken Thee

durch ihre Röhren, denn die Blätter werden nicht
gebrüht, sondern gekocht, und der Topf mit der
Asche und den Kohlen wird in das Zimmer gebracht, woraus dann einer nach dem andern
durch ein, mit einem Sieb versehenes Röhrchen
trinkt, welches für die ganze Gesellschaft dient,
und von Mund zu Mund geht. Sie senden ihr
Geld nach Spanien, wo es ihnen geraubt, gestoh-
len, von undankbaren Verwandten verschwendet,
oder vom Staate confiszirt wird. Das wahre Bild
des abscheulichsten Geizes, darben sie im grössten
Reichthum und gehn meistentheils nach zwanzig-
jährigen Entbehrungen nach Buenos Aires, wo sie
denn nichts weiter haben, als den Verdienst des
letzten Jahres.

Die Frauen leben meistens von Milch und
Mais, dem einzigen Vegetabil, welches sie bauen,
die Männer aber durchaus nur von Fleisch und
dem noch warmen Mark aus den Schenkelknochen
der so eben geschlachteten Thiere, deren Haut ihr
Hauptreichthum ist. Diese animalische Nahrung
giebt den Menschen einen höchst wiederwärtigen
Geruch, eine durchaus thierische unangenehme
Ausdünstung, allein gesund und stark sind sie,
alt und jung, auch habe ich keine Krankheiten
unter ihnen bemerkt, welche auf den Nachtheil des
zu vielen Fleischgenusses sich schieben liesse.

Freudlos und öde liegt die ungeheure Fläche wieder vor mir; die Qualen des Tantalus kann man kennen lernen, wenn man hier bei der höchsten Klarheit der Luft, das Nachtquartier schon im frühen Morgen vor sich liegen sieht, und man es erst nach zwölfstündigem Marsch erreichen kann, während man, von der Durchsichtigkeit der Luft getäuscht, glaubt, es sey höchstens eine Meile entfernt. Schon vom dritten Tage an, hatte ich die Gebirge im Auge, welche Santa Fé und Cordova begränzen, wie fern am Gesichtskreis liegende Wolken, in einem schmalen Streif liegen sie da, am fünften Tage hatte ich sie ganz deutlich vor mir und war doch noch 30 Meilen davon entfernt — am Mittag allein sieht man sie übrigens, am Morgen und am Abend nicht, — das ist die Luftspiegelung, die Fata morgana, welche sie so über den Horizont erhebt. Wenn die Sonnenhitze nachlässt, sinkt mehr und mehr das Bild herab, und es scheint dem Reisenden, dass sich die Gebirge bei seiner Annäherung entfernen — das macht so ungeduldig, dass man lieber die Augen schliesst um nicht stets der Täuschung nachzugeben.

Endlich am eilften Tage meiner Abreise von Buenos Aires erreichte ich die Gebirge welche die Vormauer der hohen Alpen von Chili bilden. Sie sind 3000, 3500 bis 4000 Fuss hoch und von ihrer

Höhe geniesst man eines unbeschreiblich schönen Ueberblickes auf die endlose, das Auge ermüdende Grasflur östlich, und auf die herrlichen Bergthäler westlich, bis zu den 20 bis 30 Meilen weit liegenden, mit ewigem Schnee bedeckten Cordilleras.

Reich an seltenen Mineen sind diese Flötzgebirge. Stücke des herrlichsten Rosenquarzes von ausserordentlicher Grösse, liegen zu Tage überall aus, und könnten wie Achat geschliffen, zu wunderschön aussehenden Gefässen verarbeitet werden, reiner Bergkrystall welcher polirt, durch sein Feuer den Kenner täuschen müsste, trefflicher Amethist, gelber Topas, und wasserheller Topas von unglaublicher Härte findet sich überall in grosser Menge.

Wie früher die höchste Einfachheit, so überraschte mich hier der reiche, üppige Schmuck des schönen Landes. Ohne Zweifel ist in früheren Zeiten, dieses Gebirge von einem vielleicht sehr zahlreichen Volke bewohnt gewesen, man findet Spuren, die dies als fast unbestreitbar festsetzen; in dem mittleren Gebirge zeigen sich viele Pyramiden von bedeutender Grösse, von Menschenhand, denn sie sind sorgfälltig zusammengesetzt aus rohen und behauenen Steinen, und zwar so, dass die behauenen genau nach der Form der rohen ausgearbeitet sind, und so fleissig, dass man nicht mit

der Spitze eines Stilets in die Fugen dringen kann,
und überdies noch aus Granit. Welch eine Ausdauer in der Arbeit, welch eine Vollkommenheit
der Hülfsmittel setzt dies schon voraus. Die jetzt
hier lebenden Wilden, sind nomadische Horden,
welche selbst nicht einmal durch Viehzucht an den
grasreichen Boden gefesselt sind, sie haben so
wenig wie ihre Vorfahren diese Denkmale hinter-
lassen, das Volk welches sie gebaut hat, konnte
nicht so weit herab sinken. Nur raubend und
plündernd durchziehn sie das Land, aufgehetzt
durch entlaufene Sclaven oder Indianer, welche in
den Städten gewesen sind, auch selbst durch Europäer angeführt (und dieses sind die ärgsten, die
am mehrsten gefürchteten) kommen sie von dem
nördlichen Patagonien herauf, brennen, morden,
nehmen gefangen, oder tödten, was ihnen in den
Weg kommt, sie beunruhigen selbst die Städte
durch grosse Schwärme von 10 bis 12000 Mann,
und machen das Reisen höchst gefährlich.

Nur mit genauer Noth entgieng ich der Gefan-
gennahme, welches noch der beste Fall gewesen
wäre. Eine grosse Horde derselben befand sich urplötzlich nahe bei mir; die schleunigste Flucht ret-
tete mich und meine drei Leute. Sie, alle beritten,
konnten mich so schnell, und schneller verfolgen,
als ich entfliehen konnte. Eine halbe Stunde war

ich schon ventre à terre davon gejagt, immer, näher kam der rasende Haufe, dessen Geheul und Gebrüll wir schon hören konnten, Sporn und Peitsche mussten die sinkenden Kräfte der armen Thiere unter uns, ermuntern, und mit Mühe nur überschritten wir einen vor uns liegenden Hügel von dessen Gipfel ich einen ausgedehnten Wald erblickte, der umgränzt mit Cactusgebüschen war, darauf zu ging es bergab.

Da bemerkte ich fern vom Wege eine Vertiefung, angelegt um Wasser darin aufzufangen, dorthin richtete ich meinen Weg und meine Leute mit mir. Kaum waren wir darin, als wir auch schon die Lanzen der Verfolger über den Hügel ragen sahen, dann erschien der ganze Haufe, und nun ging es en plein Cariere auf den Wald zu, in welchem sie uns versteckt glaubten.

Kaum waren sie in seinem Schatten, als wir, wie der Hase Hacken schlägt, und den verfolgenden Windhund vorüberlaufen lässt, umkehrten, den Weg welchen wir genommen, zurück messend; und ihnen die uns eifrig weit vor sich suchten, im Rücken, entkamen. Als das Wasser auf uns verdünstete, fanden wir uns mit kleinen weissen Kry- stallen bedeckt, welche ich bei näherer Untersuchung für Natron erkannte, später fand ich dass dieses eine ziemlich allgemeine Erscheinung, und dass das Land sehr stark damit durchdrungen ist.

In diesem Gebirge, an dem Boden eines Bergkessels, — ja man möchte sagen am Boden eines Cilinders, liegt die Stadt und Universität Cordova. Von drei Seiten von schroffen Felsen umgeben, von der vierten Seite durch eine dem Felsen an Höhe gleichkommende Mauer geschützt, sieht man (im eigentlichsten Sinne des Wortes) die Stadt nicht eher als bis man darin ist. Cordova ist berühmt geworden, weil Franzia dort studirt hat, und dort zum Doctor promovirt ist; das spanische Cordova will dieser Ehre auch theilhaftig seyn, man sagte mir jedoch hier, dieses sey die Universität welche ihm die Gelehrsamkeit und durch sie das Königreich mitgetheilt habe.

Die Stadt ist gut gebaut, die Strassen regelmässig, die Häuser wohlgeformt, zwei bis drei Stockwerk hoch, öffentliche Gebäude sind ausgezeichnet, die 29 Kirchen und Klöster (bei 12000 Einwohnern) sind gross, die Kirchen aber mit verschwenderischer Pracht, in dem herrlichsten italienischen Kirchenstyl gebaut, reich und geschmackvoll verziert, und reich dotirt. Die Universität zählte damals etwa 150 Studirende; zu ihrer Blüthezeit mag sie von Bedeutung gewesen seyn. Die

Jesuiten haben sie gestiftet und die Trümmer zeigen noch von ihrem ehemaligen Glanze; beachtens-
werth ist das physikalische und astronomische Cabinet, wegen seltener Exemplare veralteter Instru-
mente, wenigstens für die Geschichte der Physik
von Wichtigkeit.

Eine Sammlung von Modellen zeigt, dass die
geistlichen Herren neben der Palme des Friedens
auch die Führung der Waffen (des nöthigen Nach-
drucks wegen) nicht verschmähten; Modelle von
Kanonen gross und klein, viele Modelle von Festun-
gen, Castellen, Thürmen, befestigten Häusern etc.
(früher auch sehr viele Waffen) befinden sich noch
dort. Die einzige Druckerpresse, welche sie der
Universität anschafften, verbreitet jetzt Pamphlets,
Manifeste, Proclamationen, pomphafte Ankündi-
gungen etc.

Cordova's Boden hat eine besondere Merkwürdigkeit in seinem Schoos. Diess ist ein nächtlich
häufig wiederkehrendes, klopfendes, rollendes Getöse, welches dort El pizon genannt wird. Mehrere Gelehrte meinen, diess sey durch in den Fel-
senritzen eingeschlossene Luft hervorgebracht, welche durch die Differenz der Temparatur am Tage
und in der Nacht, in strömende Bewegung gesetzt
wird u. s. w. Ich bin der Meinung es sey vulka-

nischen. Ursprungs, denn bey meinem vierzehntä-
gigen Aufenthalt in Cordova, beobachtete ich dasselbe oft in stiller Mitternacht, mein Ohr lauschend
an den Erdboden gedrückt und empfand jedesmal
dabey eine leise zitternde Bewegung. Damals war
mir diess noch etwas neues, als ich aber späterhin
in Lima, Guajaquil, Riobamba, Quito etc. fast alle
Tage leise Erdbeben empfand, (dort wird man derselben so gewohnt, wie hier der Gewitter) da erkannte ich noch deutlicher den innigen Zusammen-
hang dieser Erscheinung mit der von Cordova.

Die vorurtheilsvollen Einwohner kennen diess
freylich nicht, was wissen sie von den Vulkanen
bey St. Jago und noch näher bey Mendoza; das
einzig Wahre ist, dass dieses Getön das Winseln
der Verdammten in der Hölle und im Fegfeuer ist,
voll Mitleid, und an ihr künftiges Seelenheil den-
kend, beten sie dann pater noster nicht zu Dutzen-
den, sondern gleich zu Hunderten, und denken
nicht daran, die Erscheinung selbst zu beobachten.
Vom Beten sind sie überhaupt Freunde; diess werden sie ohne Zweifel von den Stiftern der Universität gelernt haben; bey der Mahlzeit werden wenigstens 30 Vater unser und 300 Ave Maria ge-
betet, bey jedem Amen fällt der Chor ein, dasselbe langsam singend, als hätte es Händel oder
Graun componirt.

Im Januar 1819 reiste ich nach Patagonien. Ziemlich günstig war unsere Farth. Besonders merkwürdig erschien mir die Zahl der Wallfische und Delphine. Ich glaube, die Wallfischfänger thäten besser, hierher, als nach Island zu gehn, von wo schon alle grösseren Thiere verscheucht sind. Auch der erbitterte Feind des Wallfisches, das Seeeinhorn, der Narwal, war hier häufig, und ich hatte Gelegenheit den fürchterlichen Kampf zweier solcher Ungeheuer zu sehn, worin der Narwal stets der Sieger bleibt, obwohl er vielmal kleiner ist als der Wallfisch, wenn er nur den Schlägen des letzteren ausweichen kann.

In der Nähe der Halbinsel Sant Joseph streifte das Schiff eine Klippe, welches eine so fürchterliche Erschütterung, verbunden mit dem donnerähnlichen Getöse, hervorbrachte, dass wir glaubten zu scheitern und verloren zu seyn, das Schiff kam mit einem tüchtigen Leck davon, die Matrosen mussten fortwährend pumpen um es vor dem Sinken zu bewahren, und es wurden alle Seegel beigesetzt, um das Land zu erreichen, welches am Abend des darauf folgenden Tages vor uns lag, hier liefen wir in die Bai ein, das Schiff ward umgelegt und es fand sich, dass mehrere Planken losgesprengt und eine Rippe gebrochen war, welches eine lange, und wegen der Stürme am Cap Horn

eine sorgfältige Reperatur verlangte. Dies gab mir
Gelegenheit mich während der 14 Tage ein wenig
im Lande umzusehn.

Das Land ist hier noch immer sehr flach und
mit so unübersehbaren Grasfluren versehn wie bei
Buenos Aires. Die Menschenrace ist von schönen
schlanken Formen, gross, selten viel unter 6 Fuss
allein auch nicht häufig darüber (hier wie im ganzen Werke ist stets der Pariser-Fuss gemeint). Einige derselben mehr aus der Nähe des Feuerlandes
her, waren weniger proportionirt, mir kam es vor,
als seyen die Beine für den grossen Körper zu
kurz, die übrigen jedoch, hier unter dem 43° südl.
Breite waren sehr verhältnissmässig gebaut. Von
dem Riesenvolke, wovon die ersten Entdecker fa-
beln, fand ich nichts — es ist dies auch eine
längst bekannte Uebertreibung.

Sie scheinen sehr scheu, und es kostet Mühe,
sie treuherzig zu machen, dann offenbart sich jedoch in ihnen viel Gutmüthigkeit, sie schienen mir
von unverdorbenem, sehr natürlichem Character,
für geringe Kleinigkeiten versahen sie uns mit vielem Geflügel, mit Lama's und wilden Schweinen,
auch mit Büffelfleisch. Vegetabilien schienen sie
jedoch nicht zu haben. Ihre Kleidung besteht aus
Pferde - oder Lamafellen, welche als ein Mantel

um ihre Schultern hängt, und zum Theil auch den Rücken des Pferdes bedecken, auf welchem sie immer sind. Wie diese Kleidung sie gegen die Winterkälte schützt, welche hier stärker seyn muss als bei uns, unter dem 52sten Grad, weiss ich nicht, zudem sind ihre Hütten (Höhlen, welche sie den wilden Hunden abjagen) bei dem Mangel an Holz, den die Küste hier zeigt, auch nicht geeignet, ihnen viel besseren Schutz zu gewähren.

Sie sind sehr stark und ihre Waffen entsprechen dieser Stärke, die Bögen von graden Ziegenhörnern gemacht — über sieben Fuss lang, sind so stark dass ich nicht im Stande war den schwächsten derselben über einen Fuss zu spannen, da sie ihn drei Fuss weit aufziehn und einen $1\frac{1}{4}$ Pfund schweren Pfeil auf 300, einen Pfeil von 1 Pf. auf 500 und einen von $\frac{3}{4}$ Pf. auf 700 Schritt mit grosser Leichtigkeit schiessen. Auch 8 bis 9 Fuss langer Wurfspeere bedienen sie sich, mit bewundernswürdiger Geschicklichkeit. Ein Patagone warf um seine Kunst zu zeigen, damit nach einer, von uns mitgebrachten Cocosnuss, auf die Entfernung von vierzig Schritt. Die Chalcedonspitze, spiesste die fasrige Substanz und das steinfeste Holz durch; und der Speer flog mit der Nuss auf der Spitze, ricochettirend noch einmal so weit fort.

Ihre Weiber halten sie sehr verborgen, an die Küste kam keines derselben, auf meinen Märschen

in das Innere sah ich deren mehrere und kann mir
nicht erklären, wesshalb sie dieselben so eifersüch-
tig bewachen, ich kann nicht glauben, dass sie im
Stande sind, einen Europäer in Versuchung zu
bringen. Sie scheinen übrigens ein ziemlich gutes
Leben zu führen. Die Männer beschäftigt Jagd
und Pferdefang, so wie das Einsammeln des Win-
tervorrathes, indem sie ganz und gar einschneien
und sich zu dieser Zeit nicht aus den Höhlen begeben, in welchen ihr Vorrath aufgespeichert ist,
den sie im Nothfall noch durch die geschlachteten
Pferde und Hunde, die zu dieser Zeit mit ihren
Herren unter einer Decke (d. h. unter der Schnee-
decke) liegen, vermehren. Wilde Petersilie ist beinah das einzige Vegetabil, welches sie essen und
dieses wird in möglichst grosser Menge angeschafft,
für die Pferde sammeln die Weiber Gras, sonst
leben sie von dem Fleisch der Lamas, Ochsen und
Hunde.

Endlich war unser Schiff im Stande, und wir
verliessen die Küste mit gutem Wind, doch bald
veränderte er seine Richtung und wir mussten zum
Laviren greifen, einem höchst kläglichen Nothbehelf,
durch welchen wir nach 14tägiger Farth die, sieben Grad von St. Joseph entfernten, Falklandsinseln
erreichten, woselbst wir uns einige Tage aufhielten
um frisches Wasser aufzunehmen. Hier fand ich

in der Höhle eines Bewohners, eine Quantität Ge-
treide (Rocken) von wenigstens 30 Schäffeln, vollkommen gut erhalten. Wo derselbe es herbekom-
men hatte, konnte ich von ihm nicht erfahren, da
er mich uud ich ihn nicht begriff. Der Capitain
wollte ihm dasselbe abkaufen, wozu er sich jedoch
nicht verstehn mochte, weil er es roh käuete und
andeutete, dass es ihm sehr wohl bekomme, wenn
er keine Thiere habe. Messer, Beile etc. wurden
ihm vergeblich angeboten, als man ihm eine Säge
gab und deren Gebrauch erklärte, — wurde er
wankend, und als man gar seiner Frau einen Spiegel nebst zwei rothen und gelben Tüchern anbot,
überredete sie ihn, seinen Schatz herzugeben, der
uns für unser Geflügel sehr willkommen war.

Siebente Vorlesung.

Der Wind war günstiger geworden, und wir steuerten auf das Cap Ines (auf dem Feuerland) zu. Hier gingen wir vor Anker, weil ich mit den Capitain dahin einen Contract geschlossen hatte, dass er mich hier aussetzen, und acht Tage auf mich warten müsse. Ich hatte beschlossen nach dem Vulkan zu gehn, allein es war nicht möglich, weiter als eine Tagereise vorzudringen, denn obgleich es erst der Anfang des März war, so trat doch schon der Winter mit solcher Rauheit ein, dass über die haushoch beschneiten Berge und Abgründe gar nicht zu kommen war. Die beiden Matrosen welche mich begleitet hatten, konnten auch nicht weiter, und was wir an Bewohnern trafen, machte durch alle möglichen Zeichen uns deutlich, dass wir nicht weiter vorwärts könnten.

So verliessen wir die Insel, südwärts segelnd.
Ein sehr günstiger Wind beförderte unsere Farth
und am andern Tage kamen wir schon an die
fürchterlichen schwarzen Felsen welche schroff aus
dem Meere hervorstarrend, ein entsetzliches Bild
trauriger Revolutionen gaben. Das ganze Land ist
gespalten und zerrissen. Patagonien selbst, oberhalb der Maghellaens - Strasse soll dieses Ansehn
schon haben, und fast ist nicht zu begreifen wie
auf diesem wüsten Gestein eine Pflanze fortkommt,
doch haben sie ausgedehnte, für die geringe Bevölkerung gewiss unerschöpfliche Waldungen, und
sind mit vegetabilischer Nahrung überhaupt besser
versehn als ihre Nachbarn im Norden, denn ausser
der wilden Petersilie haben sie noch mancherlei
Früchte, welche nicht perenniren, in dem kurzen
Sommer, der jedoch ziemlich heiss ist, völlig reif
werden, unter ihnen ist die Uva Ursa, die sogenannte Bärentraube sehr süss, wohlschmeckend und
nahrhaft.

Der günstige Wind liess uns hoffen, dass wir
das Cap glücklich umseegeln würden, und der Capitain in dieser Hoffnung liess, trotz der einbre-
chenden Nacht, weiter fahren; selbst am Steuer
stehend, die Compasnadel stets im Auge. So mochten wir bis 11 Uhr Nachts gefahren seyn, als er
eine Beobachtung des Durchganges eines Jupiter-

trabanten machte, sie mit dem Chronometer ver-
glich, und mir dann sehr zufrieden sagte, wir wären nun schon um das Cap Horn. Ich war eben
mit der Polhöhe beschäftigt gewesen, und erwie-
derte blos, lasst die Anker fallen Capitain, wir
sind einen Grad zu weit nördlich!

Entsetzt schrie er: los! barmherziger Gott wir
sind verloren, ein Blick durch das Rohr, ein Blick
auf den Kreis des Instrumentes überzeugte ihn von
der Richtigkeit meiner Beobachtung und auf den
gellenden Ton seiner Pfeiffe fielen die Seegel, und
donnernd rollte das Ankertau aus seiner Oeffnung.
Jetzt aber erhob sich der Wind mit erneuerter
Macht und, was uns einen Grad südlicher willkommen gewesen wäre, konnte hier, in diesem Laby-
rinth von Felsen, unsern Untergang bereiten.

Der zweite Anker ward ausgeworfen, und wir
hofften die Gefahr glücklich zu überstehn, allein
jetzt begann ein Sturm mit allen seinen Schrecken,
der klare Himmel schien in einen zitternden Duft
gehüllt zu seyn, und niedriger des Sterngewölbes
Decke auf uns herab zu schweben, die Sternbilder
sahen grösser und ausgedehnter aus, die grossen
Sterne und Planeten bekamen ein flimmerndes Licht
und einen Lichtnebel wie Cometen, Flammen wurden auf der See, wie es schien, sichtbar und lies-

sen uns zu unserem höchsten Grausen erkennen,
wie nahe wir an der Küste seyen, wie unser aller
Leben an einem Haare gehangen.

Jetzt ward das Schiff durch den Wind fürchterlich hinauf- und hinabgeschleudert, mit rasen-
der Gewalt trieb er uns nach Westen und das Beben des Schiffes verrieth, dass die Anker nicht fest
fassten, wahrscheinlich auf dem festen Steinboden
glitten, unser Glück war nur die heftige Strömung,
welche uns erst von unserem Wege abgeführt, und
die Rechnung des Lochbuches unrichtig gemacht
hatte. Sie war dem Winde entgegengesetzt und be-
wirkte, dass das Schiff nicht zu stark vorwärts
trieb. Endlich konnten wir bemerken, dass die Anker gefasst hatten, allein jetzt war auch die Macht,
welche der Sturm auf das Fahrzeug ausübte unge-
messen, es krachte in allen seinen Fugen, die
Wandten sprangen durch das Schwanken der Ma-
ste, und endlich mit einem Ruck, der alles durcheinander warf, riss ein Ankertau, nun drehte sich
das Schiff im Kreise, geschleudert von dem wüthenden Sturm, fortgerissen von der heftigsten Strömung, und drohte den Anker zu brechen.

In möglichster Eile ward der grosse Nothan-
ker, vorher zu diesem Behuf schon bereit gehalten,
mit einem andern zusammen gebunden, das grösste

18zöllige Tau rollte hinab, und der Anker fasste
sogleich. Die drehende Bewegung des Schiffes hörte
auf, und da der letzte an dem doppelt genomme-
nen Tau hing, so hielt er fest und spottete des
Sturmes Gewalt, welcher nun die Wellen hoch über
das Schiff warf, so, dass dicke Wasser - Strahlen
durch jede Fuge des Verdeckes sprangen. Der Bugsprit schlug mit seiner Spitze in das Meer, und
brach mit gewaltigem Krachen, ein Matrose, die
Wache auf dem Verdeck haltend, angebunden an
den Mastbaum war weggespült, dem Steuermann
zerbrach der Arm zweimal und das Schlüsselbein
in einem Augenblick, weil er sich unvorsichtig an
das Rad gelehnt hatte, welches das Steuer regiert,
ohne es mit den Händen fest zu halten oder es zu
spannen. Es war die fürchterlichste Nacht meines
Lebens.

Nach acht angstvollen Stunden brach der Tag
an und zeigte uns jetzt im vollen Licht das grau-
senhafte unserer Lage. Umringt von Klippen als
wären sie um uns gesäet, konnten wir nicht begreifen wie wir dahinein gekommen waren, ohne
vorher zwanzigmal zerschellt zu werden, konnten
wir nicht begreifen; wie wir hier heraus finden
sollten.

Der Wind hatte etwas nachgelassen und wir
konnten ein Boot aussetzen, das unter dem Winde

sondiren sollte; dies kam bald zurück mit der Nach-
rickt, das westwärts zu segeln gar nicht möglich
sey. Jetzt fuhr dasselbe nach Osten während der
Wind immer mehr und mehr nachliess, da gab es
uns Zeichen zu folgen, und nun ward unser Rettungs-Anker gelichtet, unser Rettungs-Anker
muss ich wohl sagen, denn der andere hätte uns
nicht gerettet. Das Tau war auf den scharfen
Klippen so abgescheuert dass es beim Aufwinden
riss, und wir mithin in dieser Nacht zwei Anker
verloren hatten, und noch den Bugsprit, „die zwei
Menschen gar nicht zu rechnen" (sagte der Schiffs-
Lieutenant.)

So führte uns der Strom langsam zurück, indem der Wind das Schiff aufhielt, und ihm nicht
gestattete mit der ganzen Geschwindigkeit zu gehn.
Gegen Abend kamen wir in die Nähe der Strasse
von le Maires, welche das Staateneiland vom Feuerland trennt und liessen hier, geschreckt durch die
vergangene Nacht die Anker fallen in 50 Klafter
Tiefe. Am Morgen hatte der Wind neue Kräfte gesammelt und wir steuerten mit demselben wacker
nach Süden bis wir aus dem Bereich der fürchterlichen Felsen waren. Dann setzten wir mehrere
Segel bei und flohen die Südspitze des Continents
von America (eigentlich nicht, denn diese liegt in
der Mayhellaens-Strasse) in möglichster Eile.

Glücklich erreichten wir Cap Pilar, ein ungeheurer Pfeiler (daher auch der Name) schroff in die
See tretend, ein Gott Terminus, der Osten vom
Westen trennt, würdig der Grenzstein einer Welt
zu heissen. Nun begünstigte uns Wind nnd Strom,
welcher hier nordwärts fliesst und bis Lima und
weiter sein kaltes Wasser führt.

Im April 1819 erreichten wir San Carlos auf
der Insel Chiloe. Jetzt hatte ich wieder festes Land
unter meinen Füssen, und bereitete mich sogleich
dies zu benutzen. Während fünf Tagen, welche
ich zur Anschaffung der Reisebedürfnisse brauchte,
liess ich mir erzählen, was es wohl merkwürdiges
hier gäbe, dann ging ich auf das feste Land und
trat nun in eine ganz andere Welt als die ostwärts
verlassene.

Die spanisch amerikanischen Provinzen unterscheiden sich sehr vortheilhaft von den Portugiesischen, wie sich Spanien vor Portugal auszeichnet,
allein noch auffallender wird dies dadurch, dass Spanien die Gebirgsländer besitzt, in welchen sie durch
alle Grausamkeit nicht die Spuren einer früheren Cultur verlöschen können. Das Land ist von
der Nation der Arauco's bewohnt, welche sehr
kriegerisch und den Spaniern nicht unterworfen
sind.

Sie beherrschen sich selbst durch erbliche Ober-
häupter, ihr Land ist in Provinzen, diese, in Kreise
getheilt; sie pflegen gemeinschaftliche Beschlüsse
durch Zusammenberufung der Toqui's (Fürsten),
Apo Ulmen (Stadthalter) und Ulmen (etwa Land-
pfleger oder Richter) zu halten. Hier wird über
Krieg und Frieden, entschieden, hier werden Ge-
setze verkündigt, hier wird Recht gesprochen; kurz
sie sind ein Volk mit bleibenden Wohnstätten und
einer förmlichen monarchischen und repräsentativen
Staats-Verfassung, welche sie theils durch münd-
liche Ueberlieferungen theils durch die Zeichen —
(Schrift?) der Quippos, von ihren Vorfahren erhalten
haben.

Die Quipos sind Büschel von farbigen Fäden
oder Pflanzenfasern, in welche sie künstlich ver-
schlungene Knoten schürzen. Diese haben eine Bedeutung, welche es möglich macht, dass sie sich
Nachrichten sehr verschiedenen Inhalts mittheilen.
Eine Verschwörung, welche den Tod aller Spanier
in den benachbarten Provinzen zum Ziel hatte,
ward durch solche Quipos verbreitet; wie sie aber
entdeckt wurde, ist mir nicht genau bekannt, doch
das Original dieser Verschwörungsakte sah ich in
Valdivia in dem Regierungs-Archiv. Eine Bilder-
oder Hierogliphen-Schrift, wie die Mexicaner sie
zu Colon und Cortez Zeiten hatten, fand ich bei
ihnen nicht.

Die Spanier haben sich zu verschiedenen Zeiten, doch stets ganz vergeblich Mühe gegeben, dies freie Volk unter ihre Geisel zu bekommen. Ihr kriegerischer, hochstrebender, freier Sinn, und im Nothfalle ihre Ueberlegenheit in der Führung der Waffen, haben sie stets gerettet. Sie besitzen Feuergewehr und fürchten sich also vor dem der Spanier nicht, sie sind kaltblütig und zielen scharf, jeder Schuss, den sie thun, kostet einem Feinde das Leben. Viele Verwundete haben die Spanier nie aus ihren Kriegen gegen sie zurückgebracht — bei solchen Umständen ist die Schlacht bald zu Ende, denn es braucht jeder nur einen Schuss zu thun um die ganze feindliche Armee aufzureiben. Dazu wissen sie, sowohl einzeln als geschlossen zu kämpfen, sie brauchen im ersten Fall die Kugelbüchse, den Bogen und die Schleuder, im zweiten, zwanzig Fuss lange Lanzen, Wurfspeere und Keulen, ihre Schutz-Waffen bestehen in Panzern von Leder, welche der Kugel völlig, dem Pfeil mit stählerner, zweischneidiger Spitze, aber auf 250 Schritte wiederstehen, in grösserer Nähe dringt der Pfeil hindurch.

Sie ehren Kühnheit und Muth, sie verabscheuen Feigheit, in Folge dessen werden die unverwundeten Gefangenen, welche sie in einem Kriege machen, getödtet oder als Sklaven gebraucht, die verwundeten aber pflegen sie gut und schenken ihnen die Freiheit, wenn sie nicht bei ihnen bleiben wollen.

Meine Ankunft bei ihnen machte grosses Aufsehen, es wagt es nicht leicht Jemand zu ihnen zu gehen, denn sie sind bei den Spaniern in dem Ruf eines bösen, treulosen und feindseligen Volkes. Das Letztere mag gegen die Spanier gegründet seyn, treulos, böse, sind sie nicht, wenigstens fand ich sie nicht so. Es wurde berathschlagt, ob man mich in das Dorf einlassen sollte, ich liess ihnen durch meinen Dollmetscher den Zweck meiner Reise erklären, dann nahm mich der Cazique selbst in sein Haus. Dein Haar, sagte er, zeigt mir, dass du kein Spanier, dein Auge, dass du kein böser Mensch bist, komm in mein Hans und theile mit mir was ich besitze.

Eine Schaar von Männern und Weibern begleitete uns; allein niemand wurde mir lästig durch seine Neugierde; nur dies erregte ihre besondere Aufmerksamkeit, dass ich Bogen und Pfeil führte, welches sie wohl an einem Weissen noch nicht gesehen haben mochten; hierüber theilten sie sich, (wie mir mein Begleiter sagte) ihre Bemerkungen mit, ich glaubte dies zur Verbesserung ihrer Meinung von mir, benutzen zu können und schoss ei-

nen Falken, welcher ziemlich hoch schwebte. Da
sprangen sie vor Freuden in die Luft, schlugen die
Hände zusammen, und mein Führer sagte mir, ich
hätte nichts besseres thun können, sie sprächen,
ich sey vom Stamme der Inca's, das zeigte mein
Haar, welches glänze wie die Sonne, und mein
Bogen, welchen ich spannte wie die Sichel des
Mondes, und mein Pfeil, welcher träfe wie die
Keule des Tihautoliton (der Blitz). Solch' eine
rohe Poesie fand ich späterhin auch in ihren Lie-
dern, welche zwar nicht gereimt sind, aber doch
mehr Sinn haben, als manche unserer neueren un-
gereimten Gedichte.

Der Casique nahm mich nun freundlich auf in
seinem Hause, und schien von meiner Gesellschaft
sehr erbaut. Jedes Misstrauen verschwand, er war
mir behülflich zu allen meinen Untersuchungen, gab
mir Auskunft auf jede Frage, begleitete und führte
mich selbst, wohin ich irgend wollte, und ich hatte
Gelegenheit sowohl über das Land, als über das
Volk meine Beobachtungen zu machen. Sie sind
bei weitem mehr cultivirt als die Völker, welche
ich bis dahin sah.

Ihre Dörfer sind bleibende Wohnstätten, und
daher auch viel grösser, besser gebaut, als diejenigen der herumziehenden Horden. Die Häuser ha-

ben die Form unserer Bauernhäuser mit sehr niedrigem Dach, sie sind aus Ziegeln gebaut, welche sie an der Sonne trocknen, und haben im Innern, ausser dem grossen mittleren Raum, noch so viele Abtheilungen, als der Besitzer Frauen hat. Diese Letzteren befinden sich überhaupt hier recht gut. Eifersucht verbittert ihr Leben nicht, und der schwereren Arbeit sind sie durch die Kriegsgefangenen überhoben, ihre sämmtlichen Pflichten bestehen darin, dass sie ihrem Eheherrn, eine jede, ein Gericht zu Mittag bereitet.

Hiezu sind sie mit hinlänglichen Mitteln versehen, die Männer nämlich treiben Viehzucht. Sie haben folglich Rind- und Kalbfleisch, Lamm- und Schaffleisch, und benützen auch die Milch ihrer Heerden. Geflügel aller Art findet sich hier, das Mästen verstehen sie sehr gut, und so weit ist ihre Gourmandise schon gekommen, dass sie Kapaunen haben. Mancherlei Wild, Muscheln, Austern, Fische, Krebse liefert ihnen Feld, Fluss und See, sie bauen nicht bloss Mais, sondern mehrere andere mehlreiche Gräser, sie haben alle Arten der trefflichsten Früchte nur nicht Palmen und Pysang, wohl aber die Früchte Europa's alle und in höherer Vollkommenheit. Aus den Aepfeln bereiten sie Most, und treffliche Trauben würden ihnen, wenn sie es besser verstünden, einen ausgezeichneten

Wein geben; sie kochen ihn und machen ihn dadurch dem Liqueur ähnlich, er ist voll Feuer und vom lieblichsten Geschmack. Dies, nebst den verschiedenen Gewürzen, giebt ihnen hinlängliche Abwechslung. Mein Wirth setzte mir täglich acht Gerichte vor, dies war die Zahl seiner Frauen, und ich habe nicht häufig dasselbe gegessen. Sie richten die Töchter auch schon von früher Jugend dazu ab, und diese bekommen bei der ersten Heiraths-Ceremonie gleich Gelegenheit ihre Kunst in extenso auszuüben.

Es besteht nämlich folgende Sitte unter ihnen. Man lässt den jungen Leuten völlig freien Willen in ihrer Wahl, sind sie miteinander einverstanden, so entführt der Bräutigam die Braut, und zwar geschieht dies meistentheils von mehreren zugleich, so dass am Morgen die Aeltern am Verschwinden der Ihrigen wohl bemerken, dass verschiedene Heurathen vollzogen sind, sie doch nicht wissen, wie die Paare sich gebildet haben.

Die Entführer nebst ihren Entführten fliehen nun in die nahen Wälder, und hier beginnt eine lustige Wirthschaft unter ihnen, in welcher alles gemeinschaftlich ist, doch nur durch gegenseitige Uebereinstimmung der dabei interessirten Partheien. Hier kochen nun die jungen Weiber auch für ihre

Männer und bieten alle Kräfte auf, ihr Wohlgefallen zu erhalten. Meistentheils ziehn sie im Frühling aus, und wenn nun der Sommer vorüber ist, während dessen sie in den blühenden Wäldern umher schwärmten, so kehren sie zurück, oft ganz anders gepaart, als sie auszogen, und nun erst wissen die Aeltern, woran sie sind. Jedes Paar baut sein Haus, jetzt bleiben sie beisammen, die Hochzeit wird proclamirt und ein fröhliches Gelage beschliesst die einfachen Ceremonien.

Auf meinen Excursionen sah ich auch einen ihrer Zauberer und Aerzte, welcher den Tihautbliton beschwor. Sie glauben nämlich nicht, dass man sterben müsse, sie denken jederzeit, der Tod eines Menschen sey durch einen andern, durch seinen Feind, veranlasst worden, und ihre Zauberer Guahaukoliton, müssen den Todten mit Hülfe des Tihautoliton fragen, wer der Mörder ist. Häufig nennen diese Zauberer Menschen, welche ihre Feinde sind, und diese werden stets das Opfer ihrer Rachsucht, desshalb es gefährlich ist, sie sich abgeneigt zu machen.

Der Cazique begleitete mich während der fast vollen drei Monate, welche ich hier zubrachte, nebst dreien seiner Söhne, zwei andern Indianern und acht Frauen überall hin, so dass wir mit dem

Dolmetscher eine Caravane von sechzehn Menschen und eben so vielen Pferden ausmachten. Hier bewunderte ich wahrlich ihre Gutmüthigkeit, denn sie haben für mich das Erdenkliche gethan. In jeder Nacht bauten sie für mich eine Hütte, darin eine Hängmatte befestigend, wenn sie draussen auf blosser Erde lagen; für mich jagten sie, mich warnten sie vor jeder schädlichen Pflanze und jedem Thier, mir brachten sie die besten Früchte, mich trugen sie auf ihren Schultern über die gefährlichen Stellen der hohen Gebirge, und unterzogen sich für mich jeder Beschwerde, sie stiegen mit mir, auf die mit Schnee und Eis bedeckten Höhen, setzten sich für mich einer ihnen ganz ungewohnten Kälte aus und erlitten Beschwerden, von denen sie vor meiner Ankunft wohl keinen Begriff gehabt hatten.

So geleiteten sie mich nach Valdivia 40 Meilen von ihrem Wohnort, und blieben in der Nähe der Stadt, während der acht Tage, dass ich mich dort aufhielt, weil sie beschlossen hatten, mich weiter noch zu bringen, und so besuchte mich auch täglich einer oder der andere, doch waren sie nicht zu bewegen, in der Stadt unter den Spaniern zu bleiben, gegen welche sie ein unüberwindliches Misstrauen haben.

Valdivia ist klein, hat kaum über 1000 Einwohner, liegt aber sehr angenehm unter dem 39°

50' südlicher Breite, und ist als Exil für Staats-
Verbrecher, die man früher hierher schickte, kein
unangenehmer Aufenthalt, die Natur - Schönheit ist
besonders gross; wer daran Gefallen findet wird
gerne hier seyn, doch auch sonst ist für Unterhaltung gesorgt, weil viele Schiffe hier einlaufen, indem es der schönste und sicherste Hafen an der
ganzen Westküste ist. Seine Befestigung durch Natur und Kunst gleich gross, könnte unüberwindlich
genannt werden, wenn nicht Spanier die Besitzer
wären, (damals, 1819, ich glaube im Jahre 1820 ist
Valdivia zur Republik getreten), allein so ist es gekommen, dass die Kanonen auf den Remparts, sichs
bequem gemacht, sich von den Laffetten auf die
Erde begeben haben, (Lord Cochrane hat sie sich
späterhin geholt), die Wälle sind verwittert und
überwachsen, die Casematten eingestürzt, so könnte es keinen Angriff aushalten.

Diese schmähliche Wirthschaft hat den Spaniern ihre Provinzen geraubt. Millionen Pfunde an
Gold, welche seit Amerika's Entdeckung, aus seinem Schoos, in das sogenannte Mutterland gegangen waren, haben aus einer betriebsamen, fleissigen, poetischen Nation, sie zu einer unthätigen,
faulen herabgewürdigt, und ihr die innere Kraft
geraubt. Alle Energie war verschwunden, jede Spur
eines besseren Gefühls wurde durch schmählichen

Obscurantismus verdrängt. Millionen guter Bürger
wurden aus dem Lande gejagt, weil sie anders
glaubten als ihre Verfolger, andere Millionen wurden
verbrannt, weil sie -isten, -iten und -aner waren,
und man ihr Vermögen einziehn konnte, sie ver-
schwendeten die Leben ihrer Mitbrüder, sie machten ihr Land, mit der Absicht es zu thun, zur
Wüste, und hatten dafür nichts als Gold, Gold!

Die Leute in der neuen Welt hatten sich dafür Waffen geben lassen, sie waren nun so klug,
ihr Gold nicht mehr nach Spanien zu schicken, und
diess scheint aus der Reihe der politisch bedeut-
samen Nationen ausgestrichen.

Meine fernere Reise war mit vielen Gefahren
verknüpft, weil ich mich gerade zur Zeit der höchsten Unruhen hier befand, und mich nicht abhalten
liess, meinen Weg durch ein Stück Landes zu nehmen, welches weder spanisch noch republikanisch
war. Hier befand ich mich auf dem Schauplatz aller Grausamkeiten beider Partheien, hier waren
meine treuen Indianer mir wahre Schutzengel;
mit beispielloser Liebe dauerten sie bei mir aus,
ihre Erfahrung, ihre Tapferkeit, war mir von dem
höchsten Nutzen, denn ohne sie wäre ich zwanzigmal in Todesgefahr gewesen; allein ihre scharfen,
geübten Sinne, liessen sie überall die Spur der

Feinde erkennen und die Anzahl derselben beurtheilen, waren deren nicht mehr als 10 bis 12, das
Doppelte unserer Adzahl, so trotzten sie denselben,
ihnen überlegen durch Muth und Geschicklichkeit
in der Führung der Waffen; waren jene zu stark
in der Zahl, so entführten sie mich auf den Soldaten unerreichbaren Wegen; dergestalt war ich
mitten in Aufruhr und Zerstörung, geschützt durch
ihren Muth und ihre Liebe.

Wir gingen den hohen Gebirgen zu, in welchen wir häufig Spuren von Bergwerken fanden,
wie ich sie bei Gelegenheit derer von St. Juan be-
schrieb, alle waren verlassen durch die Thorheit
der Bebauer, denn goldreich müssen die Berge
seyn, da die Flüsse und Bäche Gold in Körnern
führen, bis zu der Grösse einer Erbse. Auf dieser
Bergkette befinden sich fünf Vulkane in einer Reihe
in der Entfernung von dreissig Meilen; aus dem
nördlichsten entspringt der salpeterreiche Biobio. Die
Gegend wird immer pittoresker, sie gewinnt dann ein
düstres, melancholisches Ansehn, Felsen thürmen
sich auf Felsen und bieten nur einen beschwerlichen und gefährlichen Weg dem Wanderer an,
Wasserfälle machen die rauhe Wüste lebendig,
jede Spur des Anbaues war hinter uns geblieben,
selbst Ruinen von Häusern fanden wir nicht mehr,
welche an den Andes hoch hinauf reichen.

Ein Chaos von Eis, Schnee und schwarzen Stein-
massen umgab uns, aus den Felsschluchten stürzte
uns ein kalter Wind brausend entgegen, dass die
armen Leute vor Frost zitterten und zähneklap-
perten; kein Baum, kein Strauch war mehr zu
sehn, alle Vegetation ausgestorben, rings waren wir mit Trümmern des Gebirges eingeschlos-
sen, welche von den fürchterlichsten Catastrophen
zeugten, wir wandelten auf denselben wie sich die
Giessbäche unter ihnen fortkrümmten. Ungeheure
Klüfte thaten sich vor uns auf, springende Wasser
benetzten uns, umhüllten uns mit einer klappern-
den Eisdecke, und waren dann augenblicklich entschwunden, wie sie entstanden waren.

Immer höher ging unser Pfad hinauf, nach
einer Barometermessung mussten wir schon über
11000 Fuss hoch stehen, da veränderte sich die
Scene, wir kamen aus dem Schnee heraus, die
Felsen waren nackend, man konnte das Gestein erkennen — innere Wärme belebte den Boden, wir
wandelten auf einem ungeheuren Aschenherd, unsere Füsse sanken in den lockern Boden ein, und
jetzt wollten die Indianer mich nicht weiter gehn
lassen, in der Höhe von etwa 3000 Fuss lag der
erste dieser Vulkane vor uns, sich durch seine
Kegelform wie durch seine Rauch- und Funken-
säule kenntlich machend. Ich liess mich jedoch

nicht halten, zu weit war ich vorgedrungen, zu
sehr meinem Ziele nahe, als dass ich hätte umkeh-
ren können, ich ging auf dem lockeren Boden weiter fort, und zögernd, mit sichtlichem Wiederwillen,
folgten mir die Indianer, jedoch waren sie nicht
zum Zurückbleiben zu bewegen.

Immer näher und näher kam ich dem furchba-
ren Schauspiel, der Schwefeldampf hüllte uns
manchmal ein, und ich war genöthigt den weitesten
Weg zu wählen, um über Wind zu kommen, so
marschirten wir auf dem lockern Boden in dem die
Wilden jeden Augenblick einzusinken fürchteten;
ich war jedoch schon auf dem Aetna gewesen und
wusste, dass dieses nichts zu bedeuten hatte. Nach
zehnstündigem Marsch mussten wir, weil die Nacht
uns überfiel, auf diesem Aschenboden schlafen.

Um Mitternacht wollte ich aufstehn, um einen
Durchgang der Jupiterstrabanten zu beobachten,
und fand den Himmel ganz schwarz mit dichten
Wolken bedeckt — — sieh, da hatten die braven
Menschen ihre Lanzen zusammen gebunden, und
über mir, der ich schlief, eine Hütte gebaut, und
sie mit ihren Kleidern bedeckt, da sie nichts andres hatten. Sie selbst schliefen ausserhalb derselben in einem Kreise, zwei und zwei mit einem
Poncho bedeckt, und dies hatte mich getäuscht,

denn der Himmel lag klar und rein über mir. Jetzt
genoss ich eines herrlichen Schauspiels, die Rauchsäule in ihrem Braunroth, schnitt sich scharf ab,
auf dem tiefblauen Nachthimmel; wie sie ihre Formen wolkig veränderte, so schien der Berg unter
ihr zu steigen und zu sinken; in der stillen unbe-
wegten Luft stieg sie senkrecht auf und breitete
sich in ungeheurer Höhe, dort wo die verdünnte
Luft sie nicht mehr tragen konnte, wie ein Baum,
in die Breite aus, manchmal ward sie sehr lebhaft
durch die Funken welche raketenartig in ihr auf-
stiegen, und dann wieder in blasserem Glühen nie-
dersanken.

So erwartete ich den Morgen, dann schüttel-
ten wir den Thau von unsern Gliedern und suchten uns durch Speis und Trank zu erwärmen, hierauf schritten wir weiter fort. Doch nicht sehr lange,
denn je höher wir stiegen, desto deutlicher bemerkten wir, dass die glühenden Feuerfünkchen, Steinchen waren, dann sah man deutlich, dass es Steine
seyen; endlich dass es ungeheure Massen seyn
mussten, welche glühend der Vulcan zu unglaublicher Höhe schleuderte. Mit fürchterlicher, ihrer
Höhe angemessener Gewalt, fielen sie dann nieder
und rollten von dem Kegel herab, der jetzt etwa
noch 6000 Schritt weit von uns lag, schon lagen
kleine glühende Steine um uns her, schon brannte

der Boden unter uns, es wäre Tollkühnheit gewesen, noch weiter zu gehn, jeder Schritt schien uns
sichern Tod zu versprechen — und ich entschloss
mich zur Rückkehr.

Da, als wenn er drauf gewartet hätte, liess er
seinen fürchterlichen Donner höhren, brausend stieg
die Feuersäule noch höher hinauf, und dumpfes
Rollen unter unsern Füssen erschreckte uns so,
dass meine biederen Begleiter schleunig zurück liefen, indem sie mich gewaltsam bei den Armen nahmen, und mit fortführten, und krachend und rollend — wie hohnlachend über die Eitelkeit und den
gescheiterten Versuch, den der ohnmächtige Mensch,
der Natur trotzend, gewagt hatte, schoss flammend
der Krater seine Feuerbälle in die Luft.

Mir blieb nichts übrig, als, um meine Reise
doch nicht ganz zwecklos gemacht zu haben, eine
Basis auf dem Aschenfelde zu nehmen, und darauf
die Höhe des Kegels zu messen, wodurch sich die
Höhe des ganzen Berges zu 15870 Fuss ergab, der
Standpunkt auf dem ich mass war barometrisch
bestimmt 12236, der Kegel also hoch um 3634
darüber, und die Feuer - und Rauchsäule mass noch
2300 Fuss.

Achte Vorlesung.

Jede Spur von Weg und Steg war längst verschwunden, dies hatte schon in der Höhe von 8000 Fuss aufgehört, wo wir auch unsere Pferde zurückgelassen hatten, wir mussten daher uns selbst Wege suchen, und konnten nur nach den Sternen und dem Gang der Sonne uns richten. Doch wie meiner spottend, war jeder Versuch die andern Vulkane zu besteigen, eben so vergeblich als der so eben erzählte; sie waren im heftigsten Ausbruch begriffen, wir gingen daher von Ferne um sie herum, unterhalb der Schneeregion, bis wir zu dem letzten kamen, welcher meine sanguinischen Hoffnungen erfüllen zu wollen schien, er bewillkommte mich nicht mit glühenden Steinen und blies mir nicht Rauch und Schwefeldampf ins Gesicht. So ging ich denn durch ähnliche Beschwerlichkeiten nicht abgeschreckt, hinauf. Dieser, der Xinal (der erste heisst Ranco) war mit Schnee bis zum Gipfel bedeckt, auf welchem, in jedem Fall, besser zu gehn war, als auf der glühenden Asche. Die Indianer, schon an diese Reisen durch mich gewöhnt, begleiteten mich auch hierher; und auf dem Krater angelangt, liess ich mich an ihren Lasso's hinab in die Tiefe.

Welch ein grausenerregender Anblick erwartete mich. Schwarz gebranntes Gestein, mit Schwefelblumen überwachsen, wie gelbe Todtenkränze auf dem schwarzen Sarg, umgab mich, aus den Felsenspalten blies der grünliche Dampf durch welchen dann und wann die blaue Flamme zuckte, brennend Bergöl floss in feinen Lichtfäden aus einer anderen hernieder, und dort spielte eine Fontaine von rothen Funken, hier war, von dem versengenden Boden, der Schwefel geschmolzen, welcher dort in herrlichen Krystallen denselben bedeckte, da verbrannte der Stein meine Sohlen, und hier versengte der heisse Wind mein Haar, ich fühlte den Boden wanken, ich sah in den schwarzen Klüften, tief und ferne das Funkeln des Feuers, aber unter mir in der Spitze des Trichters lag kochend die glühende Lava, und sprühte die geschmolzenen Metalle wie verlangend herauf zu mir, ich war nicht geneigt mich ihrer Umarmung zu überlassen, ich wollte nicht ein zweiter Empedokles seyn, ich wollte noch Quito sehn, desshalb schüttelte ich an dem Seil und liess, nachdem ich, die Taschen mit Leuzit und Olivin, mit Basalt und Lava gefüllt, und eine treffliche, rein krystallisirte Schwefelstufe mitgenommen hatte, mich wieder hinauf ziehn. Zu meinem Glück hatte ich nie an dem Lasso gehangen, in diesem Falle wäre ich nicht mehr weiter gereist, — der Lasso war durch die Hitze der Luft und des Gesteines welches er öfter berührt hatte, verbrannt, und brach als ihn die Indianer untersuchten an mehreren Stellen.

Jetzt gingen wir der Seeküste zu, das Eis, den ewigen Schnee verlassend, der den Indianern gar nicht behagen wollte. Der Fuss der Gebirg war herrlich umgrünt, allein das flache Land, näher dem Meere, nicht; dies ist eine unfruchtbare, dürre Wüste, der Boden besteht aus einer (an einigen Stellen könnte ich sie auf mehrere hundert Fuss tief verfolgen) Lage von Schaalthieren, welche nur mit einer, wenige Zoll hohen Decke von Pflanzenerde überzogen ist; dies kann natürlich nichts ernähren, noch dazu verbrennt die Sommerhitze jedes Gräschen — so giebt das Ganze einen traurigen Anblick; nach Valdivia hin, findet sich jedoch wieder alles in der üppigsten Vegetation, ja man findet sogar den Pisang hier im Freien, wenn er nur vor den kalten Gebirgswinden geschützt ist. Die kleine Cocospalme wächst sehr häufig, und

trägt zwei bis dreitausend Nüsse von der Grösse
eines Gänseeies. Man befreit sie von der faseri-
gen Schaale, indem man sie dem Rindvieh zu fressen gibt, dies verdaut die weiche Substanz während die harte Schaale unverdaulich ist, alle Nüsse
welche in den Handel kommen, haben diesen Weg
zurückgelegt.

In Valdivia nahm ich von meinen lieben Freunden Abschied; nachdem ich einen jeden mit einigen Kleinigkeiten beschenkt hatte, für das was sie
an mir gethan, sie zu belohnen, war nicht möglich, doch ging ihre Uneigennützigkeit so weit,
dass sie selbst dieses nicht annehmen, ohne für
jedes mir ein Gegengeschenk zu machen; sie er-
kundigten sich nun genau, wann ich abreisen würde,
und entfernten sich dann. Am achten Tage brachten mir Tagelöhner von Valdivia, zwei Heerden
Pferde und Hornvieh vor meine Thüre. Um sie
zu schonen, waren ihnen die Füsse mit Moos und
Bast verbunden. Sie sagten, eine Meile von der
Stadt seyen diese Heerden von Araucos getrieben,
ihnen begegnet, sie seyen darauf von den Wilden
gedungen worden, sie her zu treiben, einer derselben sey mitgegangen um ihm das Haus zu zeigen,
worin ich wohne, und dann habe er sich, wie die
andern schon früher, entfernt. Sie bäten mich, die
Heerden als Gegengeschenk für die kostbaren Sachen, welche ich ihnen gegeben, anzunehmen.

Mit grösstmöglicher Eile, begab ich mich von einem der Treiber geleitet, an den Ort an welchem er die Araucos gelassen hatte, allein es war keiner derselben mehr zu sehn; ein Zartgefühl, das man in einem so wilden Volke nicht suchen sollte.

Am zehnten Tage meines zweiten Aufenthalts verlies ich Valdivia, und langte am Ende des Juni 1819 in Valparenso an. Ein überraschender Anblick. Der Hafen ist von Valparenso und der kleinen Stadt Almendral umschlossen und mit schroffen Felsen umkränzt, in diese Felsen sind die Häuser geklebt, wie Schwalbennester desshalb sie auch bei den Erdbeben welche das Land häufig heimsuchen, herabstürzen wie solche Nester, wenn die störende Hand der reinlichen Magd, mit einer Stange sie aus den Ecken des Gesimses wirft. Von manchen Häusern glaubt man, sie wären nur auf die Fläche des Felsens gemalt, andre hängen weit hinaus in die Luft auf der äussersten Spitze einer Klippe, welche gestaltet ist wie die Hälfte eines gothischen Bogens, noch andre stehn unter solchen Wölbungen, und man glaubt in jedem Augenblick müsse solche Masse herabstürzen, und begraben, was darunter liegt; allein, obwohl dies bei jedem Erdbeben geschieht, es bauen sich doch andre oder dieselben Herren dort wieder an.

Mein Aufenthalt war mir unheimlich, deshalb,
obwohl die Gastfreundschaft der Bewohner, ihnen
von den Mauren noch angestammt, (wenn sie auch
nicht mit der meiner Araucos zu vergleichen ist)
mir es hätte vergessen machen sollen, deshalb
verlies ich die Stadt bald, und ging nach den Anden, welche zu erreichen überall mein Zweck war.

Am nächsten Morgen hatte ich die erste Hügelreihe bestiegen, und genoss von da herab, einen
höchst imposanten Anblick. Auf dem Gipfel des
Berges liegt ein kleiner See, ein Vorsprung in
denselben trägt ein zierliches Landhaus, von dessen Balcon man die Aussicht auf den See, und die
rechts und links sich anlehnenden Gebirge geniesst;
wie die Coulissen eines Theaters reihen sie sich an
den Seiten hin, nur die Hinterwand für den Pro-
spect offen lassend, und diese ist — Valparaiso
und Almendral, im Duft des Morgens bläulich verwachsen, umhaut von seinen dunklen Felsen, selbst
meinen sichern Hafen umgebend, und dieser mit
seiner Oeffnung gegen das Meer gekehrt lässt die
Uebersicht auf dessen unendlichem Spiegel frei,
und eine Flotte herrlicher Schiffe seegelte hinein,
mit aller Majestät, und der Himmel, durch die
hinter mir aufgehende Sonne, war am Horizont
durch den Wiederschein der Morgenröthe mit einem
zarten Gelb umzogen, welches das Meer scharf bo-

11

grünste, höher hinauf ging es in ein blässes Roth, in ein Violet über; und dieses verlor sich in das tiefe Blau des Gewölbes.

Natur wie bist du doch so schön!

Waldungen der zweiten Hügelreihe umschliessen ein reiches Erzgebirge, ich fand auch eine Goldmine, welche noch bearbeitet wird, allein es waren sehr wenig Menschen darin, und die Arbeit wie sie dort verrichtet wird, scheint mir kaum die Kosten zu decken. Das Hauptlager ist Schwefelkies, und weil sie alles, was gelb ist, für Gold hielten, so rösten sie ihn etc., das wenige, was er enthält gewinnend. Sie hätten zwanzig mal reichere Gänge.

Auf diese zweite Reihe folgt eine dritte noch höhere, die Cuesta de Prado, von welcher man die drei Meilen noch entfernte Hauptstadt St. Jago schon sieht. Sie steht in einer grossen Ebene, etwa 20 Meilen vom Meere entfernt, und 2486 Fuss darüber erhaben, am Fuss der hohen Alpen. Der Fluss Maipocho durchströmt die gut gebaute Stadt, hat aber das Uebel all dieser Flüsse, welche auf der kurzen Strecke von den Andes in die Südsee fallen, dass er im Winter gewaltige Ueberschwemmungen verursacht; dagegen im Sommer fast trocken bleibt; desshalb hat man einen Canal von dem Maipo zu ihm geführt, wodurch er das Wasser des letzteren erhält, und so auch im Sommer reichlich versehen ist.

Die Stadt hat sehr regelmässige Strassen, der Erdbeben wegen sind die Häuser alle nur ein Stockwerk hoch, und aus sonnengebrannten Ziegeln gebaut, zu denen der Ton mit Stroh und Haaren durchknetet ist. Die Zeitverhältnisse haben noch bewirkt, dass die Fenster stark vergittert sind; denn häufig sollen sich fremde Truppen der Stadt nähern, und man will dann jedes Haus zu einer Festung machen, desshalb sind auch Höfe und Gärten mit starken Mauren versehn; wären diese Unruhen nicht, so könnte St. Jago einer der glücklichsten Orte der Erde werden, goldreiche Ströme bewässern reiche Getreidefelder, eine seltene Zusammenstellung. Die Nähe der Tropen würde das Clima unbequem heiss machen, durch die hohen Berge wird dies gemässigt, und der Winter ist der von Sicilien.

Die Bewohner fühlen sich auch viel behaglicher, als die Brasilianer; ihre von aussen unscheinbaren Wohnungen sind sehr gut, ja häufig elegant möblirt, denn St. Jago nicht an der Seeküste liegend, entbehrt der Bequemlichkeit der Schiffarth,

11 *

hat jedoch dafür die grössere, dass sich Handwer-
ker und Künstler, hinlänglich für das Bedürfniss
der Einwohner, hier niedergelassen haben; welches
in den Seestädten nicht statt findet. Es geht bei
ihnen stets gar lustig her, sie lieben Gesellschaften sehr, und kein Abend meines dortigen Aufenthaltes ist vergangen, ohne dass ich bei einem Con-
zert oder Ball gewesen wäre, aus allen Häusern
tönte rauschende Musik. Die Damen sind sehr
angenehm und überraschen durch ihren Geist und
ihre Lebhaftigkeit, muntre Laune, welche oft bis
zur Ausgelassenheit geht. Ihrem schönen Körper,
mit üppiger Fülle ausgestattet, steht die europäische Kleidung, welche sie allgemein tragen, sehr
wohl.

Sie tanzen sehr gern und sehr schön, zum
Tanz treten sie in einer seidenen, ganz zugeknöpf-
ten Mantilla (einem Ueberrock) an, der Tänzer
lässt sich vor seiner Dame auf ein Knie nieder,
knöpft die Mantilla auf, zieht sie derselben aus,
und giebt sie nebst dem Shawl, welcher den Hals
dicht umhüllt in Verwahrung, und nun beginnt der
Tanz, zu welchem die Damen sehr leicht und sehr
verführerisch gekleidet sind, und der alles Reizende
und Glühende der südlichen Tänze in hohem Grade
hat. Nach Beendigung desselben ist des Herren
angenehme Pflicht, seine Dame wieder anzukleiden,

denn sie fürchten sich sehr vor dem Erkälten; Hals
und Kopf wird sorgsam verhüllt.

Eine artige Gewohnheit herrscht beim Zuhau-
segehn. Die ganze Gesellschaft bricht zugleich auf,
und da Fuhrwerk hier selten ist, so kehrt man zu
Fusse heim, wie man gekommen ist. Der Zug
wird eröffnet, durch die Musikanten welche spielend
den Weg zum Hause des zunächst wohnenden Ga-
stes nehmen, wohin sich die ganze Ballgesellschaft
begiebt, nun begleitet man die zweite und dritte
Familie heim und so fort. Oft begegnen sich Gesellschaften von Bekannten, diese schliessen sich
aneinander, und nun bilden die Musikanten einen
Doppelchor, so geht es, bis der letzte Gast zu
Hause gebracht ist, man braucht sich jedoch nicht
zu geniren, man kann früher die lustige Caravane
verlassen, allein die Luft ist rein, lau und heiter,
der Himmel mit Sternen geschmückt, die Blumen
hauchen ihren erquickenden Duft weit umher, und
man bleibt gerne noch ein Stündchen im Freien, die
anmuthige Sitte mitmachend.

Musik ist überall verbreitet, in jedem Hause
findet man ein altes Klavier, (Cembalo) Guitarren,
Mandolen, Zithern etc.; die Mutter unterrichtet
die älteren Töchter, diese die jüngeren — in Spiel
und Tanz sind sie alle, Männer und Frauen sehr

geschickt, dafür braucht man auch keine gelehrte Schulbildung. Dies haben die weisen Väter, Stifter der Bibliothek und der Schulen, auch wohl eingesehn. Denn die merkwürdigsten Schriften derselben sind, eine treffliche Abhandlung über die Frage, ob der Seehund Fisch oder Fleisch sey, eine andre ob die Bachamsel, da sie blos von Fischen lebt, zu den Fastenspeisen zu zählen sey, beide zur vollkommnen Zufriedenheit der Rechtgläubigen entschieden, und endlich drei Foliobände mit gelehrten Discussionen über die Schuhe des heiligen Antonius. Die Universität Cordova behauptete, er habe Sandalen getragen, welche unzerreissbar waren, wie die Kleider der Kinder Israel in der Wüste, die Universität Lima hielt dagegen den Satz aufrecht, er habe Schuhe getragen, welche vom Papst Pius VI. (400 Jahr später als der heil. Anton) geweiht worden sind, und deren Sohlen desshalb immer wieder gewachsen wären.

Das Völkchen ist gut, und obwohl damals alles in heftiger Bewegung war, und sie viel von ihrem Vermögen verloren hatten, verloren sie doch nicht ihre heitre Laune. Glücklich im Bewusstseyn ihrer neu erworbenen Freiheit, zufrieden das spanische Joch abgeschüttelt zu haben, thaten sie doch, bei schon sehr geschwächten Kräften, das beinah Unmögliche, um die junge Republik zu befestigen.

Cochrane bloquirte die ganze Peruanische Küste, fuhr unter dem Feuer aller Geschütze in den Hafen von Lima, in einem kleinen Boot um denselben zu sondiren, untersuchte ihn mit der grössten Kaltblütigkeit bis unter die Kanonen der Forts, und benutzte diese Untersuchungen bei der späteren Eroberung von Lima. San Martin organisirte eine Armee von 5000 Mann, welche im Jahr 1820 auf Cochrane's Flotte dorthin gebracht wurde, so war alles in der thätigsten Bewegung, und mitten in diesem kriegerischen Trubel setzte ich meine friedlichen Beschäftigungen ungestört fort, bestieg den Vulkan Tupungato, den ich 14218 Fuss, und den Peteroa bei Mendozo, den ich 15300 Fuss hoch fand, mass ihre geographische Lage, untersuchte ihre Mineralien u. s. w., und kehrte endlich nach Valpareuso zurück.

Hier schiffte ich mich nach Aloxiamento ein, (August 1819,) reiste dort umher, fuhr dann nach Lima, (September 1819) und hielt mich in der Gegend der Stadt 3 Monat auf, wobei ich in der Gebirgkette, welche Chili von den Provinzen am La Rata trennt, vierzehn brennende Vulkane zählte.

Lima hat einen schönen Hafen, welcher von de Stadt Callao, die an seinem Eingang liegt, die Ba von Callao heisst. Die Stadt Callao ward im

Jahre 1746 durch ein Erbeben zerstört, vom Meere
bedeckt. Ich habe bei meinem Aufenthalt in Lima
zweimal Gelegenheit gehabt, den Ort zu besuchen;
wenn das Meer ganz ruhig war und die Sonne nahe am Untergehn, konnte man Callao ganz deutlich am Meeresboden sehen, es ist gar nicht, als
habe die Stadt eine Zerstörung erlitten, es stehen
die Strassen und Häuser, selbst Kirchen und
Thürme, so unter dem Wasser wie Pompeji und
Herculanum unter der Erde, und die Haifische und
Delphine spazieren, sonderbar genug, in die Häuser, durch Thüren und Fenster hinein, die zahllose Brut der kleinen Fische verfolgend.

Wenn ich auf dem glatten Spiegel schwamm,
unter mir das sonderbare, nie erblickte Schauspiel
einer im Wasser befindlichen Stadt, so konnte ich
mir kaum denken, dass es möglich sey, kaum denken, dass nicht jeden Augenblick die Leute he-
raustreten und auf den Strassen wandeln sollten,
welche nur von dem bunten Gewimmel der Meeres-
Bewohner belebt waren. Sechstausend Mensche
fanden ihr Grab hier, von der ganzen Bevölkerung
der Stadt sind nur zwei gerettet worden, wovon
der eine ein Musikant war, welcher mit seiner
Contra Violon, an einem Riemen auf dem Rücken,
zu einer Hochzeit ging, als eine ungeheuere Woge
sich riesenhoch erhob, sich über die Stadt stürte

und sie begrub. Ohnmacht umfing seine Sinne, nach einigen Stunden erwachte er drei Legoa's weit von der Stadt, an einer kleinen Capelle, unter ihm sein aufgeweichtes Violon, welches ihn daher getragen hatte. Von der Stadt war keine Spur mehr zu sehen, sie war nebst der ganzen Strecke Landes, auf welcher sie stand, versunken. Als am sechsten Tage sich das Meer gereiniget hatte von seinem Schlamm, bemerkten Fischer zuerst die Stadt unter sich, welche seitdem eine Niederlassung der Squallen und Polipen geworden ist, zuerst wohl, der grossen Anzahl von Leichen wegen, welche sie in den Häusern fanden, und dann vielleicht, weil es ein sicherer Schlupfwinkel ist.

Man hat keinen Taucher bewegen können, hinab zu gehen, und die Schätze, welche dort seyn müssen, herauf zu holen, am Strande steht jedoch eine Wache, welche alles, was etwa an das Land gespült wird, auffangen muss.

Lima oberhalb des Hafens liegend, ward von Pizarro gegründet. Er kam mit seinen Truppen nach Pachukamak, zerstörte dort die Tempel der Götter, liess alle ersinnlichen Grausamheiten verüben, liess die dem Dienst der Sonne geweihten Jungfrauen durch seine Truppen schänden, und gab

dazu das erste öffentliche Beispiel; eine schöne,
eines Welt-Eroberers ganz würdige That. Nachdem er alle Gräuel, mit denen, von ihrem ersten
Erscheinen darin, die Spanier diesen Welttheil be-
glückt haben, auch hier verübt hatte, liess er zur
Ehre Gottes und der heiligen drei Könige die Stadt
Lima bauen, welche daher bei den Spaniern Civi-
da de los Reydes heisst.

Zur Schande und Schmach der Spanier, und
gleichsam als wollte die Natur den spätesten Zeiten noch ihre Verbrechen verkünden, hat der
Zahn der Zeit und die fleissige Hand der Menschen, noch nicht die Ruinen dieser Tempel und
Städte ganz zerstören können. Seit drei Jahrhun-
derten dienen sie zum unerschöpflichen Steinbruch
für alle umliegenden Oerter, die Kirchen sind fast
alle davon gebaut, und doch ist noch beinahe keine
Abnahme daran zu bemerken. Man kann noch die
ganze Anlage den Plan überschauen, man sieht die
fleissigen Verzierungen und den gediegenen Grund-
bau und fragt sich mit Erstaunen über die Grösse
und Pracht: welch ein Volk ist hier aus der Reihe
der Nationen ausgestrichen!

Die Stadt Lima giebt einen überraschenden Anblick, sie erhebt sich von dem Niveau des Meer-
busens, von welchem sie nicht fern liegt, bis zur

Höhe von 690 Fuss über demselben, dort liegt der herrliche grosse Platz. Aus einer Unzahl von Häusern ragt eine zahllose Menge von Kirchen, Thürmen, Kuppeln, Kreuzen und Altanen in die Luft; die goldnen Knöpfe nnd die spanischen (doppelten) Kreuze blinken Meilen weit im Strahl der Sonne. Und dies ist ausgebreitet auf einem Teppich von ewigem Grün, auf der üppichsten Landschaft; Berge reihen sich an Berge und thürmen sich auf Berge, terassenförmig ansteigend zu der riesenhohen Andeskette, welche mit ihren ewig beschneiten Gipfeln so nahe an das Meer tritt, dass man bei heiterer Luft glauben sollte, sie wären höchstens 3 Meilen von der Stadt.

Die Häuser gewähren einen freundlichen Anblick sie haben alle nur einen Stock und alle Terassen, welche mit Teppichen und Blumen verziert, der Stadt etwas Festliches geben; dies ist jedoch auch nöthig, denn sie sind so ohne architektonischen Schmuck, dass man sie eher für Garten-Mauern, als für Häuser halten sollte. Im Innern sind sie dagegen besser, ja meistentheils prachtvoll ausgestattet, mit goldenen Verzierungen überladen; allein was Peru's Schätze heissen, das kann man in den Kirchen sehn, der ganze Hochaltar der Cathedrale ist mit gediegenem Silber überkleidet, bei jedem Hochamt flammen 2100 Kerzen auf silbernen Leuchsein; von denen ein jeder 100 Pf. schwer ist, so dass man von dem Altar nichts, sondern nur Kerzen und Candelaber sieht. Der Messdienst ist höchst pomphaft, die Mess - Gewande von den schwersten Goldstoffen, aber da dies natürlich nicht kostbar genug ist, so sind sie gestickt mit den edelsten Steinen und reinsten Perlen; und die grosse Monstranz, wenn man jemals hat die Sonne abbilden wollen, so hat es nicht schöner als hier geschehen können. Sie ist ist sechs Fuss, sechs Zoll hoch und schwer, dass sie nur durch einen Mechanismus gehoben werden kann. Sie wiegt 130 Pf., der Fuss allein ist von Silber, alle Strahlen sind von gediegenem Golde, und so mit den prächtigsten Brillanten überzogen, dass das Auge bis zum Schmerzhaften geblendet wird, wenn man sie im Scheine dieser tausend Kerzen erheben sieht.

Und so ist es beinahe in allen Kirchen, deren hier dreizehn sind, eine Cathedral-, 8 Pfarr- und 4 Filial-Kirchen; dazu 67 Männer- und 42 Frauen-Klöster, also in Summe 112, ohne der Kirchen der fünf Klöster für Magdalenerinnen, ohne der Kasernen- und Hospital-Kirchen, und gar der zahlreichen Hauskapellen zu erwähnen,

Auch sind sie alle wohl dotirt und nirgends sieht man mehr und nirgends fettere Priester als hier, wo ein Erzbischof, vier Bischöfe, 61 Prälaten, 97 Aebte, 800 Pfarrer und Weltgeistliche und etwa 4000 Kloster-Geistliche sind, ohne die weiblichen Klöster hier, in diese Rechnung zu ziehen, welche auch noch 2400 betragen sollen; und ohne die Hauskaplane mitzuzählen, deren wieder zum mindesten 2000 sind.

Wenn man hier nicht Gelegenheit hat in den Himmel zu kommen —! aber freilich müssen sich die armen Geistlichen sehr schlecht behelfen, denn obwohl manche Klöster ziemlich reich sind, haben doch andere kaum das Auskommen, wie z. B. ein sehr armes Minoritten-Kloster, welches 63 Mönche zählt und jährlich nur die kleine Summe von 25000 Piaster zu verzehren hatte; was ist das für so Viele?

Ausser den prachtvollen Kirchen hat Lima noch mehrere schöne Gebäude; die bischöflichen und erzbischöflichen Palläste, der Pallast der Jesuiten, der des Vicekönigs, die der Prälaten, und vor allem der Inquisitions-Pallast, dies sind herrliche Gebäude und so fest gebaut, dass sie den leichten Erdbeben trotzen, welche man hier häufig hat, und um welche man sich gar nicht mehr bekümmert. Die Kirchen und ihre hohen Thürme sind freilich für ein solches Land höchst unzweckmässig, daher

auch kein Tag ohne Unglück abläuft. Die leisests
Erderschütterung ist genug, Steine etc. von einem
Thurm herab zu werfen auf die Vorübergehenden
und bei einem stärkeren oder anhaltenden, sind sie
der Fluch des Landes, die ganze Bevölkerung in
wahnsinniger Wuth läuft in die Kirchen und lässt
sich unter ihren Trümmern begraben, und zehnma-
lige Erfahrung, Kenntniss des Unglückes, welches
daraus entsteht, hält die Entronnenen nicht ab, sich
bei der nächsten Gelegenheit bei dem pater noster
beten todtschlagen zu lassen.

Sonst bauen sie vernünftig genug. Ihre Häuser haben meistens nur den Anschein von Stein,
sie sind wenigstens zum grossen Theil von Holz
und nur mit einem Anwurf überzogen. Der vorige
Vicekönig liess nach dem letzten fürchterlichen Erdbeben eine Verordnung ergehen, nach welcher die
eingestürzten Thürme nur von Holz erbaut, mit
Leinwand überzogen und getüncht werden sollten.
Diesem weisen Befehle haben sich die klügeren
Geistlichen widersetzt, und mit Recht, denn was
liegt daran, ob alle 30 Jahr 12 bis 15000 Menschen zerschmettert werden, haben sie doch schöne
Thürme und weit tönende Glocken darauf.

Die grösste Zierde Limas ist ohne Zweifel der
grosse Paradeplatz. Hoch erhaben, mit der herr-

lichsten Aussicht, auf die ganze Stadt, die Bai, Callao, das Meer u. s. w., umgeben mit schattigen
Collonaden, geziert mit einem herrlichen, Kühlung
verbreitenden Springbrunnen, auf dessen Spitze das
Bild der Fama steht (aus ihrer Tuba fliesst ein
starker Wasserstrahl), dient er am Vormittag zum
Sammelplatz der ganzen schönen Welt.

Alles, was die Natur Lockendes und Erfrischen-
des hat, bedeckt die eine Hälfte desselben, er ist
in einen Blumen- und Fruchtgarten verwandelt, die
andere Hälfte bedeckt die reizende Schaar der Töchter Even's. Hier nimmt man wahr, wie freigebig
die Natur gegen diese Länder war, was sie Zartes
und Schönes hat, goss sie aus unerschöpflichem Füll-
horn darüber hin, das Clima ist ungemein mild,
ein steter Frühling lacht den herrlichen Fluren,
ein kräftiges Erdreich treibt mit sichtbarem Wachsthum alle Früchte zur schnellsten Entwickelung
und Reife. Ceres, Bachus und Pomona haben diese
Hügel und Ebenen zu ihrem Wohnsitz gewählt,
und dieser Platz ist ihr Stapelort. Cupido der
Schalk (Asmodi) ist dort nicht minder geschäftig;
der Platz ist das Rendezvous aller Weiber und
Mädchen, welche auf den Namen der Damen von
Ton, Anspruch machen wollen; zahllose reich ver-
zierte Laden der Zuckerbäcker, bieten die köstlichsten Erfrischungen und Gelegenheit sich zu sehen

und zu sprechen Gar, und dieser üppigen schönen,
von der Natur zu jedem Genuss gestimmten Menschen, suchen sie, hinten alle. Reiz auf um zu
blenden, das Auge eines jeden Weibes zeigt, dass
sie zu siegen gewohnt sey. Wer diese Prüfung
überstanden hat, kann nicht mehr unterliegen.

Allein hier herrscht unter diesen edlen Gestalten, unter diesen hohen, vollendeten und vornehmen, reichen Menschen, doch nur Cupido nicht. Amor
der ernstere, edlere Bruder. Ich halte sie aller In-
trigen und Liebes-Aventüren ... fähig, doch
keiner, keiner wahren Liebe, wie sie die Brust des
Deutschen füllt. Das Herz jener Menschen belebt
kein Blut, sondern lauter Champagner-Schaum,
kein dauerndes, sondern lauter momentanes Gefühl;
kein Gemüth, sondern Lust und Sinnlichkeit.

Der Deutsche fühlt hier sey nicht sein Vater-
land.

Neunte Vorlesung.

Lima bietet dem Phisiognomen ein reiches Feld. Die tausendfache Verschiedenheit der Menschen, welche aus der Vermischung der drei ursprünglichen Rassen entstanden ist, gewährt einen merkwürdigen, einen interessanten Anblick.

Hier sieht man die reinste, klarste, man möchte sagen, durchsichtige Gesichtsfarbe, eine blendende Haut mit dem zartesten Incarnat übergossen, mit dem reichsten blonden Haar geschmückt, so bei Männern wie bei Frauen. Die Abkömmlinge der Mestizen, welche aus der Verbindung von Europäern mit Amerikanern entstehen, diese zweite Generation (die Abkömmlinge der Mestizen) macht den zahlreichsten und schönsten Theil der Bevölkerung dieser Stadt aus. Dann kommt der dunkler gefärbte Europäer und dann der noch dunklere Mestize, dann geht es über von dem Amerikaner zum Mulatten und Zambo (Verbindung zwischen Weissen und Schwarzen), von diesem zum Ashantes oder dem Neger aus Nubien, welcher eine Schwärze hat wie ein egyptischer Osiriskopf aus Basalt gemacht. Und zwischen allen diesen, die zahllosen Uebergänge, eine Mustercharte aller Hautfarben.

Eben so verschieden ist der Character dieser Menschen. Der Creole (Europäer in America geboren) zeichnet sich sehr vortheilhaft von dem in den portugiesischen Niederlassungen aus; lebhaft, für jeden Eindruck empfänglich, sehr gutmüthig, stehen sie schon in dieser Hinsicht sehr erhaben über dem Spanier, noch mehr sind die Mestizen und ihre Abkömmlinge, gute und liebenswürdige Menschen. Die eingebornen Amerikaner haben (hier wenigstens) nichts von der Bösartigkeit, welche man ihnen angedichtet hat; ihre natürliche, angeborne Artigkeit, erreicht die des gebildeten Weissen vollkommen und ist angenehmer, weil sie nicht das Gefühl der Erkünstelung erweckt. In guten Unterricht gebracht, lernen sie leicht und bewundernswürdig schnell. Viele Professoren der Universität sind Americaner. Ihr berühmtester Astronom, der Stifter der nautischen Schule, Lehrer der Physik und Mathematik, so wie der Ar-

tillerie-Wissenschaften, Xipota, war ein Quixua.
Ihr berühmtester Redner in den öffentlichen Volks-
Versammlungen, Paüveka, war ein Quixua. Die
geschicktesten Aerzte und Wundärzte, die bekann-
testen Advokaten waren und sind Amerikaner, nur
zur Theologie sind sie leider nicht zu bringen;
man sieht keinen fetten amerikanischen Mönch oder
Priester. Man ist dort auch schon so weit gekommen, dass man ihnen lieber als anderen, Stellen
giebt, bei denen es auf Geschicklichkeit, gediege-
nes Wissen und Unbestechlichkeit ankommt. Die
höchsten Stellen wie die eines Vice=Königs,
eines Kammerdieners, eines obersten Ge-
richts-Präsidenten müssen freilich zugäng-
lich seyn; wozu hätte denn sonst der Reiche sein
Geld, wenn er mit dem Armen unter einem Gesetz
stehen sollte. Der reiche Mann würde ja von dem
armen keinen Prozess gewinnen können, wenn
ein unbestechlicher Richter auf dem Throne der
Themis sässe und nach dem Ausschlag ihrer Wage
das Schwert handhabe, man muss im Stande seyn,
dem Zünglein derselben einen solchen Ausschlag
zu verschaffen, dass vernünftiger Weise über das
Recht oder Unrecht kein Zweifel mehr obwalten
kann.

Ich habe einige Reden des berühmten Advokaten Xabukuzon gehört, in denen er ein Feuer, eine

Beredsamkeit entwickelte, dass sich kein Parla-
mentsredner. derselben schämen dürfte, ich habe
eine gelesen, welcher nun der Schmuck eines per-
sönlichen angenehmen Vortrags, eines schönen, so-
noren Organs fehlte, und habe darin eine ars elo-
quentiae, eine blühende Phantasie, eine Ueberre-
dungskraft gefunden, welche eines Tasso und Ari-
ost würdig gewesen wäre. Mit Wohlgefallen hat
die Natur auf diesem Erdstrich verweilt, dem glücklichen Lande ihre ganze Gunst geschenkt, und den
Menschen mit Allem ausgestattet, was ihn fähig
macht, ihre Reitze würdig zu geniessen.

Fürchterlich sticht gegen sie der geborne Spanier ab, welcher von Madrid, sey es auch in dem
unbedeutendsten Auftrag, in dem hohen Rang eines
Alguazil (eines Häschers) hergeschickt, hier ange-
stellt wird; beleidigender Stolz, Aufgeblasenheit eines Frosches, welcher dem Ochsen auf seiner Wie-
se gleich werden will, impertinente Grobheit, ver-
schwistert mit eben so impertinenter Dummheit
zeichnet sie aus, der vornehmste Spanier kann es
nicht weiter treiben, allein die Luft Amerika's muss
zu gut seyn, sie pflanzt die Laster nicht fort; dort
geborne Kinder spanischer Aeltern haben keine
von diesen in Madrid sehr löblichen Eigenschaften;
ist die Mutter gar eine Amerikanerin, welches sich
häufig findet, so scheint die allmächtige Mutter

Isis das Kind adoptirt, Minerva und Venus Urania zu Pathen gebeten, und ihm Schönheit, Verstand und gutes Herz zum Geschenk gemacht zu haben.

Bei allen diesen, für den Spanier, nicht übertrieben günstigen Eigenschaften, hält derselbe sich doch für ein höheres Wesen, und erklärt laut, er würde seine Kinder lieber haben, wenn sie in Madrid (im Strassenkoth) als da sie in Lima (in den Blumenkelchen Perus) geboren wären. Es geht so weit, das er sich aus dem Kreise seiner erwachsenen Kinder zurückzieht, dass er sie in keine Gesellschaft bringt. Dass überhaupt Spanier und Creolen ihre eigenen Gesellschaften haben und dass die Letzteren zu den Cirkeln der Ersteren nicht zugelassen, sondern mit Geringschätzung, ja mit Verachtung behandelt werden, welches verdienter Weise zu erwiedern, die Creolen zu gutmüthig sind.

Des Spaniers Unterhaltung besteht: im Preisen seines Vaterlandes, im Herabsetzen Amerika's; wenn er als Bettler herkam, nun sich mit Millionen überschüttet, dafür wieder mit Orden und Ehrenstellen beladen sieht, so ist sein Spanien doch besser, dort hatte er nichts als seine Olla potrida mit verdorbenem Oel, am Sonntag; Zwiebeln und Kastanien an den andern Tagen; hier schlemmt und prasst er in allem, was beide Indien und seine er-

änderischen Köche liefern können, um den ver-
wöhnten Gaumen zu kitzeln, Spanien ist doch das
Land der Verheissung und dasjenige, in welchem
alle Verheissungen zehnfach erfüllt sind. Dies wird
aber um so verächtlicher, als es nur abscheuliche
Heuchelei, nur Herabsetzung des besseren gegen
seine eigene Ueberzeugung ist, als es nur geschieht,
den eingebornen Creolen zu kränken, der wohl weiss,
wie gut es selbst der vornehme Spanier in seinem
entarteten, entwürdigten Vaterlande hat, weis wie
er im Glücke übermüthig prahlt, im Unglück knech-
tisch kriecht und die Hand küsst, die er beissen
möchte (wie ein spanisch Sprichwort sagt) daher
für den Creolen die Spitze seiner gesprochenen
Dolche auch abgebrochen ist, daher man sich auch
nicht wundern kann, wie die Republik verlangt hat,
dass alle Spanier Amerika verlassen sollen.

Der Creole im Gegentheil ist liebevoll freundlich, zuvorkommend, ist freigebig bis zur Verschwendung, gastfrei wie ein Araber, mitleidig
und zum Helfen geneigt, von wenig Untugenden belastet, unter denen Verschwendung die
grösste ist. Seine Unterhaltung ist angenehm; leicht
und lebhaft die des schönen Geschlechts, welches
diesen Namen, eine schöne Hauptstadt Deutsch-
lands ausgenommen, nirgends mit grösserem Rechte
führt als hier. Die Damen sind offen, freimüthig,

durchaus witzig und etwas leichtsinnig, was ih‑
nen aber sehr gut steht, und sie nicht hindert, lie‑
benswürdige Hausfrauen und höchst liebevolle Müt‑
ter zu seyn.

Es giebt kein reizender Bild, als solch ein
Weib im Kreise seiner Kinder, blondgelockter. En‑
gelsköpfe, welche aussehen als habe Raphael Mengs
seinen berühmten Amor nach ihnen gemahlt, solch'
ein Weib, welches unter einem Dutzend kräftiger
Buben und Mädchen, aussieht wie deren ältere.
Schwester.

Die Tracht der Bewohner von Lima ist völlig
unsere moderne, allein die Damen im Hause, klei‑
den sich anders. Die grosse Wärme lässt jede zu
starke Bedeckung verschmähen, desshalb tragen sie
nichts als ein Hemdchen vom feinsten Battist und
darüber die Saja. Diese ist ein seidenes Tricot,
welches Aermel hat, über den Kopf gezogen wird,
und so die Formen des wunderschönen Körpers, auf
das Kräftigste markirt, welches noch mehr dadurch
auffällt, dass sie häufig rosenroth zu dieser Saja
wählen, nur komisch wird sie dadurch, dass sie
doch die Form eines Rockes hat, beide Beine al‑
so in einem Strumpf stecken, die Saja geht bis
auf die Knöchel nieder, desshalb können sie nicht
grössere Schritte machen als höchstens 4 bis 5

Zoll und die zusammengezogenen Beine geben der
Figur das Ansehen einer egyptischen Mumie. Auf
der Strasse haben sie über diesem Tricot, den
Manto , ein Stück Seidenzeug, welches sie vom
Kopf bis zu den Füssen einhüllt und die Gestalt
vollkommen verbirgt, unkenntlich macht; in Gesellschaften jedoch tragen sie unsere modernen Kleider, reich mit Schmuck von der höchsten Kostbar-
keit geziert, und dies findet auch auf Promenaden
an Gallatagen statt.

Parfüms lieben sie sehr , besonders wohlrie-
chende Wasser; aus den Blüthen der Orangen des
Cactus grandiflorus und der Euphorbia caput medu-
sae wird eines der köstlichsten bereitet, welches
einen unübertrefflichen Geruch hat; wenn man ar-
tig seyn will, muss man den Damen bei der Toi-
lette Visitte machen, und sie dürfen sich wohl sehen lassen, bevor sie im Staat sind, brauchen sich
nicht zu verstecken, gleich denen von Rio. Hier
wird man dann zum Dank, mit ganzen Ladungen
solchen Wassers übergossen.

Die Erziehung der Männer wird leider sehr
vernachlässigt, weil die Geistlichen, in deren Händen das Unterrichtswesen durchgänig ist, meinen,
man wisse vollkommen genug, wenn man lesen und
schreiben könne, doch beides so, dass es noch im-

mer Mühe macht, und man dieser Mühe wegen,
nichts liest, wenn man nicht muss; daher spricht
sich dort auch nur immer der angeborne Verstand
aus, nur grosses inneres Talent kann weiter in den
Wissenschaften kommen, und wie gross dies seyn
müsse, geht daraus hervor, dass bis zur Zeit meines dortigen Aufenthalts drei Vicekönige, 6 Erz-
bischöfe, 51 Bischöfe, Eingeborne waren; während
meines Aufenthaltes selbst, waren dort einige hundert ausgezeichnet gelehrte Männer, öffentliche vornehme Beamte, Militairs von hohem Range bis zum
Gouverneur von Callao und dem von Lima, lauter
Creolen. Nur muss man freilich dazu setzen, dass
nicht viel dazu gehört, um klüger und gelehrter
als ein heutiger Spanier zu seyn.

Einen grossen Theil der Bevölkerung machen
die schwarzen Sclaven aus, und es ist nicht ohne
Interesse zu wissen, dass sie dort nicht so übertrieben schlecht leben, als man gewöhnlich glaubt.
Nach meinen eigenen Erfahrungen hat ein Sclave
in den holländischen Niederlassungen, ein zehnmal
unglücklicheres Loos; wie mir gesagt wurde, soll
dies in den englischen Besitzungen eben so der
Fall seyn. Hier hat der Sclave wenig und leichte
Arbeit, er ist selbst auch willig und lenksam durch
Güte; wenn der Herr seinen Sclaven mild und ge-
recht behandelt, so hat er keinen treueren Diener

als den Neger, dieser opfert ohne Murren sein Leben für ihn, wird er jedoch ungerecht behandelt, (gerechte Strafe leidet er ohne Groll) so trägt er die Rache mit sich, bis er Gelegenheit findet, sie auszuüben. Uebrigens haben sie unter einander Brüderschaften gestiftet, welche zum Hauptzweck haben, solche Sclaven loszukaufen, die von ihren Herrn schlecht behandelt werden.

In diesen Cofradias, versammeln sie sich an allen Festagen, den Vorsitz führt stets ein Sclave, welcher aus einer fürstlichen Familie stammt, diesem bezeigen sie, nicht nur hier, sondern überall die grösste Ehrfurcht, und ich habe öfter gesehen, dass ein Sclave vor dem andern auf die Knie fiel, ihm die Füsse küsste etc., welches sich der andere ganz ruhig gefallen liess. In der Cofradia sitzt er nun vollends auf einem Thron, hat eine Krone und einen Scepter und regiert mit höchster Souverainität. Wenn die Regierungs-Geschäfte beendet sind, so wird nach ihren trefflichen musikalischen Instrumenten getanzt; diese bestehen in einem mit Kalbfell überzogenen Fasse, als Trommel, in einem scharf gespannten Bogen auf dessen Sehne mit einem Violinbogen herumgestrichen wird, und in dem Kinnbacken eines Pferdes, welcher an der Sonne getrocknet ist, so dass die Zähne darin klappern. Dies ist ihr Lieblings-Instrument, es macht ein castagnettenartiges Geräusch, und wird bei jeder Gelegenheit gehandhabt.

Die Sclaven sind alle Christen, und die eifrigsten in der Kirche und bei Prozessionen, denen sie sich stets nach ihren cofradia's anschliessen; allein merkwürdig genug, unter dem betäubenden Lärm ihrer beiden Hauptinstrumente, welche von hundert Händen gerührt werden, tragen sie auf Stangen ihre Götzenbilder in der Prozession umher, ohne dass jemand ein Aergerniss daran nimmt.

Die Prozessionen selbst werden mit dem höchsten kirchlichen Pomp aufgeführt, in jeder Woche ist wenigstens eine, wie denn die Zahl der Festtage die der Arbeitstage um einen übersteigt, so dass nur im Schaltjahr die Zahl beider gleich ist. Das höchste ist das Fronleichnamsfest, die auffallendsten sind jedoch die, des heil. Franziscus und des heiligen Domingo (Dominicus). An beiden Tagen, werden die colossalen Statuen der Heiligen, in der Stadt umher getragen, endlich begegnen sie sich auf dem Hauptplatz — hier begrüssen sie sich, machen sich verschiedene Verbeugungen, einer will die Hände des andern küssen, einer will des andern Seegen haben (es sind bewegliche Marionetten in derem Innerm der Sprecher ist, welcher auch die Figur regiert) sie rühmen sich stark ins Ange-

sieht, jeder streicht laut die Thaten des andern
heraus, dann machen sie sich freundschaftliche
Vorwürfe, dass sie einander so lange nicht besucht
haben, endlich bittet San Francesco den San Domingo zu Gast (oder umgekehrt an wem die Reihe
ist) dieser macht nicht viel Façon, nimmt die Ein-
ladung an, und nun wird der Gast auf die rechte
Seite des Wirthes getragen, dann geht es nach
Hause (nach der Kirche des Wirthes). Hier stellt
man beide auf den Hochaltar nun wird Messe gehalten, und dann zerstreut sich die fromme Menge
sehr erbaut.

Nun aber versammeln sich die heiligen Patres
und Fratres; in der Kirche wird eine lange Tafel
gedeckt, mit Speisen und Getränken zum brechen
besetzt, und die frommen Herren letzen sich in erbaulichen Betrachtungen über den Reichthum und
die Mannigfaltigkeit der Gaben Gottes, bis sie sich
nebst ihrem Heiligen, müssen nach Hause tragen
lassen.

Dies sollte man wohl Missbräuche nennen,
allein der entsetzlichste Missbrauch welcher mit
dem Heiligsten was der Mensch hat, mit dem Glauben an ein Jenseits, an eine ewige Vergeltung,
kurz mit der Religion, jemals getrieben wurde, ist
die Ablasskrämerei. Es existiren nämlich vier päbst-
liche Bullen, welche in verschiedenen Klassen, Ab-

lass für alle Sünden — völligen Erlass der geistlichen, weltlichen und jenseitigen Strafen, — er-
theilten, welche folglich jedes Verbrechen erlauben,
gutheissen, ja das geschehene rechtmässig machen.
Diese Bullen werden täglich verkauft, und da dieses bei einem so höchst abergläubigen Volke wie
die Spanier sind, eine gute Geldspeculaltion ist,
so hat die Regierung sie nachdrucken lassen und
verkauft sie zu ihrem eignen Vortheil.

Die eine derselben heisst die Kreuzzugsbulle
(ursprünglich aus den Zeiten der Kreuzzüge) sie
dispensirt von allen Gelübden und Eiden, ausser denen, welche zum Vortheil der Kirche gethan
sind. Der Besitzer kann daher hundert falsche
Eide schwören und tausend Eide brechen und von
rechtswegen — dies flösst allerdings viel Zutrauen
in das Wort der Spanier ein, ferner braucht er
kein Religionsgesetz zu halten, und alles was er
Böses thut gilt nichts, was er Gutes thut gilt 15mal
so viel als wenn es ein andrer gethan hatte — nun
weiss man, die nöthige Anzahl Pater noster und
ave Maria bringen in den Himmel — so kann man,
wenn die nöthige Anzahl von Bullen angeschafft ist,
schnurstracks zu den ewigen Freuden eingehn. Die
zweite Bulle welche de Lacticinios heisst, erlaubt an Festtagen andere Speisen zu essen und
beschwichtigt alle Gewissensscrupel vollkommen.

wer also ein etwas zu zartes zu empfindliches Gewissen hat, der kauft solch ein Pflaster, und so
lange dieses nicht durchgerieben ist, spürt man
keine Scrupel mehr. Die dritte heisst die Bulle
für die Todten, sie ist eine Eintrittscarte in den
Himmel, eine Contremarke, ein Entlassungsschein
aus dem Fegfeuer, wer diese Bulle besitzt muss
seelig sterben, er mag es machen, wie er will, er
kann auch dergleichen für seine Freunde und Verwandten im Fegfeuer mitnehmen. Alles dies ist
für billiges Geld zu haben, der Preis richtet sich
nach dem Stande. Ein Prälat kann für 6 Piaster,
ein Privatmann für 2, ein Armer für $\frac{1}{4}$ Piaster,
die ewige Seeligkeit erlangen u. s. w., allein was
bei alle dem, dem menschlichen Geist die höchste
Ehre macht (sowohl als sinnreiche Erfindung, wie
als moralisch guten Zweck habend) ist die Compositionsbulle. Diese sichert nämlich dem Diebe,
Räuber, Raubmörder, den völlig recht-
mässigen Besitz des geraubten Eigen-
thums unter der Bedingung, sich für den
zehnten Theil des Werthes eine solche
Compositionsbulle zu kaufen, es darf indessen niemand mehr als 20 solcher Bullen, wöchentlich nehmen.

Die Räuber sind übrigens sehr gewissenhaft,
denn wenn der Reisende, welcher ihnen begegnet,

rein ausgeplündert ist, und sich nun beklagt, dass
er nichts mehr hätte, so sagt ein solcher, „ei wofür hält mich eure Exzellenza, ich bin ein guter
katholischer Christ; Gott und die heilige Jungfrau
wollen mich bewahren, dass ich mehr nehme als
mir von rechtswegen gebührt! dann giebt er
den zehnten Theil zurück; und noch 20 Reis für
jede Legoa Weges, welche der Geplünderte bis zur
nächsten Stadt hat.

Muss man sagen wohin dies führt, und wie
wohlthätig eine solche Einrichtung ist!

Von Lima machte ich einige Reisen in das
Gebirge, welches hier ganz nahe an die Küste tritt.
Ich hatte Gelegenheit auf mehreren Punkten zu
verweilen, und lernte so die Einwohner ziemlich
genau kennen. Es ist sehr gefährlich von einem
einzigen Volk, ja gar von einigen Individuen, auf
den Character der Bevölkerung eines Welttheils zu
schliessen. Immer hört man von den Amerikanern
sprechen. — Die Amerikaner sind voneinander so
unterschieden, wie das Land welches sie bewohnen
verschieden ist, von der Region des ewigen Schnees,
bis zu den Tropenländern; und von dort wieder bis
zu dem Polarkreise. Ottomaken, Guaraunen, Botokuden, Puri's, Patagonen, Feuerländer, Araukos,
Guahäriben und Caraguates, Guarani's und Guaica-

nebst 600 andern Völkern, sind so unterschieden
in Character, Sitten, Form, Körperbau, wie Lapp-
länder und Italiäner, Finnen und Griechen nur sein
können, und doch spricht man von den Amerikanern so, als wenn das Ländchen welches sie inne
haben, nicht grösser wäre, als Sachsen. Die Stupidität welche man ihnen vorwirft, die tausend Laster
welche man ihnen andichtet, sind grelle Uebertrei-
bungen, eins und das andre findet sich hier, —
dort etc. wohl, aber nicht bei den verschiedenartig-
sten Stämmen, nicht überall.

Die abscheuliche, mehr als barbarische Behandlung (kein Türke verfährt so gegen seinen
Sclaven) welche sie von den Heil und Segen brin-
genden Spaniern erleiden mussten, hat sie finster
und zurückgezogen gegen ihre Henkersknechte gemacht, wahrlich dies kann man ihnen nicht übel
deuten. Wenn sie einen Menschen finden, von
welchem sie sich überzeugen, dass er kein „Spa-
nioli" ist, so kommen sie ihm entgegen, mit aller
Liebe ihres guten Herzens, sie sind nicht schweig-
sam wie man von ihnen erzählt, und wie sie gegen
Spanier sich zeigen, sie plaudern gern und lassen
sich gern erzählen, sie sind gastfrei, dienstfertig,
arbeitsam. Man rühmt ihnen nach, sie wären durch
keine Bezahlung zu etwas zu bewegen — das hat
etwas Wahres, allein wir werden sehen wie. Im

Innern. des Landes hat das Geld keinen Werth (unter den Indiern), für Geld thut der Eingeborne nichts, er lacht den Fremden wohl aus, denn für eine ganze Hand voll Carolin kauft er von seinem Nachbarn keine Pfeilspitze, vielleicht noch von einer Frau, welche sich aus dem blanken gelben Blech eine Halskette machen will — allein für eine Hand voll Nägel, oder für ein gutes Messer, für ein Beil, trägt er den Reisenden über die Anden und erwiedert die Bezahlung noch durch ein Gegengeschenk.

Sie sind nicht nur nicht faul, sondern sehr fleissig, sehr industriös, fast alles Flechtwerk (die zierlichsten Körbe, die feinsten Matten und Decken, Hüte für Damen und Herren von der saubersten Arbeit) wird durch sie gemacht, aus Bast, aus Rinden, Stroh, Binsen, Grasstängeln, Palmblättern u. s. w. Fast alles Baumwollenzeug was in Lima verbraucht wird, und schöne Tischzeuge mit seltsamen Figuren, gleich unserem Damast durchwirkt, ist von ihnen gemacht; ihre Hüttendächer sind geflochten und mit Mustern von bunten Rohr- und Grasarten geziert, die Matten auf das sauberste gearbeitet; von Bast machen sie eine Art Zeug, welches so fein geflochten ist, dass man es für gewebt halten muss. In allen diesen Sachen, sind besonders die Weiber geschickt, die grösseren oder schwereren Sachen, und die Gewebe, werden jedoch von den Männern verfertigt.

Die Frauen befinden sich auch, auf einer viel höheren Stufe als unter manchen anderen wilden Nationen, ja sie geniessen, besonders wenn sie eine hellere weisse Hautfarbe haben, einer Art scheuer Achtung und Verehrung, indem man in ihnen Abkömmlinge der Inka's zu sehn glaubt.

An diesen hängen sie mit unvertilgbarer Liebe, sprechen mit der tiefsten Trauer, welche zeigt, dass sie wohl Gefühl haben (und mehr vielleicht, als mancher ihrer kalten Beurtheiler, welcher seine Beschreibung nach dem Model eines verworfenen Knechtes verfasst hat) von den Grausamkeiten, welche gegen dieselben verübt worden sind. Sie feiern jährlich einen Trauertag, an welchen sie die Hinrichtung des letzten Inka, Atahualpe durch die Spanier darstellen. Ich fand Gelegenheit, in einem Alpenthal, bei San Leon schon diesseits der höchsten Andeskette (auf der Ostseite) solch einer Feierlichkeit beizuwohnen.

Auf einem freien Platz war ein schwarz behangenes Gerüst aufgeführt, darauf lag die Leiche des letzten Inka; die Indianer, Kopf und Schultern mit schwarzen Tüchern verhüllt (dies ist ihre

Trauerfarbe, ob von den Spaniern angenommen, ist
mir nicht bekannt, die Ostindier trauern weiss),
küssten die Decken und stimmten einen Gesang an,
in herzzereissenden, lang gehaltenen Molltönen,
und enharmonischen Gängen, dann ordneten sie
sich in einen grossen Halbkreis, ihr Anführer bestieg eine Erhöhung, und hielt mit Feuer und Kraft
eine Rede an sie, die mich in das höchste Erstaunen gesetzt haben würde, wenn ich nicht in
Lima Indianer an öffentlicher Gerichtstatt hätte
sprechen, auf der Universität disputiren gehört,
wenn ich nicht gewusst hätte, dass Manco Yapanqui,
Generalagent der Indianer französisch, englisch,
spanisch, deutsch, lateinisch kann, und der einzige ist, welcher griechisch versteht, und mit Geläufigkeit liest und spricht.

Diese Rede setzte alle in Feuer und Flammen,
sie standen auf, lehnten sich auf ihre Bogen und
Keulen, machten so verwegne Gesichter, dass mir
für meine Sicherheit bange wurde, endlich hoben
sie ihre Waffen in die Höhe, sprachen mit einer
Schauder erregenden Feierlichkeit einige Worte,
einen Racheschwur, und dann schossen sie wie
auf einen Schlag, jeder einen Pfeil in einen
Baum. Mein Begleiter sagte mir, dies bedeute,
sie wollten jeden Spanier mit so vielen Pfeilen
durchbohren.

Die letztern haben sich Mühe gegeben, diesen
Gebrauch zu unterdrücken, der das Andenken an
ihre Grausamheiten und Schandthaten so lebendig
erhält, doch ohne Erfolg, und so lange die Indianer
die Erinnerung so geflissentlich erhalten, werden
die Spanier schwer im Stande seyn, ihnen Liebe
und Zutrauen einzuflössen. Durch die sogenannte
Mita, (Frohnarbeit) sind ganze Völkerstämme von
der Erde weggewischt — man hat sie zu Tausen-
den, zusammen getrieben, zur Urbarmachung der
Wälder, oder zum Bauen, ihnen aber nichts zu
essen gegeben, die Lebenden mussten die Verhun-
gerten begraben, bis auch an sie die Reihe kam,
unter Hunger und unbarmherzigen Peitschenhieben
den Geist aufzugeben. Wo noch einige Abkömmlinge jener Unglücklichen sind, da erzählen dieselben mit stets erneuertem Feuer, was ihnen geschehen, wie ihre Vorältern gequält und gemartert
wurden, dies alles ist wie man leicht begreift, geeignet, ihnen eine ganz rasende Liebe zu den Spaniern einzuflössen.

Nach mehrmaligem Reisen in die Gebirge, verliess ich endlich Lima und langte im Anfang des
November 1819 in Guajaquil an. Ich will, um
nicht den Leser zu ermüden, nur wenig Worte
darüber sagen, wie ich mich auch nur kurze Zeit
dort aufhielt, weil mich die Sehnsucht viel zu sehr

nach Quito trieb. Guajaquil ist durchgängig von
Holz gebaut, desshalb kein angenehmer Ort, weil
man von den sich darin bergenden Insecten uner-
hört geplagt wird. Muskito's sind dort so zahl-
reich, als irgendwo anders, der Cientipies, ein
abscheuliches 6 Zoll langes Thier dem Ohrwurm
ähnlich, mit 60 Füssen und hinten wie vorn mit
scharfen Zangen bewaffnet, plagt durch seinen, ein
heftiges Fieber erregenden Biss empfindlich, dazu
ist das Clima, welches in Lima durch eine stete
Wolkendecke, und durch den vom Feuerlande her-
aufkommenden Strom kalten Wassers, sehr gemil-
dert ist, hier drückend heiss, dies giebt den Rep-
tilien einen Vorwand, sich in der Nähe der Stadt,
auch ohne Erlaubniss anzusiedeln, und macht die
Stadt, an der höchstens die treffliche Schiffswerfte
zu bewundern ist, zu einem unangenehmen Aufenthalt, ich verliess sie bald, und kam am fünften
Tage auf das hohe Plateau auf welchem Quito liegt.

Da stand ich an dem Ziel meiner heissesten
Wünsche, da stand ich in dem Athem der kühlenden Morgenröthe, unter mir chaotisch verwirrt die
Welt noch in des Schlafes Armen. — Das Auge
vermag nicht zu unterscheiden, was die fliehende
Nacht in ihr düstres Grau_hüllt, was Apollo noch
nicht mit seinen leuchtenden Augen überschaut, er
zögert noch ruhend in der reizenden Thetis Schoos,

aber er sendet Iris voran mit ihren bunten Schleiern. Im Westen rollt der ferne Donner eines dahin schwebenden Gewitters am Horizont. — —

Ha! welch ein Anblick — ein flammender Regenbogen, ein ganzer Kreis überzieht den ungemessenen Raum. Wohin wend ich mein Auge — dort Aurora, Blumen auf den Pfad ihres Lieblings streuend, verkündend den mächtigen Gott des Tages, — hier Iris, die Fingerspitzen in der Sonne Gold getaucht, die Himmelsdecke malend, mit allen Reizen. Phantasus reicht ihr die Farben, mit tiefem Purpur säumt sie die Wolken, mit fern leuchtendem Feuer die Wölkchen, Rosengluth überfliegt den ganzen Himmel, des Morgens Flügelthore öffnen sich — — da steht Helios in stiller Majestät,

Und tausend Chöre hallen ihm entgegen, wirbelnd steigt der Lobgesang der erwachenden Natur hinauf zum Thron des grossen Geistes, nieder fällt der Mensch, anbetend ihn, der alles schuf, und herrlich schuf!

Und das Chaos zu meinen Füssen entwirrt sich, fernhin schweift der Blick zum Chimborazzo zu dem mächtigen Pfeiler, der des Himmels Kuppel zu tragen scheint; im Silberschmuck glänzt sein ergrautes Haupt, jugendlich grünt sein Gürtel, und

blühend umziehen Palmenwälder seinen Fuss, höher steigt die Sonne und zeigt mir den Hirten,
seiner Heerde pflegend, die Bewohner der Felder
und die Sänger des Haines, und den fliegenden
Flamingo, eine Flamme von zwei flammenden
Schwingen getragen — höher steigt die Sonne —
und lässt mich sehn die bunten Kinder der Erde,
welche ihren feurigen Küssen die entgegen schwellenden Lippen bieten — und das tiefe blaue Himmelsgewölbe umschliesst sie alle mit liebenden Armen, und fächelt mit sanftem Weben die Gluth des
Tages von ihren erröthenden Wangen.

Wessen Pinsel das malen könnte!

Zehnte Vorlesung.

Auf dem Wege nach Quito sah ich mehrere Cacao - Pflanzungen, deren Früchte uns das Haupt-Ingredienz zur Chocolade liefern, dasshalb sie Linné Thebroma nannte. (Göttertrank) Die Bohnen werden in gleichen Entfernungen paarweise in die Erde gesteckt und mit Pisang - Blättern leicht bedeckt; in die Zwischenräume pflanzt man Pisang-Stämme, um den jungen Bäumchen hinlänglichen Schatten zu geben, weil sie feuchte Wärme, doch nicht zu grosses Licht brauchen; dies macht zugleich, dass die Pflanzung, schon vom ersten Jahre an, reichlichen Ertrag liefert, indem die Pisang-Früchte die Kosten der Anlage mehr als zehnfach decken. Wenn sich die Cacaopflanzen entwickelt haben, schlägt man die Schwächsten nieder, um den anderen mehr Kraft zu lassen, und nun macht sich das Uebrige von selbst, man braucht die Plantage blos noch vor den Affen zu hüten, welche

freilich sehr bösartig sind und grossen Schaden
thun. Die Pisang-Früchte, so wie späterhin die
Cacaobohnen lieben sie sehr, und sie sind so dreist,
dass sie sich nur durch Schiessgewehre schrecken
lassen, ja sie setzen sich, wenn ihrer mehrere
sind zur Wehre, brechen Aeste und junge Bäume
ab, greifen den Verfolger an, und thun in ihrer
Wildheit grossen Schaden.

Auch Schlangen halten sich, des kühlen Schat-
tens, so wie des Wohlgeruchs wegen, gern und
schaarenweise in diesen Cacaowäldern auf; gegen
alles dies könnten sich die Pflanzer schützen, wenn
sie es wie ihre Nachbarn, die Indier machten; diese
umziehen ihre Gärten mit Cactushecken, deren es
einige giebt, die so stachlich sind, dass kein Thier
sie durchdringen kann, ohne seinen Tod an den
Verwundungen zu finden.

In den Wäldern der höher gelegenen Strecken,
in welchen sich Viehheerden befinden, ist der Jaguar sehr häufig; ich habe deren mehrere geschos-
sen, ihr kurz aber sehr weich behaartes Fell, giebt
herrliche Schlafdecken, desshalb sie verfolgt werden.
Sie thun den Heerden vielen Schaden, ja sie sollen Menschen anfallen, und alsdann, glaubt man,
alle andere Nahrung verschmähen; desshalb wird,

sobald man weiss, dass ein Tiger einen Menschen
zerrissen hat, von allen Dörfern der Umgegend auf
ihn Jagd gemacht.

Eben so gefährlich ist das Krokodill. Es wird
so gross wie das Egyptische, ich habe welche von
18 Fuss Länge gesehen, und man sagte mir sie
erreichten 25 Fuss. Es soll häufig Kinder fangen,
ja so dreist seyn, dass es Menschen aus dem Ka-
not holt. Sie schwimmen in grosser Menge in den
Flüssen und Seen umher, kommen bei Ueberschwemmungen weit auf das Land, wo sie dann, wenn das
Wasser sich verläuft, im Trockenen sind, dann
schaden sie den Heerden sehr und diese scheuen
das fürchterliche Thier, machen mancherlei listige
Versuche seinen Angriffen zu entgehen. Es soll
auch Menschenfleisch jeder andern Kost vorziehen,
daher man häufig Jagd darauf macht, wobei die Jäger eine ausserordentliche Kühnheit an den Tag
legen.

Mit einem Messer bewaffnet, ein lebendes Huhn
in der linken Hand über dem Wasser haltend,
schwimmt der Indianer auf das Krokodill zu, welches nach dem Thiere schnappt; in dem Augenblick stösst der Schwimmer dem Ungeheuer sein
Messer mehrmal in den Bauch, worauf es sich
gleich umkehrt und dann ans Land gezogen wird.

Eine andere Art hat zum Zweck, es lebendig zu
fangen, in die linke Hand nimmt der Schwimmer
nebst dem Huhn, ein starkes Stück Holz in dessen Mitte ein Riemen ist, an dessen beiden En-
den aber eiserne Spitzen mit Wiederhacken stecken.
Wenn das Krokodill nach dem Huhn mit weit geöffneten Rachen fasst, so stösst man ihm den Kne-
bel hinein, die Spitzen gehen oben und unten
durch die Kinnbacken, mit dem Riemen zieht man
das Thier ans Ufer. Hier hetzt man dasselbe mit
Hunden, welche man an seinen Anblick gewöhnen,
oder auf seinen Angriff abrichten will etc.; endlich
sticht man dasselbe todt. Beide Arten des Fanges
gründen sich darauf, dass das Krokodill nicht unter sich sehen kann, indem seine Augen beide oben
auf dem Kopf, ziemlich nahe bei einander stehen.

Giftige Schlangen sind hier viele, die unschädliche Boa stellt ihnen nach, desshalb man letztere
nicht tödtet, die Indier verehren sie gar, ziehen
den Hut vor ihr ab und laden sie zu sich ein, indem sie ihr Haus und Dorf etc. beschreiben, auch
ihr viele schöne, giftige Schlangen versprechen,
oder sie heben sie leise auf und tragen sie heim,
im Garten ihr wieder die Freiheit gebend. Wenn
sie hier eine Giftschlange erblickt, so beginnen
ihre Augen zu brennen, gleich glühenden Kohlen,
sie ringelt sich zusammen, den Kopf allein aufhe-

bend, dann richtet sie sich immer mehr in die
Höhe, die gespaltene, schwarze Zunge hervor re-
ckend, endlich schiesst sie auf ihre Beute los,
packt sie mit dem Rachen, dann umringelt sie dieselbe und verschlingt sie nun ganz gemächlich.

Noch einen anderen Feind haben die Schlangen
in dem 'Quiriquimquiri, einem Vogel von der
Grösse des indischen Hahns. Er verfolgt sie sehr
eifrig, wird desshalb auch oft gezähmt und ist den
Bewohnern von grossem Nutzen. Er geht mit,
gleich einem Schilde vorgehaltenen Flügeln, mit
zurück gebogenem Kopf auf eine Schlange zu, stösst
mit seinen Spornen die er auf den Flügelecken hat
nach ihr und sucht sie zu verwunden, dann hebt
er sie mit dem Schnabel in die Höhe, lässt sie
niederfallen, dass sie sich den Rückgrad bricht
und nun verzehrt er sie, beginnt aber gleich den
Kampf mit einer andern und dritten, wenn er auch
satt ist; so tödtet er oft zwanzig und mehr Schlangen an einem Tage, dies ist vierzigmal so viel, als
er verzehrt. So hat die Natur überall dafür gesorgt
dass diese schädlichen Thiere nicht zu sehr über-
hand nehmen.

Je weiter ich mich von der Küste entfernte,
um so heiterer ward der Himmel, um so mannigfaltiger die Pflanzendecke, welche die Erde über-

zog, zur Musa und zur Palme gesellten sich fein
gefiederte Mimosen und Tamarinden, dann der Ficus
elasticus und dann die Jucca, und nun Orangen
und Myrthen, Pflaumen und Birnen, Ananas und
Eierapfel (eine Frucht mit einem milchartigen Gal-
lert gefüllt, welcher wie unsere vanille Creme
schmeckt) Arbusen und Melonen. Erfrischende Luft,
umweht den Wanderer, stets gleiche Wärme, ohne
die drückende Hitze des Tropen Climas am Meere,
oder in den niedern Thälern, ladet zum Genusse
der Natur ein. Kriechendes Gewürm, lästige Insecten, giftige Schlangen, sind hier nicht mehr,
weil es ihnen nicht mehr heiss genug ist.

Nach einem tagelangen, beschwerlichen Marsch
durch einen Hohlweg, welcher jede Aussicht ab-
schnitt, erreichten wir die hohen Ebenen und hier
sah ich in der Abendsonne Strahl, zuerst in grösserer Nähe den Cotopaxi, diesen Vater der Vulkane, welcher 17900 Fuss hoch ist. Er liegt
südlich vom Chimborazko und ist, für Riobamba ein
böser Nachbar. Die Stadt ist oft durch fürchterliche Erdbeben heimgesucht worden unter denen
das vom Jahre 1797 besonders stark war. Es hat
das Ansehen der Gegend ganz verändert. Wo sonst
Berge standen, sind jetzt Ebenen oder gar Thäler
und Thäler sind gehoben, in Berge verwandelt; die
Stadt wurde so zerstört, dass die Besitzer ihre

Grundstücke nicht mehr erkannten, ja halbe Häuser fanden sich auf dieser, die andern Hälften derselben auf jener Seite des Thales.

In dem Schoosse des ungeheuren Vulkans braust und gährt ein ewiges Feuer, und ich glaube er kocht bei dessen Gluth das Gold in seinen Eingeweiden, um es geschmolzen den goldgierigen Spaniern an den Kopf zu werfen. Alle Flüsse und Bäche die von ihm herkommen, führen edles Metall, ja das Land ist so reich gewesen, dass es zur Loskaufung des unglücklichen letzten Inca Atahualpa 1591000 Unzen Gold, etwa 7955000 Carolin, oder 79 Millionen Gulden Convmz., hergegeben hat. Doch wird keine Mine bearbeitet, denn den Spaniern ist ein Land nur Goldreich, wenn dessen Bewohner viel davon besitzen, und sie weiter keine Mühe haben, als dieselben zu Tode zu foltern und ihr Gold einzuziehn, wie es die Inquisition reciproce mit ihnen macht.

Am siebenten Tage meiner Reise kam ich nach Quito. Die Stadt liegt einen halben Grad südlicher Breite, am Fuss des Vulkans Pitchinka an dessen östlichem Abbange, und ist so gebaut, dass die Strassen von Osten nach Westen ansteigen, die von Norden nach Süden aber wagerecht laufen. Mitten in der Stadt liegt der Hauptplatz, dessen Höhe über der Meeresfläche ich zu verschiedenen Malen gemessen habe, und welche ich 9326 Fuss fand. Der Platz ist durch eine Fontaine welche ihr kaltes Wasser von Pitchinka, hoch in die Luft wirft, und durch den Palast des Erzbischofs, das Rathhaus und eine Kirche geziert.

Die schönste Kirche möchte ich die des Jesuitencollegiums nennen, welche im reinsten, leichten korinthischen Stil gebaut ist. Die edelsten Verhältnisse zieren dies Gebäude, die herrlichen hohen Säulen des Portals sind aus einem Stück, die Nischen dazwischen aber freilich mit den Statuen des Ignaz von Lojola, der Apostel Petrus und Paulus, und des Erbauers dieser Kirche, des Pater Sanchez geschmückt, was allerdings daran erinnert, dass dieses kein corinthischer Bau ist. Das Innere wurde nach der Jesuskirche in Rom, ausgeführt.

. Der vielen und prächtigen Kirchen will ich nicht weiter erwähnen, bemerkenswerth nur ist, dass sie fast alle ohne europäische Baumeister durch gelehrte Mönche, mit den Händen der Indianer aufgeführt sind und meistentheils den Erdbeben wiederstanden haben, dafür sind sie freilich mit dem Blut von 200000 Amerikanern gekittet — doch was liegt daran.

Die Universität ist die berühmteste, welche die neue Welt hat, früher waren gar zweie hier, mit der Entfernung der Jesuiten ist die eine geschlossen. Astronomisches und physikalisches Cabinet, so wie die Bibliothek sind zwar sehr elend ausgestattet, doch haben sich unter den gelehrten Mönchen wirklich ausgezeichnete Köpfe gebildet. Pedro Maldonado namentlich, war ein Eingeborner, der nie eine andere Universität frequentirt hat. Er gehört zu den berühmtesten Mathematikern, ward Professor der fille ainée des Rois, der Universität zu Paris, und ward dann nach London als Mitglied der königlichen Gesellschaft berufen, woselbst er bis zu seinem Tode im höchsten Ansehen stand. Ueberhaupt sind die Eingebornen von einem trefflichen Schlag, auch so heiter und blühend als ihr immergrünes Land, welches davon den Namen, eterna primavera oder sempre verde hat.

Sie sind sehr liberal, sehr gastfreundlich, dem Fremden geneigt, welcher den Vorrang vor allen andern Besuchenden hat; für jeden möglichen Zeitvertreib wird gesorgt, ich habe keine Minute Langeweile dort gehabt, obgleich ich wenig öffentliche Orte besuchte, allein mein Wirth und dessen liebenswürdige Frau, gaben sich alle mögliche Mühe, der, ihnen überreichten Empfehlung, Ehre zu machen, auch das Handelshaus an welches ich

adressirt war, und zehen andere Häuser, die ich
kennen lernte, trugen dazu bei mir Quito unver-
gesslich zu machen.

Für öffentliche Vergnügungen ist freilich nicht
zum Ueberfluss gesorgt; das Theater ist schlecht,
und ausser den Stiergefechten giebt es nichts besonders. Diese Letzteren haben jedoch etwas Eigenthümliches, deshalb darf ich ein paar Worte
darüber sagen.

An dem Tage, da ein Stiergefecht gehalten
wird, ist der Hauptplatz mit einem grossen Gerüst
bebaut, welches die Masse der Zuschauer fassen
soll. In der Arena und auf den Strassen etc. treibt
sich vom Morgen an, Alles schon in bunten, sinn-
reichen Masken umher; sie lieben die Verkleidun-
gen so leidenschaftlich, das manche Monate lang
studieren, um nur in einer eigenthümlichen, überraschenden, ganz neuen Maske zu erscheinen. Nun
kommt die dritte Stunde des Nachmittags heran,
dann drängt sich alles nach dem Circus, dessen
Sitze durch die schöne Welt eingenommen werden,
und die sich hier in ihrem höchsten Glanze zeigt.
die Arena füllt sich mit den Männern, dann wird
ein Zeichen gegeben und auf dieses bildet die ganze Masse einen grossen, dicht geschlossenen Kreis,
eine feste Menschenmauer. Hier hinein lässt man

14

den wilden Stier, er wird gehetzt, gejagt, mit
Pferden und zu Fuss und stets im vollen Galopp,
dicht an den gedrängt stehenden Zuschauern vorbei. Hier kann man ganz ruhig bleiben, er wagt
keinen Angriff, allein sobald irgendwo eine Lücke
entsteht, so bricht er durch und nun richtet er
fürchterliche Unordnung an, desshalb muss man geschlossen bleiben. Ist er müde gejagt, so wird er
durch einen andern ersetzt, dass es also eigentlich nur eine Stierhetze ist. So geht es bis zum
Abend, und die Festlichkeit krönt eine Illumination, bei deren Schein die Masken ihr buntes Treiben fortsetzen, wo denn auch manch erotisches
Abentheuer mit unterläuft; lustige Gelage beschliessen das Fest.

Eine geistliche Komödie wird hier bei einem
Fest der Maria von Guapulo aufgeführt. Guapulo,
ein Dorf in der Nähe von Quito besitzt ein Marien-
bild, welchem die Bewohner von Quito es zuschreiben, dass jenes Erdbeben, das im J. 1797 Riobamba
zerstörte, ihrer Stadt keinen Schaden gethan hat.
Man berichtete dies an den König von Spanien und
bat um Erlaubniss, ihr zu Ehren, jährlich eine
Prozession anstellen zu dürfen, mit welcher sie
aus Guapulo in die Stadt und dann wieder zurück
gebracht werden sollte. Dies ward nicht nur sogleich bewilligt, sondern der König stellte die Jung-

frau Maria als General - Capitän sämmtlicher Truppen in Peru an; fertigte das Patent auch höchst eigenhändig aus, und gab ihr alle Ehren und alle Vortheile ihres neuen Standes, nebst der Uniform und dem Gehalt während ihres Aufenthaltes in Quito.

Zu der Prozession zieht sie nun die General-Capitäns Uniform an, ist mit vielen Orden, namentlich dem von Callatrava und dem vom goldnen Vlies decorirt, trägt einen goldbordirten dreigestülpten Hut mit rothen Federn, einen mächtigen Degen, und in der Hand den elfenbeinernen Commandostab. Auch das Kindlein partizipirt von dieser Ehre, es hat gleichfalls einen Tressenhut mit rothen Federn; trägt einen rothen Mantel und einen Degen, denn das Patent lautet dahin, dass

„der König der heiligen Jungfrau von Guapulo, wegen ihrer ausgezeichneten Verdienste, um die Stadt Quito insbesondere, und um das Reich im Allgemeinen, die Stelle eines General - Capitains sämmtlicher Truppen von Peru, nebst allen mit dieser Würde verbundenen Emolumenten, ertheilt, und das dieser Rang nach ihrem Ableben

14*

auf ihre männliche Descen-
dens übergehen solle.

Bei der Prozession hält sie nun Heerschau,
über die, hiezu versammelten Truppen, passirt alsdann durch die von ihnen gebildete Haije, in die
Kirche, wo Gottesdienst gehalten wird, dann versammeln sich die Offiziere und sie theilt nun die
Parole aus. Am Abend bringt ihr die Musik der
Regimenter ein Ständchen, worüber sie sehr zufrieden, jedem Mann einen Krug Wein und ein
junges Ferkel geben lässt. Hierauf überreicht ihr
der Commandant die Schlüssel der Stadt, und nun
sind ihre Functionen erfüllt. Dies geht zehn Tage
so fort, am letzten reist sie wieder nach Guapulo.

Dies that ich gleichfalls, ich reiste über Guapulo nach der Nordseite des Chimborazzo zu den
heissen Quellen, welche er enthält, und unter denen eine beträchtlich hoch springt. Der Anblick
dieses Berges hat etwas höchst majestätisches, wir
können uns davon gar keinen Begriff machen. Er
steigt von der Ebene von Quito noch 11000 Fuss
auf, nun haben wir wohl den Mont blanc, welcher
höher ist, allein von Genua aus, ist er dreissig
Meilen weit, und durch die ganze Kette der Alpen bedeckt, und wenn man sich ihm nähert, steigt
man stets an; von Genf, von Chamberi, von Cha-

mouni gar, hat er kaum mehr als die Hälfte der
Höhe, dieser steht aber in der ganzen Grösse da,
und wenn man ihn erst sehen könnte von dem Fuss
dieser Hochebene, wie man ihn hier sieht, in einer senkrechten Höhe von 20150 Fuss.

Leider ist es unmöglich, seinen Gipfel zu ersteigen, schon bei der Höhe von 18100 Fuss ist
es kaum mehr möglich zu athmen und Bewegungen
zu machen. Nördlich von dem Chimborazzo liegt
der Ziambe, durch dessen Gipfel nach meiner Messung grade der Aequator geht, von ihm, wie vom
Chimborazzo und dem Cotopaxi etc. gehen eine
Menge nicht unbeträchtlicher Flüsse aus, welche
sich in den Amazonenstrom ergiessen, der nach
einer Reise von 720 Meilen, erst den Ocean erreicht. Er ist nach meiner Beobachtung 18980
Fuss über dem Meer erhaben, Sein ungeheuerer
Crater scheint beinahe erlöscht; man fürchtet ihn
wenigstens nicht sehr, er wirft nur dann und wann
etwas Rauch auf. Hier auf dieser bedeutenden Höhe habe ich den Condor über mir schwebend gesehen, dass er wie ein Punkt erschien, hier wo mir
das Blut aus den Lippen, den Augen und Ohren
trat, hier wo die Spanung der Theile des Körpers
von innen her, durch den Mangel an äusserem
Druck, so zunimmt, dass jede, die kleinste Bewegung athemlos, und zum Tode müde macht, wo

die Barometerhöhe nur noch 13 Zoll 8, 5 Linien
ist, wo das Athmen so schwer ist, dass man jeden
Augenblick zu ersticken glaubt, wo sich die Lunge,
um Luft genug zu erhalten, zum Zerspringen aus-
dehnt, hier kann dieses ungeheuere Thier nicht
nur leben, athmen, alle Funktionen verrichten, es
kann dies alles noch in einer drei- bis viertausend
Fuss grössern Höhe thun; ja das Wunderbarste
möchte noch seyn, dass der Vogel dort, wo die
Barometerhöhe vielleicht nur 10 Zoll ist, noch
f l i e g e n k a n n, dass die Luft ihn t r ä g t. Und
nun, (welche Organisation muss das seyn, die
solche Unterschiede erträgt), nun lässt er sich bis
an das Ufer des Meeres nieder und steigt in einer
halben Stunde vom geringsten zum höchsten Luftdruck herab.

Der Rückweg von diesen Höhen ist stets be-
schwerlicher, als der Hinweg; das Bergabsteigen
greift die Kniegelenke so ausserordentlich an, dass
man zuletzt bei jedem Schritte vor Schmerz schreien
möchte, und die Gefahr des Herabgleitens ist eben-
falls vermehrt; wer über den blanken Schnee 4000 F.
hoh hinabgleitet, von einem solchen Schlittschuh-
oder Schneeläufer dürfte wohl nicht viel auf dem
Grünen anlangen.

Ich kam glücklich hinab und jetzt ging es
wieder in mein Paradies hinein, in dieses Canaan,

dies nie genug gelobte Land. In einem Tage kann man unter diesem Himmelsstrich aus der Region des ewigen Schnees zu der Gluth des senkrechten Sonnenbrandes kommen, zu dem Land der vielfarbig blühenden Orchideen, mit Blüthen von der wunderbarsten, thierähnlichen Form, wie die heilige Geistblume, und das Epidendron muskito; zu dem Land der Lianen und Bauhinien, an deren, wie Seile ausgespannten, blattlosen Zweigen, die Unze zum Dunkel der Tamarinden klettert, um auf die vorüber gehende Beute zu lauern.

Wie reizend, wie unendlich schön ist die Manigfaltigkeit der Gewächse, mit denen die gütige Natur diesen reizenden Erdstrich geschmückt hat! Hier sieht man gesellig bei einander, die schlanken Baumhohen Gräser, die Arundo und Bambussa-Arten, mit für ihre Höhe zartem Stamme, der leicht und zierlich im leisen Winde sich wiegt, und seine flüsternden Blätter darin spielen lässt, Gräser, welche von einem Knoten zum andern 18 bis 20 Fuss messen, andere deren Höhe 40, 50 bis 100 Fuss erreicht, und welche der Gegend einen ungemein freundlichen, fröhlichen Charakter ertheilen, während die fast für sich und einzeln stehenden baumartigen Aloen, mit zweiglosen Stämmen, die Blätter sternartig von dem Gipfel desselben aussendend, der Landschaft etwas Ernstes, Schwermüthiges ertheilen.

Wieder belebend schwebt, als dürfte kaum die
Luft es tragen, das locker gewebte, zierlich ausge-
schnittene, durchscheinende Laub der baumartigen
Farrenkräuter, in der Hauptsache den Palmen ähnlich, nur nicht von so edler Form, dafür aber auch
minder ernst, über den wunderbar gestalteten Cactusarten; Bälle und Säulen und Candelaber bildend,
liegen und stehn sie umher, nebst den Euphorbien
die eigenthümlichsten Formen darbietend.

Am Strahl der tropischen Sonne verwandelt
sich das Moos der Bäume unseres Norden in den
blühendsten Schmuck der Passifloren, Banisterien,
Vanille, Paulinien, Bignonien, verwandelt sich unser Kuh- und Gänseblümchen in die prachtvollen
Liliengewächse, die Pankratien und Crinum, die
Iris - und Amarillisarten, die Bäume, bei uns mit
kleinen Blüthen, die man oft kaum so nennen
möchte, prangen hier mit ihren grossen, wunder-
voll duftenden Blumen wie die Magnolia, die Du-
tura suaveolens, und auch unsere Gewächse fehlen
ihnen nicht. Auf den hohen Bergebenen finden
sich Tannen, Fichten, Eichen, Cipressen, finden
sich veredelt alle unsere Fruchtbäume ——

„Dahin dahin
„O mein Geliebter lass uns ziehn!"

Dort unter dem reinen Himmel sollte man ewig leben, von keinen Plagen heimgesucht, mit allen Reichthümern überschüttet — beim Himmel, Quito ist das verzogne Kind der Isis. Die glücklichen Thäler, die ich hier übersah, sind alle bebaut, und lohnen mit ununterbrochenen Aerndten die geringe Mühe des Landmannes. Kein Frost vernichtet seine Hoffnungen, kein Hagel schlägt die Früchte seines Schweisses nieder, unglaublich ist die Kraft dieses Bodens; ohne Düngung, die man gar nicht kennt, ist Ege, Pflug und Sichel immer und zugleich in Bewegung. Man kann sich nichts Reizenderes denken, als eine Uebersicht von diesen Bergen auf das Bestreben der Natur, alles in der üppigsten Fülle hervorzubringen. Warme und kalte Quellen rieseln aus jeder Vertiefung hervor, die Fluren zu befeuchten. Zahm und ohne Scheu kommt der Hirsch, kommt das Reh in seinen vielen Varietäten, kommt das sonst furchtsame kleine Häschen um zu trinken, der kleine, wunderhübsche Löwenaffe, mit seinem weissen Spitzenkragen, guckt schlau zwischen den Blättern, oder aus einem ausgehählten Apfel hervor, in welchen er sich hinein, und durch welchen er sich durchgebissen hat, lässt sich durch eine frische Mandel locken, sie aus der Hand zu nehmen. Der Tuncan im glänzenden Schwarz mit seinem grossen, goldgelben Schnabel sieht so wunderlich aus, dass man in Versuchung

geräth, zu fragen, Schnabel wo willst du mit dem
Vogel hin — dort schwingt sich leichten Fluges
ein Pfau auf die hohen, flachen Blätter einer Musa
paradisiaca und lässt stolz und wohlgefällig sein
prächtiges Kleid im Glanz der Sonne spielen, hier
kommt der Cacadu neugierig heran, entfaltet seinen schönen Kamm, dort bläht sein sträubendes
Gefieder der Juno schöner Vogel, der Argus, hundert braune Augen auf jeder Feder; der Colibri
Feuerfunken brennen auf allen Blättern, nirgends
Verderben, überall Lust und Freude, überall hei-
teres Leben.

Immer höher nach dem Norden hinauf steigt
die Sonne, um den Sommer dort zu bereiten, während hier der Herbst mit allen seinen tausendfältigen
Reizen eintritt.

Nicht etwa, dass man in dieser Jahreszeit mehr
Früchte fände als gewöhnlich; zu glücklich ist dieser Garten, dieses Eden, in dem Blüthen, Früchte,
reif und grün, zugleich auf allen Bäumen hängen,
die Natur selbst nimmt eine andre Gestalt an;
Vergebens ist es, die bunte Farbenpracht des tropischen Nachsommers malen zu wollen, welche Feder
hätte Kraft, welcher Pinsel Reichthum genug, um
diese Schönheiten, mit denen fast kokettirend die
üppige Natur sich beim Abschiednehmen schmückt,
zu malen; die Blätter aller Pflanzen, vom Lorbeer zum

Kaffee, vom Eisenbaum zum Mahagoni, welche ihr
Laub wechseln, verändern ihre Farbe in allen Schattirungen, vom klarsten Gelb zum Chamois, Roth,
Purpur und Scharlachbraun; und die dasselbe behalten, wie die Crassula, Mesembrianthemum, Portu-
lak, Aloe u. a. m. gehen in ein blasseres, oder dunk-
leres Blau über, dabei sind die Farben von einer
ausserordentlichen Lebhaftigkeit, von einem Glanz,
der nicht begreifen lässt, dass hier sterbende oder
abgestorbene Pflanzen seyn sollen, und nun, als
wolle die gütige Mutter Erde, selbst den Gedanken,
der Vergänglichkeit und des Dahinscheidens, aus
diesem ihrem Lieblingsaufenthalt verbannen, so ist
noch ehe die Blätter fallen, ein jeder Baum, ein
jeder Strauch, mit neuem Laub von frischem lebhaften Grün unseres Mai geschmückt, und nun
denke sich, wer eine lebhafte Phantasie besitzt,
dies wunderbare Gemisch der neuen reinen Blätter
mit den bunten des vorigen Jahres vereint, auf
einem Ast, die Blüthen in ihrer unglaublichen
Schönheit, die lockenden, durchsichtigen, mit lauter Saft gefüllten Früchte, welche von der Sonne
beschienen, wie Ampeln von buntem Glas, aussehen, als wären sie bei einer Illumination zur Zierde
zwischen die Aeste gehängt.

Ihre Blumenpyramiden mit tausend Armen streckt
fünfzig Fuss hoch in die Luft die Ajave, ein Thurm,

ein Obelisk von Blüthen. Die prächtige Jucca ali-
folia, die stolze Jucca gloriosa ragt mächtig hinauf,
jeder Zweig trägt an seiner Spitze einen manns-
hohen Blumenschaft, welcher wagerechte Zweige
nach allen Seiten aussendet, die mit weissen, rothen und gelben Glocken reich behängt sind, fünf
bis sechs Wochen dauert jede Blüthe, und vergeht
nur, um den Zweig an welchem sie sass zu theilen,
damit an ihrer Stelle im nächsten Jahr, zwei
oder drei eben so herrliche Blumen erscheinen.

Ihren berauschenden Duft hauchen die Gewürze
aus, die milde Sonne brennt nicht mehr, sie wärmt
sanft, sie erquickt, mildere Lüfte, als die der Sommer entzündet, wehen durch das säuselnde Laub,
bunte Eidechsen rascheln im Gras, goldgrüne zarte
Schlangen, unschädlich, ohne Gift, nur den Insecten des Sumpfes nachstellend, spielen zu meinen
Füssen, suchen nicht mehr lechzend den Schatten,
sondern lassen gern im Feuer der Sonne ihr reiches Kleid schimmern.

Apollo schirrt die brausenden Rosse aus, und
badet sich in der Thetis Schooss, welch Entzücken,
in diesen hesperidischen Gärten ihm nachzuahmen,
in den klaren Wellen eines Krystallbaches, der
murmelnd über die reinen Kiesel läuft, die Glieder
zu erfrischen, durch alle Poren neues Leben einzuziehn,

Der Sonnengott vergoldet alle Zweige, die Spitzen der stolzen Palmen glänzen im hellen Feuer, indess die niedrigeren Theile mit Purpur übergossen scheinen, unten aber die grüne Blätternacht ihre Schleier über die reizende Erde gezogen hat.

Wie ein Silberblick flieht dieser Moment vorüber, die Dämmerung der Tropen ist sehr kurz, vom Tag ist fast kein Uebergang zur Nacht, doch neue Schönheiten bietet auch diese. Die bunten Schattenvögel, die Nachtfalter schwärmen umher, Feuerfunken fliehen auf und ab, es ist der Cucujo und der grosse Laternenträger (Elater noctilucus und Fulgora laternaria) sie schmücken wie mit tausend beweglichen Lampen den Hain, die Gebüsche. Reicher entströmt das wollüstige Aroma den prachtvollen Blüthen der Königinn der Nacht, (Cactus grandiflorus), üppiger schwellen und klagender die Töne des lieblichsten Sängers dieser Zone, des Edolio und scheinen Sehnsucht und Liebe zu athmen. —

O du schönes Land!

Eilfte Vorlesung.

Von Quito nordwärts, ging ich nach Popayan, besuchte den Vulkan Purace, der merkwürdig ist, weil er zwei Krater hat, und die heterogenen Elemente in seinem Innern gepaart zu haben scheint; er wirft Feuer und Wasser aus, der eine dieser Krater kann die Quelle des Vinagreflusses genannt werden, welcher seinen Namen von der Essigsäure des Wassers hat, die dasselbe ungeniessbar, ja schädlich macht, zum Färben bedient man sich dessen wohl.

Die Ruinen von Macoa besuchte ich, auf der Rückkehr. Welch ein Volk muss hier gelebt haben, welche Nation ist aus der Weltgeschichte gestrichen, ungeheure Gebäude, von deren Grösse man sich kaum einen Begriff machen kann, Beweise der gemeinschaftlichen Zusammenwirkung von Millionen Händen, liegen dort in Trümmern, ein zweites

Babilon, auch nur noch vom Tiger bewohnt, dann und wann vom umherstreifenden Indier besucht.

Die noch bemerkbaren Strassen zeigen durch ihre regelmässige Anlage, dass ein ordnender Geist gewaltet, das verworrene Ganze, zur geregelten Einheit gebildet habe. Prächtige Tempeltrümmer verrathen einen nicht geringen Grad von Kunstfertigkeit, doch auch eine noch gar wilde Phantasie. Die Thore sind dem Rachen grosser Thiere nachgebildet, die Schlangenform findet man häufig wiederholt, allein auch bestimmt wiederkehrende Verzierungen, Arabesken — erinnern an ähnliche Trümmer der alten Welt.

Mit ausserordentlicher technischer Kunst sind die Steine zusammengefügt. Dem rohen Stein ist stets ein behauener Stein angepasst, dies sind mitunter gewaltige Massen, und die Fügung ist doch so geschickt, dass man mit dem Messer nicht in die Fuge würde dringen können, allein dies ist nicht genug, es ist ein Bindemittel zwischen den Steinen und dieses ist ein Harz; die Steine mussten also dermassen erhitzt werden, dass das Harz darauf schmolz, sonst würde es sich nicht vereinigt haben — welch eine Arbeit!

Vom Stil, in welchem gebaut war, kann bei Trümmern schwer die Rede seyn, doch findet man

an einigen noch nicht ganz zerstörten Gebäuden
die schweren schrägen oder graden Massen, welche
an die egyptische Baukunst erinnern. Ein Gebäude
schien mir ein Sonnentempel gewesen zu seyn, hier
fand ich die Pfeiler welche das Dach tragen mussten nicht parallel, sondern von der Stelle, an welcher muthmasslich das Sonnenbild befindlich war —
in divergirenden Strahlen ausgehend, vielleicht damit auch der entfernte Zuschauer dorthin sehn kann,
wo sein Götze steht, welches bei parallel gerichte-
ten Säulen nicht möglich gewesen wäre.

Auch hier war zu bemerken, dass eine, gewissen Gesetzen unterworfene Baukunst das Ganze
leitete, die Säulen z. B. hatten ein förmlich Kapi-
tal, welches in der grossen Höhe dem dorischen
gedrückten Wulst ähnlich gewesen seyn muss, welches aber aus aneinandergereiheten Krokodill-
köpfen bestand, dieses trug einen runden Abakus
auf dem das Gebälk lag, welches mit den Säulen-
knäufen, die ich fand, aus einem Stück war. Der
Zuschnitt desselben zeigte, dass das Dach ein
steilrechtes Gewölbe gewesen war. Ein andres Gebäude stand im Innern einer Umgürtung von sechs
Reihen Säulen, Grundriss und bemerkbare Abtheilungen verriethen, dass dies ein Wohngebäude war,
seine Grösse lies jedoch wieder schliessen, dass es
schwerlich einem Privatmann dienen konnte; ich

glaube es daher dem Inca anweisen, es zu einem
königlichen Pallast machen zu dürfen. An den
Wänden dieser Gebäude finden sich Malereien in,
zwar nicht harmonisch gewählten, doch lebhaften
und gefälligen Farben, welche theils blosse Zierathen
sein mochten, theils jedoch, wohl eine bestimmte
Bedeutung hatten, oft genealogischen oft histori-
schen Inhalts oder religiöser Beziehung waren.
Eine Reihe von Bildern schien mir die Verwand-
lung des — — soll man sagen — Urstoffes in
den Menschen auszudrücken.

In fortlaufender Linie, durch eine Corde die
von Bild zu Bild ging, verbunden, war zuerst zu
sehn, ein Häufchen formloser Materie, hierauf
folgte kugelähnliches kleines Gewürm, dies verlän-
gerte sich im nächsten und vergrösserte sich in
den folgenden Bildern bis zur Schlange, der Schlange
wuchsen Füsse, erst zwei, dann vier, dann ward
sie zum Krokodile, Schweif und Kopf verkürzten
sich, es ward zur Schildkröte, dieser wuchsen die
Arme und Beine bis eine thierähnliche Gestalt daraus wurde, der eines Stieres ziemlich nahe, jetzt
konnte man den Uebergang zum Affen wahrnehmen,
endlich ward ein bekleideter, dann ein bewaffneter
Mensch daraus — und sonderbar — das letzte war
wieder ein Mensch mit Flügeln, welcher der Sonne
zuflog; soll dies ein Leben jenseits, eine Aufer-

stehung andeuten? — die sechste Tafel zeigt dieses Bild, des Raumes wegen sind jedoch zwei
Drittheile der Verwandlungsstufen weggelassen.

Solcher Fresco - oder noch besser Wandmale-
reien, finden sich unzählig viele. Wo von einem
grösseren Gebäude eine Mauer unzertrümmert geblieben ist, da bemerkt man dergleichen.

Die Häuser, welche einen Körper, ein grosses
Quadrat bildeten, schienen mir mit Gärten vor denselben geziert gewesen zu seyn, die Strassen waren über alle Massen breit, wenn man auf jeder
Seite ein Drittheil weggenommen hätte, wären sie
noch breit zu nennen gewesen — mir scheint es
geschehen, mir scheint dieses Drittheil der Raum
der Gärten vor den Häusern gewesen zu seyn,
in dieser Entfernung häufig feststehende Steine, haben wohl die Grenze bezeichnet. Jetzt
ist freilich alles so überwachsen, dass man hier-
aus etwa, es doch nicht erkennen könnte, die
Natur ist zu fleissig, sie lässt nichts unbenutzt
für ihre Zwecke — und über der Zerstörung sind
doch wohl Jahrhunderte verflossen. Und wer mag
sie zerstört haben, diese grosse Stadt? die Massen sind so ungeheuer, dass ich nie begreiffen
könnte, wie Menschen dies haben vollbringen können. Zerstörungswuth pflegt sich mit Morden,

Sengen und Brennen zu begnügen, nicht aber sich alle ersinnliche Mühe zu geben, mit grosser Kraftanstrengung zu arbeiten, um zu zerstören. Jahrelang mussten diese Gebäude den wüthenden Händen trotzen, mir scheint, da die Zerstörung so allgemein ist, eher ein Naturereigniss zum Grunde zu liegen, vielleicht ein Erdbeben, ja dies wird mir noch durch einen andren Fall bestätigt.

In dem Raume eines andern grossen Gebäudes fand ich neben seinem Fussgestell einen Götzen mit zwölf Armen, zwölf Gesichtern, doch so nebeneinander im Kreise gestellt, dass sie auch nur zwölf Augen hatten, indem ein jedes Auge zwischen zwei Nasen, jede Nase zwischen zwei Augen stand; der Leib bis auf die Füsse herab war rund, nach Art der Termen, oder besser, nach Art der Mumien bewickelt, und wurde getragen von zwölf Füssen welche mit den Fersen zusammen standen. Diese Figur nun war ganz erhalten bis auf das, was der Sturz gethan hatte; dort wo die Figur lag, waren zwei Arme abgebrochen. Spanische Bilderstümerei, hätte sich mit dem Herabwerfen der Statue gewiss nicht begnügt, sondern ihr auch noch alles abgeschlagen, was der Axt gewichen wäre.

Ob es doch Pizarro, dieser Henkersknecht, welcher Millionen und wieder Millionen geschlach-

tet hat, welcher sich als seiner schönsten That
des Brandes von Ecija rühmt, wo er die Stadt mit
Scheiterhaufen umringen, diese anzünden, und
25000 Einwohner in dem Qualm ersticken liess, weil
sie nicht Christen werden wollten, weil es auch
ohne Zweifel besser war, dass sie von der Welt
kamen, als dass sie leben blieben, ohne bekehrt zu
seyn, — es lässt sich nicht entscheiden.

Als ich nach Quito zurückkam und dort von
den Wundern dieser Stadt sprach, wusste man
kaum etwas davon; ihnen war wohl bekannt, dass
da und dort mehrere Städte im Schutt liegen, wie
Tampex, Madrixal, Simanes etc., aber wo, wie
gross sie seyen, wodurch zerstört und verödet und
seit wie lange auch nur ungefähr, das wussten sie
nicht.

Nach kurzem Aufenthalt, machte ich einen
neuen Ausflug, und diesmal tiefer in das Land hinein, nach San Miguel; von dort wandte ich mich
südlich um den Amazonenstrom zu erreichen, und
gelangte dabei zu einer unbekannten Nation, welches ich das Volk der Inca's nannte, weil ihr ausserordentlich schöner Körperbau und ihre auffallend
weisse Farbe mir auf eine solche Abkunft zu deuten schien. Der Cazique empfing mich sehr miss-
trauisch, und sagte zu meinem Indianer, welcher in

der Aquichuasprache sich ihm bequem verständlich machte, da ich als einer käme, der seine Gastfreundschaft in Anspruch nähme, sollte ich sie erhalten; allein, da ich ein Spanier sey, müsse ich Morgen wieder mich entfernen, er würde dann mit seinem Volk diesen Ort verlassen, und sich andre Wohnungen suchen, damit nicht auch über sie Tod und Elend käme, wie über alle, welche mit den Spaniern bekannt geworden.

Ich liess ihm sagen, dass ich kein Spanier sey, dass ich in freundlicher Absicht käme, den Aufenthaltsort seines Volkes nicht verrathen wolle, und nicht im entferntesten zu seinem Unglück beitragen würde. Er lies sich dies gefallen, führte mich darauf in sein Haus und liess meine Begleiter bei anderen Wilden unterbringen, nur mein Dolmetsch durfte mich begleiten. Die Unterhaltung war sehr beschränkt, doch frug er mich über manches, namentlich über den Zweck meiner Reise wie ein Wiener Polizeispion. Als ich ihm endlich das nöthige beigebracht hatte, schien er zufrieden gestellt, besonders mochte ihm mein blondes Haar ein überzeugender Grund geworden seyn.

Er liess nun treffliche Früchte, Cocoswein, Cocosmilch, Ziegen - und Schaafmilch bringen; nachdem ich mich daran gelabt hatte, forderte er

mich auf, mit ihm zu gehen, er wolle mir sein
Volk zeigen. Er nahm Bogen und Pfeil und viele
von seinen Leuten, ein ganzer Tross, begleiteten
ihn; schon meine Antworten hatten seinen Arg-
wohn ziemlich zerstreut, als ich aber auch einen
seiner Bogen und mehrere Pfeile nahm und meine
Doppelflinte stehen liess, da war er sehr erfreut,
und ich erkannte in seinen lebhaften Blicken die
wachsende Zuneigung; als ich aber im Freien einen
Papagei von einem Tamarinden-Baum herabschoss,
da schloss er mich in seine Arme, küsste mir beide
Augen und liess mich versichern, dass er mich sehr
lieb haben wolle.

Wir gingen nun miteinander durch die Reihen der Häuser, welche alle sehr gut gebaut und
mit Gärten umgeben waren. Dies machte das ganze Dorf, man kann wohl sagen die ganze Stadt
(denn sie hat wenigstens 500 streitbare Männer,
welches doch auf die zehnfache Anzahl von Seelen schliessen lässt) äusserst freundlich. Die auf
schlanken Säulen von Bambus stehenden Häuser
sind fest genug gebaut, um einen sicheren Wohnort
zu geben, sie haben alle, drei bis sechs verschiedene Abtheilungen, und unterscheiden sich dadurch
von den Hütten der anderen Wilden sehr vortheilhaft, dass sie flache Dächer mit Gallerien haben, auch läuft ein Vorsprung mit einer Gallerie,

um das ganze Haus.' Glasfenster haben sie nicht, doch' Fenster-Oeffnungen, und diese wären in dem Hause des Inca mit dünn geschabtem Horn, oder mit der Blase von Thieren überzogen, wurden jedoch nur in der Nacht geschlossen.

Vor den Häusern sassen die Wilden mit ihren Frauen und Kindern, welche meinen Führer ehrerbietig begrüssten, indem sie aufstanden und die rechte Hand auf die Brust legten. Es waren lauter schöne Gestalten, ich konnte sie nicht genug betrachten; Formen, wie sie einem jeden Maler zum Modell hätten dienen können, Männer so stark und kräftig, so gross und doch so gediegen gebaut, dass sie dem Piedestall eines Herkules keine Schande gemacht haben würden. Sie giengen fast ganz nackend, die Männer hatten nur ein Tieger- oder Unzenfell um die Hüften geschlungen, die Frauen und Mädchen trugen einen Schurz von Vogelfellen, der sehr sauber gemacht, äusserst zierlich zusammengesetzt war, Zierrathen hatten sie genug, doch keine entstellenden, das Durchlöchern des Körpers fand nicht statt, nur in den Ohren hatten sie kleine Löcher, in welchen glänzende Steinchen hingen. Ihr Kopfputz war äusserst geschmackvoll, die Männer trugen bunte Federn, die Weiber mitunter auch, doch meistentheils waren sie mit Diademen geziert, welche zu den fast blendend weissen, schö-

nen Gesichtern, sehr wohl standen, auffallend war
in der Gesichtsbildung nichts als die fast gerade
faufenden Augenbraunen, und die Nase, welche
durchgängig schön, beinah ganz regelmässig gebildet war, aber doch eine feine Einbiegung hatte,
die Nase war nicht gebogen wie die Adler- oder
römische Nase; sie war nicht grade wie die grie-
chische, sie wich etwas von dieser Letzteren, im
entgegengesetzten Sinne, wie die römische ab, allein sie war durchaus nicht gedrückt oder breit,
sondern blos nicht ganz grade.

Ihr Teint, den ich heller als den italienischen
fand, der aber noch angenehmer durch die röthli-
che Färbung der Wangen war, hatte nichts von
dem Olivengrün der Asiaten, oder von dem ver-
rufenen Kupferroth der Amerikaner, er war euro-
päisch weiss, und dieses liess mich annehmen, das
Volk stamme von der Herrscher- Familie der Me-
xikaner ab, welche weiss gewesen seyn soll.

Wir gingen in das Freie, um zu schiessen, ja
wie es mir schien, hatte der Inca die Absicht,
meine Geschicklichkeit zu prüfen; ich stellte ihn
zufrieden, und er kehrte sehr vergnügt, sein ernstes
Wesen nun gegen mich ganz ablegend, zurück. In
seiner Wohnung fanden wir den Boden schon mit
Teppichen bedeckt, welche von dem feinsten Flecht-

werk waren. In Körben von eben so zierlicher Arbeit ward das Obst aufgetragen, Schalen von ausgehöhlten, grossen Melonen, dienten, die Getränke zu fassen, Gefässe aus der harten Cocosnuss gemacht, waren die Trinkgeschirre, auf Platten von Silber, welche grob geschlagen, aber dann ziemlich fein geschliffen waren, brachte man die Speisen im höchsten Ueberflusse. Gemüse, Wurzelwerk, Früchte, Hülsenfrüchte, Reis, Fleisch, gebraten, gekocht, geröstet, wohl nicht nach unserer Art, doch sehr schmakhaft zubereitet, wurde herbeigebracht. Rund um diese auf der Erde gedeckte Tafel, lagen Polster, mit den zarten Hülsen der Maisfrucht ausgestopft, die Einschüttung bestand aus fein gewebten Matten, wie das Tafeltuch; und die Polster waren sehr elastisch. Zwei derselben nebeneinander, fand ich mit Federdecken, von überaus grossem Glanz, von hoher Schönheit, bedeckt; auf die übrigen hatte man baumwollene Gewebe, von herrlicher Purpurfarbe gebreitet.

Zehn äusserst schöne, meistens sehr junge Weiber, nebst ihren grösseren und kleineren Kindern, erwarteten uns und flogen liebreich meinem Führer entgegen. Er sprach herzlich mit Allen, und schien nicht zeigen zu wollen, dass er einer oder der anderen mehr gewogen sey. Wir legten uns zu Tisch, er winkte mir, mich auf den einen

Federteppich an seine Seite zu legen, so bildeten
wir einen grossen Kreis rund um die Tafel, einer
an der Brust des andern liegend. Vor mir ward
aufgehäuft, worauf meine Augen auch nur ganz zufällig fielen. Hinter mir, nicht im Kreise, sass
der Indianer, welchen ich aus San Miguel mitgenommen hatte, mein Uebersetzer. Er konnte der
Ehre, an der Tafel eines Inca zu speisen, nicht
theilhaftig werden, allein es fehlte ihm an nichts,
denn von dem, was für ihn hingesetzt wurde, konnten zehn Mann sich satt essen; durch ihn natürlich ging die Unterhaltung; so kärglich sie auch
war, so bewies sie mir doch, dass mein Wirth und
seine Hausgenossen, viel gesunden Verstand hatten. Das offene Gemüth dieser Leute spricht sich
unverholen auf ihrem Gesicht aus, daher man an
den Mienen schon leicht die Meinung derselben errathen kann, dies gab nun für mich Stoff zu sehr
interessanten Beobachtungen, die Wirkung der
Ueberraschung, der Freude, des Unwillens, Zorns,
des Beifälligen oder Missbilligenden so klar, so
ohne Schminke, in ihren Physiognomien ausge-
drückt zu sehen. Hier war ich unter Menschen,
nicht unter Marionetten, welche bei tödtlichem
Schreck, wie bei der grössten Freude, dasselbe
hölzerne, unbewegliche Gesicht behalten.

So ging es bis tief in die Nacht hinein, bis
gegen das Ende der Tafel mein Wirth eine Ananas

zerschnitt, mir die Hälfte reichte, die andere selbst
behielt und mir sagen liess, wie er diese Frucht
mit mir theile, wolle er sein Leben mit mir theilen, ich hätte nichts von ihm zu fürchten, er selbst
wolle mich gegen jeden Angriff schützen, ich mö-
ge bei ihm bleiben, so lange ich wolle. Nun gingen wir vor das Haus, woselbst sich eine grosse
Menschen - Masse versammelt hatte. Ein weiter
Kreis war gebildet durch grosse Feuer, welche in
drei Reihen hinter einander, amphitheatralisch er-
höht, brannten, und den Raum, welcher in der
Mitte frei blieb, beleuchteten. Diesem gegenüber
nahm meine Gesellschaft Platz, und nun ward ein
Ballet von Männern und Frauen aufgeführt, in
welchem zwar nicht Pirouetten und Entrechats
vorkamen, in welchem sich die Tänzer nicht eine
halbe Stunde lang auf einem Bein umher dreheten,
welcher jedoch seiner schönen geregelten Ausfüh-
rung, und wegen der Gestalten, welche nicht in
ausgestopften Tricot zu stecken brauchten, um
schön genannt zu werden, mir sehr wohl gefiel,
An dieses schloss sich ein kriegerisches Ballet, wie
ich es wohl nie wieder sehen werde. Die mannig-
faltige Verbindung der Figuren, die gefährlichen
und doch mit höchster Sicherheit ausgeführten Waf-
fenübungen mit Speer und Schild, mit Schild und
Keule, mit Bogen und Pfeil u. s. w. gränzten an's
Unglaubliche.

Mehr befriedigt als ich jemals aus der Vorstellung eines drei oder fünf Acte langen, grossen, heroisch - pantomimischen ,Ballet gegangen bin, verliess ich den erleuchteten Schauplatz, von welchem mich mein Wirth in mein Schlafgemach führte. Er zeigte mir drei an einander hängende Gemächer in deren jedem ein grosser Polster von der bereits beschriebenen Art lag. An meine Hängematte gewöhnt, knüpfte ich diese an ein paar Balken und schlief darin, bis der Morgen mich weckte.

Ich öffnete die Thür des ersten, des zweiten Zimmers und fand in jedem derselben ein bildschönes Mädchen, auf dem Polster ausgestrekt noch schlafend, die blühenden Wangen von der Gesundheit geröthet, das Lächeln des Traumes auf den reizenden Lippen, so sanft und leise hob und senkte sich die leichte Decke unter dem ruhigen Athemzuge, dass man das Schlagen des Herzens darunter zu sehen glaubta. Verwundert über so angenehme Nachbarschaft, öffnete ich die dritte Thür, und vor derselben lag mein Inca. Er erhob sich, auch die Mädchen, durch das Geräusch erweckt, standen auf und kamen halb verschämt halb schalkhaft lächelnd, herein. Wir begaben uns nun in corpore zum Frühstück und hier liess ich fragen, woher die beiden Mädchen sich so in meine Nähe verirrt hätten. Er gab mir zur Antwort, dies

seyen Lula und Atonila; zwei seiner Töchter, er
habe sie zu meinem Dienst bestimmt, und sie würden mich so lange ich bei ihnen bliebe, nicht mehr
verlassen, er aber habe vor meiner Thüre geschla-
fen, damit jeder, der zu mir wolle, erst über seine Brust schreiten müsse.

Während mehr als zweier vollen Monate, welche ich hier zugebracht, war der Inca mein steter
Begleiter und Führer, und ich lernte immer mehr
einsehen, dass sie andern Ursprungs seyn mussten,
als die Küsten Indier, welche um Guajaquil, Quito,
Popajan etc. in einer Art von sclavischer Abhängig-
keit von den Spaniern wohnen, je mehr Gestalten ich sah, desto schönere sah ich; die Vollkommenheit ihres Körperbaues übertrifft alles, was ich
früher und später noch zu bemerken Gelegenheit
hatte. Die reinen Verhältnisse, der schöne Schwung
ihrer Glieder zeichnet sie äusserst vortheilhaft aus,
und ihre Züge sind so regelmässig, der Ausdruck
so lebhaft und angenehm, ohne irgend einen An-
flug des Stupiden oder Wilden, welches andere Indianer zeigen, dass dies alles mir fast die Gewiss-
heit gab, es sey dies Völkchen ein Stamm von Me-
xico entflohener Menschen, welche in der Tiefe
dieser Gebirge sich in ihrer natürlichen und mo-
ralischen Reinheit erhalten haben.

Bedeutende Künstfertigkeit, welche ich bei ihnen fand, bestätigen mir dies noch mehr. So sah ich z. B. bei einer der jüngsten Frauen des Inca ein Halsband von dem bunten sogenannten Fortifikationsachat; dasselbe war aus einem Stück, musste ihr als Kind schon umgelegt seyn, als der Kopf noch hindurch ging, denn es schloss jetzt nahe an, der Hals füllte es beinahe aus. Dies Halsband, aus einem der härtesten Steine zu machen, es mit zierlichen Arabesken und Figuren zu versehen, es zu schleifen und so zu poliren, dass ist für diese Menschen ein Wunderwerk, und dass es nicht etwa Werk europäischer Kunst sey, ging daraus hervor, dass ein ähnliches in Arbeit war, welches ich der Vollendung sich nähern sah. Mit unendlicher Geduld kratzen und schleifen sie daran mit Granat- und Topas - Körnern, welche härter sind als der Achat, bis es durch fortgesetzten Fleiss seine Gestalt und die verlangte Politur hat. Auch von Carneol sah ich Hals- und Armbänder mit gleichem Fleiss gemacht,

Zwei Spiegel, welche ich einer andern schenkte, waren in den nächsten Tagen in ein Halsband verwandelt, welches auf der siebenten Tafel Fig. 3. abgebildet ist, die Spiegel waren in runde Stücke zerschnitten, jedes viermal durchbohrt, jedes mit Goldblech eingefasst und mit Häckchen, wie die

Figur zeigt, an einander gereiht. Dies war ein Meisterstück für einen geschikten Glasschleifer.

Ich zeichnete einige derselben, unter diesen den Inca Atuhuaco, eine seiner Frauen, Licohoatti, deren, Sohn, Atuhuaco, wie der Vater genannt, und die beiden vorhin angeführten Töchter des Inca. Ich hatte bereits bemerkt, dass sie, Anlage zur Zeichenkunst besitzen, indem mir (der Inca besonders) manche von ihnen durch Zeichnen mit einem Pfeil im Sande, oder mit einer Kohle mancherlei begreiflich zu machen suchten, wenn gerade mein Dollmetsch nicht bei mir war, auch sah ich eine mit rothem Thon, (Rothstift) auf einem baumwollenen Zeug gemachte Zeichnung, welche offenbar der Riss eines Baues war, an dem man die Haupt- und Unterabtheilungen, die Stellen der Thüren und Fenster etc. deutlich erkennen konnte. Wie war ich aber erstaunt, als sie in den, von mir nur ganz leicht scizzirten Blättern die Personen, welche sie vorstellen sollten, erkannten!

Niemals hätte ich erwartet, so viel Sinn für bildliche Darstellung in ihnen zu finden, denn es gehören schon sehr ausgebildete Begriffe von der Kunst dazu, um sich bei den Umrissen der Form, auch das Plastische zu denken, allein noch mehr, die beiden Mädchen Lula und Atonila lernten von mir Zeichnen und kannten von da an kein grösseres Vergnügen, als jeden Baum, jeden Fels zu portraitiren, bald waren sie so gewandt in dieser nicht ganz leichten Kunst, dass ich mehrere Blätter mit Zeichnungen von ihnen, als mir sehr brauchbare Scizzen von Pflanzen, selbst von ganzen Gruppen derselben mitnahm.

Ihre Pfeile sind nicht von Rohr, sondern von Holz, wie unsere Billardqueues zusammengesetzt, (ohne Tischlerwerkzeug) ihre Bogen von Horn und Holz, sind so gut gefugt und so fest geleimt, dass unsere Tischler sie nicht nachzumachen im Stande sind, und sie haben dabei die schöne antike Form, welche wir an den Bogen der Statuen eines Apollo, einer Diana bemerken. Die von Korallen zusammengesetzten kleinen Schürzen sind von einer Sauberkeit, dass keine unserer Damen sich schämen würde, sie für Perlenstrickerei von ihrer schönen Hand auszugeben. Die sinnreiche Art, mit welcher sie ihren Kopfputz aus den Flügeldecken des Brillantkäfers zusammensetzen, zeigt von ihrem feinen Geschmack, wie von ihrer Kunst, denn es darf keine ungeschickte Hand seyn, welche mit diesen zerbrechlichen Flügeln umgeht. Kurz die Natur hat sie reichlich ausgestattet, und eben so reizend ihren Aufenthaltsort geschmückt.

Zahllose Beute liefert der Wald dem Jäger, der Fischer wirft das Netz in den Fluss und zieht es gefüllt wieder heraus, der Landbauer freut sich reichlicher Aerndten aus einem unerschöpflichen Boden, jedes Maiskorn trägt 3 bis 4 Kolben, ein jeder Kolben hat 600 Körner zum mindesten, folglich trägt der Mais 1900 bis 2400 fältige Frucht. Sie cultiviren die grosse Ajave; zuerst als undurchdringliche Mauer um ihre Gärten, denn kein Thier trotzt diesen Stacheln, dann machen sie aus den Fäden, welche sie liefert, Zwirn, Stricke, ihre Bogensehnen, ihre Hängematten, die Blattspitzen brauchen sie als Nähnadeln, mit den dicken Blatthäuten bekleiden sie die Wände der Zimmer um sie Luftdicht zu machen, worauf sie mit baumwollenen Zeugen tapezirt werden. Das Fleisch der Blätter dient ihnen statt einer Seife, wenn sich die Blüthe entwickeln will, schneiden sie dieselbe weg, wodurch sich mehrere Tage lang in der gemachten Höhlung ein trefflicher Honig, von äusserst angenehmer Süsse sammelt; bringen sie ihn zum Gähren, so giebt er eins der nahrhaftesten, kühlendsten und doch reich geistigen Getränke, wenn sie die Blüthe weiter gedeihen lassen, so erhalten sie aus den Knospen ein treffliches Gemüse; welches ich dem Rosen- oder Sprossenkohl weit vorziehe, kommt die Blüthe zur Entfaltung, so liefert der Blumenstengel ein treffliches, eisenfestes, und doch sehr leichtes Bauholz. Die gekochten Blätter oder vielmehr der dadurch gewonnene Saft, gibt einen Balsam, welcher wider Geschwüre, Verwundungen etc. eine wahrhaft wunderthätige Wirkung hat.

Der Cactus coccinellifer giebt ihnen ein lästiges Ungeziefer, die bekannte Cochenille, mit welcher sie sehr gut zu färben wissen. Die Berge liefern ihnen reiche Adern von Gold, Silber, Nester von Platin, Eisen, Kupfer, Blei im Ueberfluss, so unerschöpflich, als unerforscht, köstliches Gestein und Körner edler Metalle, flimmern aus jedem Bach und bieten der gierigsten Habsucht Sättigung bis zum Ueberdrusse. Und die Krone der Schöpfung, der Mensch, würdig dieses Paradieses, aus welchem ihn die Erbsünde noch nicht vertrieben hat, steht hier in unwandelbarer Schönheit, im Reiz der Jugend, im Schmuck des Alters, gleich gross, gleich herrlich, die Natur hat ihn noch nicht aus ihren Armen gelassen, sie leitet ihn am sanften Gängelband der Liebe und Freude, sie hat keinen Schmerz kennen gelernt, sie hat ihn aus diesen beglückten Thälern verbannt.

Das edlere Weib, der hohen Bestimmung, welche ihr die Natur setzte, näher gebracht, ist hier nicht die Sclavin, sondern die liebende Gefährtin ihres Mannes, und dieses (wie überall, wo

das bessere Weib seinen mildernden Einfluss geltend machen kann) nimmt ihm seine Wildheit und
lenkt ihn zu gefälligen Sitten. Die Frau nimmt
Antheil am Rath und am Kriege, das Mädchen
kämpft in der Reihe der Fechtenden mit dem aus-
dauernden Muth, der dem Weibe gegeben ist, und
welcher den leichter entfliehenden des Mannes oft
beschämt; dann wird das Mädchen hoch geehrt,
darf die Waffen und die Kleidung, nebst der Feder-
krone des Mannes tragen, und kann so gut Inca
werden, als der erste der Männer, wenn kein Erbe
vorhanden ist. So sah ich viele Mädchen, Bogen
und Pfeil, Wurfspies und Schleuder mit so viel
und mit mehr Geschicklichkeit führen, als die
Männer.

Sie setzen sogar eine Ehre darein, die Männer
in ihren Spielen zu übertreffen. Um nur ein Beispiel anzuführen: Lula war nicht zufrieden nach
einem ruhenden, oder sich gleichmässig bewegen-
den Ziel zu schiessen, sie nahm den Bogen nebst
zwei Pfeilen in die linke, und zwei Aepfel in die
rechte Hand, dann warf sie beide Aepfel zugleich
hoch in die Luft, nun schoss sie den einen und
dann den andern durch, und kaum dass ihr unter
zehnmal, ein solcher Versuch misslang.

In einem andern Spiel sah ich viele Mädchen
sich üben, unter ihnen war Lula die Königinn.

Auf einem freien Platze stand eine hohe Stange,
(ein Maienbaum) aufgepflanzt, an der Spitze derselben war ein schwaches, biegsames Rohr befestigt,
dieses trug einen hohlen Kürbis. Am Fusse der
Stange standen zwei Mädchen mit langen Seilen
in den Händen, womit sie der Stange eine Kreis-
förmig schwingende Bewegung gaben.

Nach diesem umherfliehenden Kürbis schossen
nun die andern, allein nicht etwa stehenden Fus-
ses, sondern im schnellsten Lauf den Bogen span-
nend, zielend und schiessend. Diess scheint mir
eine der schwierigsten Aufgaben zu seyn, welche
ein Schütze nur im Uebermuth des Bewusstseyns
seiner Kunstfertigkeit erfinden kann. Mit solcher
Geschicklichkeit ausgerüstet, entgeht ihnen nun
auch nicht der Colibri im schwirrenden Flug.

Eben so geübt sind sie in Führung der Schleuder; mit den runden, gerollten Steinen, welche ihre
Bäche von den Gebirgen in grosser Menge herab-
führen, treffen sie gleichfalls den fliegenden Vogel,
und sie vermögen dem Stein eine solche Schnelligkeit zu geben, dass er in einen fest geschlage-
nen Tonhaufen, welcher als Ziel für dieses Ge-
schütz dient, auf die Tiefe von 6 bis 8 Zoll ein-
dringt. Hiedurch wird die Schleuder zu einer fürchterlichen Waffe, sie zerschmettert den Kopf des

etroffenen Stieres, denn es sind nicht Steinchen von anderthalb Loth, sondern von ein bis anderthalb Pfund, die sie werfen.

Bei den Männern fand ich diese Fertigkeit in Führung der fern hin treffenden Waffen nie bis auf solchen Grad ausgebildet.

Nur die Jungfrauen dürfen übrigens am Kriege Antheil nehmen, sobald sie verheirathet sind, haben sie schönere Pflichten, und können dieselben leicht erfüllen; Juno Lucinia scheint ihnen die Beschwerden abgenommen, oder die Natur den Fluch „du sollst mit Schmerzen deiner Last entledigt werden" nicht über sie ausgesprochen zu haben.

Mögen sie lange so rein und unschuldig bleiben, als ich sie fand, mögen nicht viele Europäer meines Weges gehen, die Strasse zu ihnen finden, um ihnen Euopäisches Glück in Pandora's Büchse zu bringen.

Zwölfte Vorlesung.

Die Religion dieses Volkes ist schon viel weiter ausgebildet, als die der andern benachbarten. Sie beten den grossen Geist an, als den Schöpfer und Erhalter aller Dinge, sie verehren die Sonne und den Mond als seine Kinder, als die sichtbaren Zeugen seiner Macht und als diejenigen, welchen er die Sorge für ihren Wohnort (die Erde) aufgetragen hat. Sie bilden den grossen Geist ab, als einen alten bärtigen Mann, in Wolken gehüllt, aus denen Regen und Blitz strömt und schlägt, über welchen Sonne (Samu) und Mond (Tihuitu) stehen, um sein Haupt hat er einen Sternenkranz, allein sie beten sein Bild nicht an, sondern richten ihre Augen aufwärts nach dem Himmelsgewölbe. Die Sonne ist der Gott der Männer, der mildere Mond, der Gott der Weiber, eine sehr sinnige Zu-

sammenstellung, denn ihre Sonne ist wie, le soleil
männlich und zugleich der Gott des Krieges, der
Mond dagegen ist weiblich wie, la lune und ist die
Göttin der Liebe, überhaupt herrscht viel Phantasie in ihren Köpfen, ja man konnte sagen Poesie,
wie sie denn auch. Vergleiche von grossem, (man
möchte es wild nennen) Glanze machen. Ihre Lieder der Liebe sind so, dass mancher unserer Dichter sich derselben nicht schämen dürfte, auch haben sie sehr lieblich klingende Reime, ich habe
versucht einige davon zu übersetzen, da jedoch
ihre Sprache sehr arm ist, so sind die Worte von
äusserst ausgedehnter Bedeutung, daher das Ueber-
setzen sehr schwer wird, doch zur Probe:

Du hast mir meine Ruh genommen
Doch möcht ich sie nicht wieder haben
Behalte sie nur immerhin
Doch gieb die deine mir dafür.

Dein Auge wie der Sterne Licht
Dein Lächeln wie der Sonne Schein
Wenn sie niedersinkt ins Meer
Nahmen meine Ruhe mir.

Lass an deiner Brust mich schlummern
Die wie der gespaltne Pfirsich

Lockend durch das Grün der Blätter
Den Durstigen zum Kusse ladet.

Wie der Sammt der Amarillis,
Sind deine dunkelrothen Lippen
Lass mich ihre Küsse pflücken
Wie die Traube von der Rebe.

Wär ich wie die stolze Palme
Würdest du gleich der Liane
Mich mit deinem Leib umschlingen
Bis in deinem Arm ich sterbe
(Eigentlich, bis der Vater mich aus deinen Armen
ruft.)

Doch bis dahin würd ich tragen
Deine süsse, liebe Last,
Dich mit meinem Blut ernähren,
Bis der letzte Hauch entflieht.

Denn es blühet aus dem Herzen
Meine heisse Liebe dir,
Und an dieser Liebe sterb ich
Wie an der Blüthe die Ajave.

So haben sie auch Lieder an die Göttin der
Liebe, noch mehr Kriegslieder, und bei ihnen
findet man auch schon feststehende Melodien, und

ausserordentlich viel Liebe für Musik, so wie die
Fähigkeit Melodien aufzufassen. Ich konnte diesen
lieben Menschen keine grössere Freude machen, als
wenn ich mich gegen Abend vor die Thüre setzte
und ihnen mit Begleitung der Mandora (der grossen Laute mit sechs Darmsaiten) meine deutschen
Lieder vorsang, da kamen sie herzu von allen Seiten, setzten sich in grossem Kreise um mich her,
und waren still wie die Mäuschen, nur auf ihren
Gesichtern zeigte sich die Freude, der Antheil an
der Melodie, Molltöne machten auf die Mädchen
wohl gar einen Eindruck bis zum Weinen, und
diese fassten sie schnell auf, am andern Tage
konnte ich hier und dort hören, was ich nur einmal gesungen hatte, und es schien, als helfe ihnen
mein Anblick den Eindruck der Töne wieder finden, denn manche, die still vor ihren Thüren gese-
sen hatten, fingen an zu singen, wenn ich bei ihnen vorüber ging; allein die Dnrtöne behielten sie
nicht. Die Melodie eines Gesanges, wenigstens
einzelne schöne Stellen daraus, war deutlich zu
erkennen, doch immer in das Mineur herabgezogen,
wodurch es dann einen wehmüthigen Anklang bekam.

In ihrer Religion ist noch manches, was man
poetisch nennen könnte. Sie sterben z. B. nicht,
sondern der Vater (das heisst der grosse Geist,)
ruft sie zu sich und sie kommen zu ihren Freun-

den und Verwandten. Sie müssen über das Meer
und hiezu ist, da, wo die Sonne untergeht, ein
Canot und eine Fährfrau Tahutika, diese führt sie
über das Meer Litohalan, nach dem Lande wo die
Väter wohnen, dahin wo die Sonne aufgeht. Ein
böses Prinzip, so wie den Gegensatz von Gutem
und Bösem, haben sie nicht, wie dies auch nicht
wohl seyn konnte. Dieser Gegensatz, wahrscheinlich aus den Jahreszeiten Sommer und Winter entstanden, findet hier nicht statt. Doch scheint es,
konnten sie nicht ganz ohne Strafe nach dem Tode
auskommen, diejenigen welche ihren Nachbarn Böses gethan, welche im Kriege entflohen, ruft der
grosse Geist nicht zu sich, er weist sie nach —
Spanien!

Das ist ein Beweis der Neuheit dieses Reli-
gionssatzes, auch aber zugleich ein Beweis ihres
tiefen, eingewurzelten Hasses gegen die Nation;
wie konnte derselbe so heftig werden, bei diesem
äusserst gut gearteten Volk, dies giebt uns einen
Beweis für ein drittes Factum, — das nämlich,
dass die Spanier so fürcherlich gehaust haben müssen, dass die Indier in ihnen die Teufel, die bösen Geister sahen, welche auf die Erde geschickt
wurden, um sie zu zerstören.

Ihre religiösen Gebräuche sind sehr einfach
und patriarchalisch. Zur Zeit des Vollmonds, Abends

wenn er aufgeht, versammeln sie sich, dann tritt der Inca, welcher zugleich die priesterliche Würde bekleidet, auf einen Hügel, um dessen Fuss sich das Volk, im Angesicht des Mondes versammelt hat. Hier hält er nach seinem mimischen Ausdruck, eine Rede, voll Feuer und voll Kraft, worin er sie, (was ich davon verstand und was mir mein Dollmetsch sagte) zum Frieden und zur Eintracht unter sich ermahnte, ihnen die Liebe des grossen Geistes pries, sie auf seine Wohlthaten aufmerksam machte, und ihnen drohete, dass er, wenn sie sich vom rechten Wege verirrten, seinen Seegen ihnen entziehn würde. Allein dieser Drohung bedarf es nicht. Ihr gutes Herz, ihre einfachen Sitten, ihre geringen Bedürfnisse sind ihre Schutz - und Trutzwaffen gegen das Böse. Wenn alle aus der Wohnung gegangen sind, kehrt man die Leiter um, welche zu derselben führt, oder wenn sie fest gemacht ist, so hängt man einen Strick davor. In diesen Fällen würde keiner von ihnen zu bewegen seyn, in ein solches Haus zu gehn, und wenn sein Leben auf dem Spiel stände. Es ist eine Anzeige; dass niemand zu Hause ist, und dies ist so gut, als wenn das Haus gar nicht vorhanden wäre. So sind sie in allen Stücken.

Hier in diesen Thälern führte ich das glücklichste Leben, unter so treuen, so lieben Menschen

kann man sich nicht ánders als wohl befinden. Jeder Tag ging mir unter neuen Freuden und Ge-
nüssen auf, jeder Tag ging mir so unter, ein jeder war ein Fest der Natur, welche ihr zartes
Grün, ihre reichen Blüthen und ihre üppigen
Früchte, wie ein bunt gesticktes Feierkleid über
die Erde breitete, die vor Lieb und Freude zu lächeln schien.

Wie unter den waekern Arauco's bei Valdivia
begleitete und führte mich der Inca überall hin,
wohin meine Wünsche gingen. Den Quellen des
Amazonenstromes mich so viel als möglich zu nähern, die Ostseite der Gebirge zu ersteigen, die
noch ganz unbekannt ist, mir die seltensten Pflanzen und Thiere zu verschaffen, hiezu war er mir
stets behülflich, ja er, wie seine Kinder, welche
immer mit mir reisten, opferten ihren Schlaf, um
während meiner Ruhe mir zu verschaffen, was ich
wünschte, oder wovon sie vermutheten, dass es für
mich zu beschwerlich zu erreichen wäre.

So zog ich mit ihnen durch Länderstrecken,
welche noch nie von eines Europäers Fuss betreten
worden sind. Jeden Abend bauten sie mir eine
Hütte, jeden Morgen bereiteten sie mir mein Mahl,
die Beschwerden der Reise theilten sie unter sich,
die Annehmlichkeiten derselben liessen sie mich ge-

niessen — und dann nach acht oder vierzehntägiger Abwesenheit kehrten wir immer wieder nach dem Wohnort derselben zurück. Lauter Jubel empfing uns, so oft wir heim kamen, Tanz und Spiel, Kämpfe und Feuerwerke, in ihrer Einfachheit herrlich und gross, wurden uns zu Ehren dann veranstaltet, und die herzlichste Freude lachte aus jedem Angesicht.

Nachdem ich über zwei Monat bei ihnen geblieben war, musste ich mich doch zur Rückreise entschliessen — damals galt mir der Ruhm, den ich mir doch nicht erworben habe, noch mehr — jetzt würde ich dort bleiben, und glücklich unter diesen lieben Menschen mein Leben beschliessen — wenn sie die Pest der Kultur noch nicht ergriffen hat, wenn eifrige Missionaire ihnen noch nicht ihre Unschuld und Seelenreinheit abgeschwatzt, wenn noch nicht eifrige Stiliten ihnen Verbrechen und Laster gebracht haben, indem sie unverschämt davor warnten.

Ich nahm mit dem innigsten Schmerz Abschied von ihnen, und ich sah kein Auge thränenleer. Der Inca und das ganze Volk bat mich, bei ihnen zu bleiben, sie wollten — nun, was hilft das Erzählen dieser Scene, niemand mag fühlen was ich damals empfand, dürre Worte können dies nicht

ausdrücken, kurz — meine Begleiter blieben alle
da, der Dollmetscher brachte mich noch bis in die
Nähe von San Miguel, wohin mich der Inca mit
vielen Leuten führte — da verliessen sie mich alle,
der einzige Bediente, den ich hatte, war, mir treu
geblieben — bis zu diesem Augenblicke hatte ich
es nicht so gefühlt — da — da glaubte ich den
zusammenschnürenden Schmerz, der mir den Athem
benahm, nicht ertragen zu können, da fühlte ich
mich in der ganzen grossen Schöpfung allein, da
wäre ich gern meinem väterlichen Freund nachgegan-
gen, da wäre ich umgekehrt, wenn nicht das
Schamgefühl mich nun gehalten hätte — ich wollte
nicht wankelmüthig erscheinen — und ich ging
mit gebrochnem Herzen nach San Miguel hinein.

Mühsam brachte mein Bursche mit ein paar
Leuten, welche ich ihm geschickt hatte, die Tropa
meiner Maulthiere hinein, ich nahm mir hier andre
Leute an und hielt mich gar nicht auf, sowohl den
lästigen Fragen auszuweichen, als das Plaudern
meines Burschen zu vermeiden, denn um keinen
Preis möchte ich diese Menschen in ihrem Asil verrathen haben, als auch endlich um mich zu zerstreuen, was mir wirklich nöthig war. Ich ging
nach Quito zurück, eine Nacht vor der Stadt auf
der hohen Ebene zubringend — und welch eine
Nacht! — werd ich denn jene Eindrücke nie ver-

gessen, wird mir nie ein Himmelsgewölbe wieder
so Geist und Seele aufschliessen, in seiner unendlichen Pracht mich entzücken?!

Strahlend wie ein Comet steigt der Sirius über
den Horizont, und dort prangt zwischen den Hör-
nern des Stieres und seinem glänzenden Aug, dem
Aldebaran die Venus in so hellem Licht, dass sie
Schatten wirft — die Pracht des Orion des schönsten Sternbildes ist hier unaussprechlich, das Schiff
Argo prahlt mit seinem Canopus und den vielen
hellen Sternen durch die ganze, zwölf Stunden
lange Tropennacht.

Natur wie bist du doch so schön, so gross,
wer vermag sich etwas Majestätischeres zu denken,
als dieses Himmelsgewölbe über der heissen Zone.
Rechts und links tauchen die Polarsterne in das
Meer, und alle die zahllosen Sternenheere, welche
den nördlichen wie den südlichen Himmel zieren,
bieten sich zugleich dem Auge des entzückten Be-
obachters dar.

Du Allgewaltiger, du Allerhalter, wie bist du
so herrlich, so gross, all überall — ich bin in
deinem grössten Tempel, ich athme dein Himmels-
blau, ich trinke deine leis bewegte Luft mit Wollust,
ich höre deine Stimme in der Stille der Mitternacht

auf deinen Tritten sprossen neue Weltsysteme und die Milchstrasse ist deine Krone, ist dein Strahlendiadem!

Langsam zieht der Widder, zieht der Stier über das tiefe Gewölbe, langsam folgen ihm Castor und Pollux, Krebs und Löwe. Die Jungfrau hebt ihren Aehrenkranz über den Horizont, und jetzt dämmert ein mattes Licht im Osten auf, dem Mond entgegen neigt sich das Wehen des reinen Aethers. Sieh, der blitzende Brillant in Erigone's Gürtel steigt auf, und wie beschämt verbergen sich vor ihm die andern minder glänzenden Steine, mit denen in florentiner Mosaik, des Himmels Tiefen ausgelegt sind. Er breitet sein Silberlicht in unbeschreiblicher Klarheit über die reiche südliche Natur, welche in heitrer Frische ihm entgegen blüht.

Das dunkle Grün der baumartigen Farrenkräuter, der Sagopalme, das zarte Hellgrün der feinen Mimosen, das blasse Grau der Artemisia arborescens, der mächtigen Dattel, wechselt, vorhin im tiefen Blau der Nacht zusammenfliessend, jetzt in reizender Mannigfaltigkeit ab, und giebt der Landschaft die trefflichste Schattirung. Der kühle Wind umweht mich und fächelt meine heissen Wangen, er flüstert im hohen Bambus, im schlanken

Grase und bewegt doch kaum die in tiefer Ruhe
liegenden Wellen des schönen Flusses; ein zweiter
Mond tanzt in den Fluthen. O wie du so schön
bist, du Solitair in Dianas Haarschmuck, du wirfst
deine Silberflittern auf unser Erdenlaub und schmückst
mit himmlischen Reizen deine dunkle Führerin.
Leise schliessest du das Herz des Reinen auf, für
die Schönheit der liebevollen Isis, du legst dich
kühlend an das warme Herz und schenkst ihm Ruhe,
du schlingst deine Zauberkreise um die für dich
geschmückte Erde; die Blumen dieser glücklichen
Zone erschliessen dir lieber ihre grossen Augen, als
deinem mächtigen Bruder Apollo, die Milde deines
Jungfrauenangesichtes, öffnet dir ihre Kelche, die
lieblichsten Gerüche athmen sie dir zu, mit Balsam-
düften erfüllt sich die Luft, welche der Sonne Brand
zum glühen bringt.

Alles schweigt um mich her, jedes Geschöpf
geniesst schlummernd der Reinheit, der Milde dieses Himmelstriches, der Mensch ruht in der Umarmung des Schlafes, ruht aus von stechendem
Schmerze und schweren Thränen, ruht aus vom
Genuss seines Glückes, und der Traumgott führt
seine Nebelkinder über die verhüllte Erde, neckt
und täuscht das nie befriedigte Herz, schenkt hier
der Brust voll Sehnsucht und Liebe die erfüllten
Wünsche, schreckt dort die geängstete Seele des

17

Fürchtenden mit dem blassen Phantom einer dro-
henden Zukunft.

Nur der ewig erhaltende Weltgeist steht gross
und unendlich in der Unendlichkeit, und seine hohe
Liebe erhält die Welten in ihren Bahnen, und der
Eintagsfliege ihr ephemeres Leben. Erhaltung und
neues Schaffen giebt sein erwärmender Athem, sein
Puls schlägt durch alle Sonnen und Erden, in
stiller Nacht lächelt sein Bild aus Miriaden Sternen,
und wie dort im Osten neue Welten herauf däm-
mern, im Westen neue Welten niedersinken, so
scheiden Menschen ihre Lieben verlassend am Abend
ihres Lebens — so erstehn aus den Trümmern neue
Geschlechter — ach voll derselben unbefriedigten
Sehnsucht und — doch genug, und schon zu viel!

Wenig Tage nach meiner Ankunft verliess ich
Quito, wahrscheinlich auf immer, ging nach Guajaquil uud schiffte mich auf einem mächtigen Kauffahrer, auf einem Schiff von 1000 Tonnen, welches
für Goa bestimmt war, nach Otaheita, Java und
Ceilon ein. Ich reiste nach Hause, hätte also entweder zu Lande über Santa fe de Bogota nach Ma-
racaibo und den Antillen, oder von Guajaquil nach
Panama, und von dort nach Europa gehn können.
Da jener Weg jedoch beschwerlich ist, und diese
Reise um die Welt mich sehr lockte, ich auch eine

gute Gelegenheit gleich fand, so wählte ich dies letztere.

Nun schwebte ich nach einem halben Jahr wieder auf dem Rücken des stillen Oceans. Bald waren die Küsten aus meinem Gesicht, und nach 27 Tagen langten wir vor Otaheita an.

Da lag dies australische Paradies, im Glanz des wolkenlosen Abendhimmels vor uns. Ein blasser Purpurschein umzog den Horizont, und in Blumendüfte eingehüllt, stieg das reizende Eiland vor uns auf, und übergoss uns mit der Fülle seiner Gerüche. Die bis zum Gipfel hinauf begrünten Berge, welche in ihrem Innern ein heimlich Feuer nähren, und darum die Pflanzen zu üppigerem Wachsthum treiben, schienen uns zuzuwinken, und bei der Annäherung hatten wir nach einer vierwöchentlichen Abwesenheit vom Lande, auf einmal wieder alles im Angesicht, was die Natur Schönes bildet. Da streckten die schlanken Cocospalmen ihre Blätter und der prächtige Plantanus seine Arme in die Luft, Brodfruchtbäume mit ihren dicken Laubmassen hüllten den Erdboden in dichten Schatten, und liessen kaum noch die Blumenteppiche erkennen, die uns mit ihrem Dufte erquickten.

Am andren Morgen fuhren wir ans Land, und wurden sogleich von vielen hundert Canots umringt

welche mit lustigem Geschrei uns bewillkommneten
Männer, Weiber, Kinder füllten den Strand, alles
kam, sobald es die englische Flagge erkannte, her-
zugeströmt, ihr lautes Tajo Tajo (Freunde) hallte
uns entgegen. Das Boot ward ausgesetzt, wir bestiegen es, die Matrosen wollten die Ruder ergreifen da flog es schon dahin, gezogen von einigen
sechzig Schwimmern, welche sich davor gespannt
hatten, und es mit reissender Schnelligkeit fort-
zogen. Sausend durchschnitten die stark bemann-
ten langen Canots die Bai und verwandelten sie
durch ihre raschen kräftigen und taktmässigen Ru-
derschläge in ein Schaumbecken.

So kamen wir ans Land. Der König war uns
in eigener Person entgegen gekommen, erkundigte
sich nach alten Bekannten, bewillkommnete die
neuen, frug nach unserm Begehr, und lies sogleich
Lebensmittel aller Art durch hundert Hände herbei-
schaffen. Es ordnete sich ein Tauschhandel zu
beiderseitiger Zufriedenheit, und unterdessen stellte mich der Capitain dem König vor, als einen
Naturforscher, welches Wort er dahin erklärte, dass
es ein Mann sey, der Alles wisse, und gern noch
mehr lernen wollte. Der König verstand diesen
Wiederspruch vollkommen und bat sich desshalb
meine Erklärung aus, die ich ihm geben konnte,
weil er ziemlich gut englisch sprach, wie fast alle
seine Unterthanen.

Nun bekam er einen gewaltigen Respect vor
dem Manne, welcher lernt, blos um zu lehren, welcher sich so viel' Mühe giebt, um was er gesammelt hat, den Menschen mitzutheilen, andern
nützlich zu machen, und nun verlangte er, ich solle
bei ihm wohnen; er liess mich in einem Palankin
neben dem seinen tragen, in sein Haus bringen,
welches leicht und luftig aus Bambus gebaut war,
und geräumig genug um 100 Menschen zu fassen.
Hier wurden wir ausgeladen, und er lies mich königlich, das heisst mit allen was sein Land hervorbrachte, bewirthen. Dann ertheilte er Befehl an
einige 30 seiner Leute, mich überall hin zu bringen, wohin ich gehn wollte, mich aber bei Verlust
ihres Kopfes, auch wieder lebendig und gesund zurück zu bringen.

So lernte ich während der 14 Tage, die das
Schiff hier des vortheilhaften Handels wegen lag,
Otaheita ziemlich genau kennen. Mein Capitain
amüsirte sich unterdessen mit seinen alten Bekanntschaften, und fügte neue hinzu; ich hatte das Volk
der Incas gesehn, für mich waren keine Indier
mehr schön.

Die Inselgruppe ist ausserordentlich freundlich,
keine Schlange lauert, kein giftiges Insect kriecht
hier umher, alles ist blühend und schön, zahllose

Blumen, in allen Farben, schauen aus dem saftigen Grün der Blätter und erfüllen mit stärkendem Balsam die Athmosphäre. Hier säet und pflügt niemand, das fertige Brod fällt, in Honig vom Hybla getränkt, von den Bäumen, die köstlichsten Früchte, Heerden von grasfressenden Thieren, zahllose treffliche Fische, wildes und zahmes Geflügel, alles bringt die Insel im höchsten Ueberfluss hervor. Aus den Büschen schallen die lieblichen Stimmen gefiederter Sänger, schöne Cacadus, langgeschweifte Ara's, schauen von den feingefiederten Tamarinden und dem köstlichen Tumanu - Nussbaum herab.

Und die Menschen entsprechen ihrer lachenden Natur — ein immer tanzendes, lüstiges, springendes Volk; sie sind zwar nicht schön zu nennen, allein sie sind ein hübsch aussehender Menschenschlag, von sehr proportionirtem Bau, von gar nicht üblen Gesichtern, welche zu dem sehr feingeformten Körper wohl stehn, nur haben sie eine sehr tiefe, braune Farbe, welches nach meinen Begriffen, der Schönheit beträchlich schadet. Sie sind sehr zum Müssiggang und zum frohen Gelärm geneigt, jeden Abend sah ich, wohin ich kam, Tänze, lärmende Vergnügungen, Spiele mancherlei Art, aufführen, bis tief in die Nacht hinein, bis der Mond über die Gewässer tauchte, bis das Frühroth den Osten vergoldete.

Das Clima ist überaus gesund, erfrischend. Zwar noch innerhalb der Wendekreise, aber mitten im unermesslichen Ocean, wird die Inselgruppe befruchtet von der Sonne Brand, und durch beständige, sanft wehende Winde abgekühlt. Die Vulkane befördern die Fruchbarkeit durch innere Wärme, schädlich scheinen sie nicht. Diese Hütten wirft kein Erdbeben um, übrigens glaube ich auch nicht, dass sie jetzt noch stark in Thätigkeit sind, ich konnte sie fernher nur an dem Flimmern der Luft über ihren heissen Schlünden erkennen.

In früherer Zeit waren sie der Sitz der fürchterlichen Gottheiten, und ihre Nähe verrufen durch die Morais, Begräbnissplätze, auf welchen die Menschenopfer gehalten wurden. Die vornehmste Klasse der Eingebornen, die Areïos, mussten ihr erstgebornes Kind dem Oberpriester zum Opfer geben, welcher es mit einer Keule todtschlug. Wenn ein Häuptling zur Regierung kam, so musste er die Huldigung, welche er dem König schuldig war, durch ein Menschenopfer vollziehn, welches Priesterrache bezeichnete, und ward das Leben des eigenen Vaters verlangt, so musste es dargebracht werden, denn Weigerung hätte es nicht gerettet, wohl aber den Tod des kühnen Wiederspenstigen noch mit herbeigeführt; da ihre entsetzliche Gottheit diese Opfer zur Speise verlangt, so wurden

sie auch wie Speisen zugerichtet, gebraten, gekocht
etc.; nur die Kinder werden ohne dieses in die
Erde gescharrt.

Vergebens sind die Vorstellungen der Missio-
näre gewesen, selbst der König konnte die Wuth
dieser Götzendiener nicht hemmen. Sie waren
selbst zu sehr dabei interessirt, ihr fürchterliches
Ansehn zu erhalten. Der König wurde getauft,
das ganze Volk nahm die christliche Religion an,
sie kleideten sich, sie unterliessen das Tattoviren,
besuchten die Kirche, unterwarfen sich der neu
eingeführten Regierungsform, denn das Volk ist
äusserst guthmüthig und lenksam, aber bei alle
dem behielten die Priester ihre Menschenopfer bei,
die Areïos mussten ihre Erstgebornen zum Opfer
bringen, oder sie wurden mit grosser Gewalt geholt, kurz sie verübten alle ihre Gräul, und es
war nicht möglich, diese zu hindern, als dadurch
das ‾‾‾‾ alle Priester ausrottete.

So geschah es, allein selbst die vier letzten,
welche die Insel aufzuweisen hatte, wurden noch
in ihrem Opfer begriffen gefunden und gefangen.
Erst seit dieser Zeit sind die Menschenopfer hier
nicht mehr, ist ein Volk zur Menschlichkeit zurück-
gekehrt, das alle Ansprüche auf Glück machen
konnte.

Denn zu allen den genannten Herrlichkeiten fügt der grosse Ocean noch neue hinzu; in unendlicher Schönheit schmiegt das gewaltige Weltmeer sich wie ein gezähmter Löwe unter Blumen, an das Gestade, es warm und liebevoll umfangend, und mit seinen Schätzen überschüttend. Oft fuhr ich ganz allein in einem Canot hinaus. auf der Fläche einer eng umschlossenen Bucht, leise glitt die Gondel dahin, immer klarer und reiner ward der Spiegel auf welchem ich schwebte. — ha! welch überraschender Anblick! nie hat noch die Phantasie etwas ähnliches erdacht, die Krystallhelle des Wassers, nimmt in diesem, nie von einem Wind bewegten Busen so ausserordentlich zu, dass man bis auf den zwölf Faden tiefen Grund sehen kann. Die ganze fremdartige Vegetation des Aequatorialmeeres lag in ihrer vollen Pracht ausgebreitet vor mir da; die mächtigen Corallenbäume im tiefsten Purpur, oder weiss, gelb, schwarz, streckten ihre glänzenden Aeste, das Entsetzen des Seefahrers, zu mir wie verlangend herauf, die tausendfältigen Fucus-Speties bedeckten den Boden dieses Wassergartens, die blendenden bunten Farben der Pflanzen, in nie gesehener Schönheit wetteiferten nur mit den noch reizenderen der Schaalthiere, der Muscheln und Schnecken.

Dort öffnet die Riesenauster ihren thorflügelartigen Schlund, und zermalmt im Zudrücken einen

zwanzig Fuss langen Hai, welcher ihr zufällig zu
nahe kam. Hier gaukeln die glänzenden Gold-
und Silberfischchen im muntern Spiele auf und ab,
springen muthwillig aus dem Wasser, dort hebt mit
raschem Schwunge sich der fliegende Fisch bis zur
Oberfläche, durchbricht sie, und badet sich in freier
Luft schwebend, in den Strahlen der milden Sonne,
wunderliche Gestalten, der Seeigel, ein Ball von
Stacheln, der Hammer, der Meerhecht, drängen
sich in buntem Gewimmel an einander vorbei, und
beleben die wunderbare Wasserwelt. Doch was ist
das?

     „ — — da kroch es heran"
    „Und regte hundert Gelenke zugleich"

die Medusa, der grosse Polipp, streckt seine schlan-
genartigen Glieder nach allen Seiten und sucht
sich damit seine Beute. — Hier wiegt sich auf
den breiten Blättern eines Letus der schön gezeichnete Seestern, dort klettert am Stamme der seltsamen Dolonia, die Wendeltreppe, während die
Blätter derselben wie abwehrend, sich auf und nieder bewegen, hier hebt ihren schlanken Hals die
stolze Thetis, und wiegt das Schwesterpaar der
grossen, gelben Rosen, dort bietet die Wasserlilie
ihre tiefen Kelche, den kleinen Conus und Schlan-
genköpfen zum sicher Aufenthalt. Die Steckmuschel
spinnt am Felsen ihr seltsames Gewebe, aus grü-

nem Gold, der Nautilus lässt seine schöne Schaale
im Purpur der Sonne tausendfarbig spielen, und
die Papierschnecke rudert emsig auf der Oberfläche
des Meeres, ihr zartes Haus mit seiner Oeffnung
stets nach dem leisen Lüftchen kehrend, welches
kaum, dann und wann, ein paar Wellen kräuselt.

Der tiefe Himmel spiegelt sich im tiefen Meer,
man glaubt ihn unter sich und über sich zugleich
zu sehen, schwindelnd schaut man hinab und muss
vergessen, dass man auf dem Wasser schwebt, weil
man es nicht bemerkt, als hinge man in der Gondel eines Luftballos, als sähe man im Traum auf
die Fabelwelt der Mährchen, in die Gärten der
Undinen und Nixen herab. Grotten bauen sich auf,
aus dem rothen Gestein der Corallen, die fleissigen
Madreporen sind die Baumeister, das Dach wölben
sie vom reinsten Kristall, die Pfeiler sind aus Qua-
derstücken von grossen Muscheln aufgebaut, mit
dem Seefächer bekleiden sie die bunten Wände,
mit weiss und schwarzer Perlenmutter ist der Boden getäfelt, und die Hand der Nereiden schmückt
sie mit den unsterblichen Blumen der Wasserwelt.

Najaden glaubt man mit den Tritonen tanzen
zu sehen in bunten Reihen, sie wollen noch immer den Triumph der Gelathea feiern, herrlicher
als ihn Raphael gemalt, sie schwingen das See-

horn und die Meertrompete und ihr Ton lockt in zahllosem Gewimmel das Volk Poscidons herbei, das lustig, ohne Sorgen für den nächsten Tag, des Augenblicks geniesst, wie er geboten wird.

Was für eine Welt, wer vermag dies zu malen; allein in diesem Himmel schwebend, dachte ich, sólch einen Ort muss die Schaumgeborne Göttin, muss Aphrodite gewählt haben, als sie sich den Wellen des Meeres, in reiner, nie gesehener, vollendeter Schönheit entwand, um die Welt zu beglücken.

Und wieder schwebte ich auf dem unermesslichen Spiegel des stillen Oceans, immer ferner zurücklassend die freundlichen, guten Bewohner · dieser glücklichen Inseln. Der König hatte uns Geschenke an Lebensmitteln und seltenen Zeugen gemacht, die das Schiff kaum bergen konnte, nun hatte er uns noch ans Ufer geleitet, dann bestieg er ein doppeltes, grosses Boot, auf welchem über 60 Ruderer waren, dieses, köstlich ausgeschmückt, trug eine Art Thronsessel, auf welchem er Platz nahm, und so fuhr er mit uns, durch die Ruder, dem mit vollen Segeln dahin eilenden Schiffe, gleichen Schritt haltend, bis der heftigere Wind ihn zur Rückkehr nöthigte. Da verlies er uns und wir sahen bald nur noch die langen flatternden

Wimpel von Blumengewinden, welche uns zu winken schienen, bis auch diese entschwanden. Das Geschrei der Otahaiter war längst verklungen, die Insel selbst sank immer tiefer in das Meer ein, bald erblickten wir nur noch die Berge endlich auch diese, in den Duft des Abends eingehüllt, nicht mehr, nur noch am andern Tag sahen wir zur Mittagszeit, ihr Spiegelbild in der Luft schweben.

Das stille Meer hat viel Merkwürdiges; ganz besonders gehört dahin die Unzahl kleinerer Inseln, welche dasselbe bedeckt.

Es ist fast als gewiss anzunehmen, dass der grösste Theil derselben, seinen Ursprung den Nereiden und Madreporen, den Erbauern der grossen Koralle verdankt. Auf dem Meeresboden, an irgend einem festen Gegenstand, an einen Stein, einen Felsen, an eine grosse Muschel, setzen die kleinen Thiere sich an, überspinnen mit ihren Gängen die Unterlage, und bald erhebt sich ein baumartiger Pallast, die Wohnung dieser kleinen Molusken, Tausend und Millionen derselben, arbeiten an seiner Vergrösserung und so steigt der Bau immer höher hinauf, bis er die Wasserfläche berührt. Dann bauen sie nicht weiter, weil sie nicht ausser dem Wasser leben können, allein, das Meer senkt sich und so tritt ihre Oberfläche nach und nach aus dem Meeresspiegel heraus.

Freilich gehören Jahrtausende dazu, bevor sie dahin gelangen, und noch Jahrtausende, ehe sich das Wasser von ihrer Oberfläche zurückgezogen hat, allein, was ist denn der allmächtigen Natur die Zeit, sie spielt mit 'Aeonen, wie wir mit Minuten. Was ist der Natur denn zu gross oder zu klein?

Der Maasstab, welchen wir an unser Seyn legen, die Zeit, der Maasstab, welchen wir von unserer Länge nehmen, der Fuss und der Zoll, das sind nicht die Gemässe, deren sich die Natur bedient, sie misst nach Siriusweiten und nach Sonnenbahnen wie nach der Länge des Infussionsthierchens oder der Mücken - Laus, welche erst durch 10000malige Vergrösserung unsern blöden Augen sichtbar wird.

Hat nunmehr die Wasserfläche das Gestein der Coralle verlassen, so geben die, in ihrer sternförmigen Wohnung verwesenden Thierchen vielleicht den ersten Anlass zur Bildung organischer Substanzen anderer Art, denn bald überziehen feine Flechten, zarte Moose gelb, jedes Fleckchen, das Alter bräunt sie, der Sonne Strahl dörrt sie und sie werden der Dünger für eine neue, andere Flechten - Art, die schon dicker gewordene Decke giebt Nahrung kleinen Gräsern, Portulaca-

rien; Kräutern, Sträuchen, Gomphreten u. s. w.,
bis abermals nach Jahrtausenden, während welcher
die Steinfläche sich mit allen denkbaren Abstufun-
gen vom zartesten Moos, bis zum mächtigsten
Baum bedeckt hat, die Insel bewohnbar geworden
ist, Früchte oder dichten Wald trägt, ohne dass
der Mensch etwas dazu gethan hätte.

Nun verschlägt ein Sturm ein paar Wilde von
einer andern Insel dahin und auch bewohnt wird
dies kleine Fleckchen Erde.

Dass unzählig viel Inseln im Südmeer so entstanden sind, das zeigt ihre flache Form und die
Vertiefung in ihrer Mitte, welche stets Salzwasser
wie das Meer enthält, und mit demselben corres-
pondirt, wie das Steigen und Fallen der Wasserfläche deutlich zeigt.

Unter den Wendekreisen hat, durch den Bau
der Pflanzen selbst, die Natur für deren leichtes
Fortkommen gesorgt; ein Cactuszweig, frei hinge-
legt, treibt in die Luft hinein Wurzeln, aus den
schlafenden Augen entwickeln sich neue Zweige,
welche zur Nahrung nichts als den alten, und die
feuchte Luft haben, und so wächst eine zehnmal
grössere Pflanze, aus diesem Zweig hervor. Ist
erst eine geringe Decke von Erde dort, so sorgt

das Meer selbst für das Uebrige, ein Sturm wirft weit schwimmende Cocosnüsse aus Land und düngt sie wohl mit losgerissenem Seetang etc. und so haben wir ein befruchtetes und blühendes Eiland fertig.

Freilich dauert es länger, als wir darüber schreiben, allein, dass der Natur nichts zu lange dauert, wissen wir schon.

So waren wir auf unserer ganzen drei Monat langen Reise immer von Land umgeben; wenn wir dasselbe auch Wochenlang nicht sahen, weil es zu niedrig liegt, konnten wir seine Nähe doch aus den Landvögeln beurtheilen, welche sich oft auf die Rahen des Schiffes ermüdet niederliessen, und dann mit den Händen zu fangen waren.

Wir gelangten endlich in die Nähe von Neu-Holland, an dessen nördlichste Spitze. Zwischen dieser ungeheuern Insel, welche man wohl ein Continent, ein festes Land nennen darf, Borneo und Sumatra segelten wir durch, ohne die Küsten des fünften Welttheils zu besteigen und gelangten dann nach Java.

Dreizehnte Vorlesung.

———

In Batavia, auf Java, hielt ich mich nicht sehr lange auf, doch lange genug, um zu bemerken, dass die Holländer überall, wo sie sich niederlassen ein neues Amsterdam gründen. Der sumpfigste, ungesundeste Ort, den die ganze schöne Insel enthält, ward von ihnen gewählt, und darin wühlen sie, umschwärmt von allem Ungeziefer feuchter Orte, herum, wie die Wasserratten. Die ganze Stadt ist von Kanälen durchzogen, welche nur zur Zeit der Fluth Wasser haben, während der Ebbe verbreiten sie einen pestilenzialischen Geruch, doch sind die Holländer so daran gewöhnt, dass sie Abends an diesen Canälen ihren Thee trinken, als sässen sie im Duft der Orangen-Haine Hesperiens.

Als ich ans Land getreten war, erkundigte ich
mich nach der Wohnung unsers Consuls; mir ward
ein Neger mit gegeben, so schwarz als ich noch
keinen sah, sein abscheulicher Jargon, aus französischen, holländischen, englischen, deutschen und
schwarzen Worten zusammengesetzt, mit einer un-
erhörten Geläufigkeit heraus gepoltert, flösste mir
wahres Entsetzen ein, welches durch seine grellen
Augen und das Blecken seiner langen, gelben Zähne noch vermehrt wurde. Ich ging immer von der
Seite, behielt ihn stets im Gesicht, jede Bewegung kam mir verdächtig vor, ja es war mir, als
würde ich von einem abgerichteten Pavian geführt.

Auf dem Wege vom Hafen zur Stadt wimmelte
alles von Negern, welche Lasten zogen, trugen,
schleppten, und von ihren weissen Henkersknech-
ten, mit langen Peitschen, zur Arbeit freundlich
ermuntert wurden. Jeder Knall derselben schnitt
mir durch Mark und Bein, und das empörendste
Gefühl erfasste mich, als ich dies Meisterstück der
Schöpfung hier zum Thier herabgewürdigt sah.
Kein Pferd, kein Maulthier, kein Rind erblickt
man, der Neger mit seiner unglückseligen Stärke
ersetzt dies alles. Da fährt ein gemästeter Pflanzer in einer von oben bis unten vergoldeten Glas-
kutsche — angespannt sind — 12 Neger; hier
fährt Min Heer van Dumpen auf das Rathhaus, sein

Gespann sind 8 Neger — dort ziehen sie einen
Frachtwagen hoch aufgepackt mit Gewürzen zu
dem Hafen, ihrer sind 24 unglückliche Neger. Der
weisse Lümmel sitzt auf dem Bock und lässt seine
Geisel über ihren Köpfen sausen, und auf den nackten Rücken der erbarmungswürdigen Schlachtopfer
einer schändlichen Raub- und Gewinnsucht fallen,
dass die blutigen Spuren zurückbleiben, wenn sie
ihm nicht rasch genug laufen.

In den tiefsten Unmuth versunken über diese
Barbarei, die mir noch nirgends so grell erschie-
nen war, folgte ich meinem schwarzen Führer nach,
bis an ein grosses Haus am Hauptkanal. Der Herr
Consul schlief noch, obwohl es schon zwei Uhr war,
man führte mich in ein Vorzimmer, welches auf
das Prächtigste mit einer carmoisin Atlas-Tapete
drapirt war. Höchst malerisch standen zwanzig
Palmen von Bronze, als Träger derselben, an die
Wände gereiht, die schön nachgebildeten Blätter
ragten gegen die gewölbte Decke, welche in das
tiefe Blau des ewig heitern Himmels gekleidet war.
Zwischen je zwei solchen Stämmen hing eine At-
lastapete mit reicher Goldbordirung, mit schweren
Quasten versehen, in einem herrlichen, grossen
Faltenwurf. Die Fenster waren, unter dem Ge-
sims der Decke angebracht, dem Auge entzogen.
sie erleuchteten das Gewölbe und dies warf seine
18 *

Reflexlichter in das Zimmer, welches mich im ersten Augenblick so täuschte, dass ich wirklich den Himmel über mir zu sehen, und mich in einem unbedeckten Zelt zu befinden glaubte.

Selbst in diesem phantastisch decorirten Vorsaal lachte die Liebe zur Bequemlichkeit aus jedem Winkel; nicht nur dass ringsum an den Wänden breite, weiche Polster, mit grünem Sammet überzogen, lagen, welche den Bänken aus feinem, geschornem Rasen glichen, und mit dem schönen Grün des, aus kostbarem Malachit getäfelten Bodens verschmolzen; nicht nur, dass runde, lange, breite und halbrunde Kissen, in grosser Menge darauf lagen, um dem Ruhenden jede Stellung zu erleichtern, so waren auch noch in drei Baumstämmen Thüren, welche kleine Schränke verschlossen, in denen sich Erfrischungen befanden, Tafeln, welche herausgezogen werden konnten, um etwas aus der Hand zu legen etc.

Ich mochte mich wohl zehn Minuten in dem Gemach befunden haben, als der Vorhang, welcher die Thüre verbarg, sich theilte, und ein paar glühende Augen, einem allerliebsten Mulatten-Gesicht zugehörig, mich daraus anblitzten, aber sogleich zurückfuhren. Nur näher, liebe Kleine, rief ich dem Mädchen zu, da sprang das muntere Kind,

dem der Schalk Amor aus jedem Grübchen der fein
gerundeten Wangen lachte, herein, und plauderte
mir in sehr reinem Französich, mit einer Geläufigkeit, welche nur der weiblichen Zunge eigen ist,
vor, dass sie mich schon lange belauscht und dass
es ihr Leid gethan habe, mich so allein der langen
Weile überlassen zu sehen. Sie habe sich ent-
schlossen, mir die Zeit nach bestem Vermögen zu
verkürzen.

Während es so schwatzte, hatte ich Zeit das
liebliche Wesen, welches nur in einem Anfall nek-
kender Laune von der Natur zu dunkel gefärbt zu
seyn schien, näher zu betrachten; das kleine Mäul-
chen war in steter Bewegung und die üppig gewölbten Corallen-Lippen konnten nicht den Schmelz
zweier Reihen der kleinsten Perlenzähne bedecken.

Gar anmuthig sah bei dem niedlichen Wesen,
welches fast noch an der Gränze zwischen Kind
und Jungfrau stand, gar anmuthig sah es aus, dass
in jedem Ohr ein grosser, einfacher Goldreif hing,
in dem ein glänzender lebender Colibri sass. Das
lustige Schaukeln der zarten, bunten Vögelchen,
welche, wie das Mädchen sich wandte und bewegte
immer eine andere goldglänzende Farbe annahmen,
der Schimmer ihres herrlichen Gefieders, welches
tausend Juwelen an Pracht überstrahlte, die son-

derbare halb heimathliche, halb fremde Tracht, die
Umgebung des magisch beleuchteten Gemaches, dies
alles brachte einen so eigenen Eindruck auf mich
hervor, dass ich einen Augenblick wirklich nicht
wusste, ob ich wachte oder träumte, und mir fast
vorkam wie ein Bezauberter aus den indischen
Mährchen der Tausend und einen Nacht.

Es irrt, wer da glaubt, es könne nur das Weisse
schön seyn — wohl wahr, wenn eine Mulattin oder
Negresse, in einem weissen Seidenkleide mit französischen Blonden garnirt, erschiene, einen Rosa-
atlashut auf dem Kopf, weisse Glacéhandschuh an
den Händen hätte, und dann der dunkle Arm darüber hinaus sähe, oder der schwarze Busen einer
Spitze Kaffeegelb in zarten Schnee verwandelte,
wohl wahr, dass dies zurückschreckend, zum mindesten höchst lächerlich aussehen, und schwerlich im
Stande seyn würde, einen Eindruck günstiger Art
auf einen Europäer zu machen. Aber wenn ein
Paradiesvogel sein reiches zartes Gefieder zum
Kopfputz einer zierlichen schlanken Gestalt leiht,
blitzende Granaten den Hals schmücken, die kleine
Hand, den runden gefüllten Arm bezeichnen und
die Feinheit der Knöchel eines Füsschens erheben,
welches durch goldne Sandalen getragen, mit Juwelen geziert, zur Bewunderung seiner schönen
Formen auch den kältesten Stoiker hinreisst, wenn

ein blaues kurzes Sammetgewand, von brillantenen
Spangen auf den Schultern und den üppig gewölbten
Hüften gehalten, mehr errathen lässt als es verbirgt, dann kann selbst die dunklere Färbung diesem fremden Bild einen erhöhten Reiz verleihen.

Endlich war seine Herrlickeit aufgewacht und
liess mich einladen bei seinem Lever gegenwärtig
zu seyn. Es gehört nicht weiter hieher, dass der
Herr Consul mich als quasi Landsmann sehr liebreich aufnahm, nur dies will ich bemerken, dass
ich in seinem Hause wahrhaft asiatische Pracht
mit europäischem feinem Geschmack gepaart fand.
Er behielt mich bei sich und liess mir meine Zimmer anweisen.

Eine ganze Reihe derselben war in das reizende Clair obscur der magischen Beleuchtung von
oben gehüllt. Meine Verwunderung stieg mit jedem
Schritt; dies war eine königliche Wohnung — endlich gelangte ich in das sogenannte Studierzimmer,
das einzige, auf gewöhnliche Art beleuchtete. Dies
war durchgehends mit sieben Fuss hohen, und vier
Fuss breiten Spiegeln bekleidet, welche alle aus
einem Stücke waren, eben so die drei Fenster die
von oben bis unten, aus einer einzigen Glastafel
bestanden, jeder Spiegel war die Thür eines Bü-
cherschrankes in welchem sich herrlich gebunden,

mit goldenem Schnitt versehn, die Meisterwerke
aller deutschen Klassiker befanden, die Räume zwischen diesen Thüren waren mit Büsten der grössten Dichter unseres schönen Landes geziert, Göthe,
Schiller, Wieland, Herder, Klopstok, Lessing,
Seume, Gellert, Gleim, Pfeffel, standen, von Mei-
sterhand in cararischem Marmor gemeisselt, auf herrlichen Piedestals.

Einer dieser Riesenspiegel verschloss mein
Schlafgemach. Eine schöne Rotunde; die doppelte
Säulenreihe von rothem Marmor trug eine trefflich
gewölbte Kuppel. Harpocrates, überall vervielfältigt,
hielt mit der einen Hand die Draperie von rosen-
rothem Sammet, während die andre an den Mund
gelegt war, das Schweigen anzudeuten. Kugeln
von rothem Glas, als Ampeln dienend hingen zwischen den Säulen, und erhellten mit mild röthli-
chem Schimmer das Gemach, in dessen Mitte eine
Erhöhung befindlich war, zu welcher sechs Stufen,
mit kostbaren Teppichen belegt, führten. Darauf
stand das Bette in welches zu legen kein König
sich schämen durfte. Vier vergoldete Löwen trugen dasselbe mit ihrem Rücken, ein breiter Bal-
dachin bedeckte es. Das kostbarste an Seiden-
und Goldstoffen, an Stickereien war daran verschwendet. Der Schnee des feinen Battist, der aus
den zurückgeschlagenen Decken leuchtete, das sanfte

Licht, das Ruhige dieses Ortes lud uns schmeichelnd zum Schlummer ein, dass ich jetzt wohl begriff, wie der Herr Consul bis drei Uhr Mittags schlafen konnte.

Nicht minder prächtig war das übrige des Hauses, doch phantastisch schön der Speisesaal. Wie war ich erstaunt als man mich zum Garten führte; wir befanden uns auf einer, zwar sauber mit feinen Hölzern getäfelten Terrasse, aber doch im Freien welches den Regeln, die man in einem tropischen Clima zu beobachten hat, schnurstracks zuwider läuft. — Die Terrasse mit der herrlichen Dracena draco und der rothblättrigen Dracena ferea, (terminalis) umpflanzt, war wie die Bibliothek, mit riesengrossen Spiegelgläsern umgeben, diese Scheiben waren so schön eingesetzt, dass man nirgends eine Fuge bemerkte, denn jede derselben war durch Gehänge köstlicher Schlingpflanzen versteckt. Hier ringelte sich die Passiflora cerulea um einen dicken Cactus grandiflorus, dessen prachtvolle Blüthen sich schon zu entfalten begannen, da es Abend würde, und welche in ihrer einfachen Grösse wetteiferten mit den künstlicheren, zierlichen der Passionsblume; dort schlang eine Cubea scandens ihre tiefen Kelche um die, wie von Wachs gebildeten, wunderschönen Blumen der Asclepia carnosa. Hier wand sich die Passiflora rubra um die Vanille und die Bauhinia rubescens um den Cactus pendulus.

Ringsum streckte die Musa paradisiaca ihre zehn Ellen langen, zwei Ellen breiten Blätter über das Glasgewölbe dieses Feensaales, ihn selbst vor der Möglichkeit, dass ein Sonnenstrahl die grüne Blätternacht durchdringe, schützend und die erquickendste Kühle verbreitend.

Bunte Ara's, Psittakken, Peruchen aller Art, vom kleinen Inseparable, der mit seinem Weibchen gepaart war, bis zum stolzen indianischen Raben, oder dem königlichen Cacadu wiegten sich in goldnen Ringen, oder auf den starken Blättern des Drachenbaums, tausend Colibris gross und klein, schwirrten gleich den Schmetterlingen umher, den kleinen Insecten nachstellend sich auf den Blumenkelchen schaukelnd.

Und draussen im Garten bewegte sich im leisen Flüstern eines kaum bemerkbaren Zephirs, die königliche Urania speciosa, das zart gezeichnete Arum colocasia und das unglaublich schöne Calladium bicolor mit seinen rothen und grünen Blättern. Der prächtige Ficus elasticus erhob seinen geraden Stamm zu ungeheurer Höhe, und schaute stolz herab auf seine niedern Brüder, indessen der

Cactus hexagonus, eine schlanke, sechs - bis acht-
seitige Säule; ihm nachzustreben schien.

Ganz ausser mir war ich vor Bewundrung, trotz
meinem Horaz, welcher räth nil admirari; ich
konnte es nicht fassen, zu lebhaft war der Eindruck, den die zauberische Pracht auf mich machte,
Hier überboten sich Natur und Kunst, der Be-
schauer wusste nicht, wem der Preis erkannt werden sollte — ich konnte mein Auge nicht abwen-
den von dem Garten, in welchem sinnreich die seltenen Gewächse der entferntesten Länder vereint
waren, dort ragte eine Dattelpalme hervor, und
streckte ihre achzig, achzig. Fuss langen Blätter
hinaus in die Luft wie zum Spott über das andre
kleine Geschmeiss, und hier starrte der unförmliche
Elephantenfuss (tamus pes elephantis) aus der Erde,
da thronte auf einem fünfzehn Fuss hohen Stamm,
ein einziges tellerförmiges Blatt die Coccolobba
pubescens, und neben ihr wie hingefallen, bunte
Bälle der Mamillaria simplex, stellata, flavescens,
coronata, (verschiedene Cactusarten), die unendlich,
die unnennbar schönen Blumen des Cereus spetio-
sus, serpentinus, ripandus, des pyttajaja, der
opuntia monocantha etc., schmückten mit ihrer
Farbenpracht das Gemälde so reizend aus, dass
die blühendste Einbildungskraft sich nichts Schöneres
gestalten kann.

Kurz der Herr Consul hat sich seinen Aufenthalt recht angenehm gemacht, — da ich jedoch von Batavia nichts Schönes mehr zu sagen weiss, will ich lieber nichts mehr sagen und mich zur Weiterreise nach Ceilon wenden. In das Innere von Java konnte ich der fortwährenden Kriege wegen, welche zwischen den Holländern und den Eingebornen wüthen, nicht gelangen.

Im November des Jahres 1829 langte ich auf Ceilon in dem nordöstlich gelegenen Hafen Trincomale an, der Aufenthalt auf der Insel war mir wegen einiger meteorologischer Erscheinungen von grosser Wichtigkeit, doch gehört dies weniger hierher, desshalb ich nur das allgemeiner Ansprechende anführen will. Ceilon ist berühmt wegen seiner Perlen, wegen des Zimmet und der Elephanten. Leider war ich nicht zur Zeit der Perlenfischerei dort, allein ich lies mir dieselbe so genau als möglich beschreiben und kann das, darüber Erfahrne hier mittheilen.

Im Februar versammeln sich auf der Westküste von Ceilon unzählige Kähne, zum Behuf des Perlenfanges bestimmt. Die Regierung verkauft an einige Hauptunternehmer das Recht der Fischerei für dieses Mal, und die Unternehmer verkaufen ihr Recht wieder in kleineren Parthien etc., wenn

nun die Fangezeit beginnt, so sieht man zur Nacht
die ganze Masse der Böte mit den Ruderern be-
mannt, in jedem zwei Taucher, die hohe See gewinnen; vor Anbruch des Tages sind sie auf den
Austerbänken angelangt, hier werfen sie die Anker
aus, und nun steigt aus jedem Kahn ein Taucher
in das Meer hinab, zwischen den Füssen einen
Stein haltend um schneller hinabzusinken; in dem
Strick welcher um den nackenden Leib liegt, steckt
ein grosses scharfes Messer um sich gegen den gefährlichen Hai zu wehren, jedoch häufig auch um
das Gebiet gegen andre zu vertheidigen, welche
etwa über die Grenzlinie von einem Kahn zu dem
andern schreiten wollten, wodurch oft blutige Kämpfe
unter Wasser entstehn. Um den Hals trägt der
Taucher einen Korb, in welchem er die Muscheln
sammelt, deren er, während der kurzen Zeit von
höchstens 2 Minuten habhaft werden kann, was
jedoch meistens auf 100 Stück kommt; ist er nicht
mehr im Stande, den Athem zu entbehren, so schüt-
telt er an dem Strick, welcher ihn hält, und jetzt
wird er mit der möglichsten Schnelligkeit hinauf-
gezogen. Der Stein an einem anderen Strick befestigt, wird gleichfalls gelichtet, alsdann nimmt
ihn der zweite Taucher zwischen die Füsse, und
so geht abwechselnd bald der eine bald der andre
hinab. Gegen Mittag kehrt die ganze Flotte zurück, am Strande stehn wenigstens 300000 Men-

sehen, welche alle mehr oder minder dabei interessirt sind, Kaufleute, Besitzer von Kähnen, Pächter, Diebe, Perlbohrer, Weinschenker, Perser und Chinesen, Beutelschneider, Taucher, Sclaven, alles ist im buntesten Gewimmel in der gespanntesten Erwartung, bis ein jeder Herr seine Kähne und seine Schätze gefunden hat. Meistens beginnt sogleich an tausend Orten eine Lotterie, zwanzig bis dreissig ungeöffnete Muscheln werden mit irgend einem Preis besetzt, sechs, acht, verschiedene Personen nehmen Loose dazu, wer das Glück hat, führt die Perlen heim, und oft trifft sichs, dass man um einige Kreuzer in den Muscheln eine Perle gewonnen hat, werth in einer Krone zu glänzen, eine Perle, welche 50000 Piaster, und mehr werth ist.

Die grössere Masse wird nun von einem jeden Besitzer in eine abgesönderte Grube geworfen, wo man sie der Fäulniss überlässt, sie sterben und öffnen sich von selbst, jetzt werden die Perlen aus dem Schlamme genommen, polirt, gebohrt, und dann kommen sie in den Handel.

Mit einbrechender Nacht fahren die Kähne wieder in die See, und so geht dies während sechs bis sieben Wochen, in welcher Zeit die Bank abgefischt ist. Man pflegt von Seiten der Regierung es dahin einzurichten, dass die Fischerei etwa alle sieben Jahr auf denselben Punkt zurückkehrt, in welcher Zeit die Perlen reif sind, in einem kleinerem Zwischenraum haben die Muscheln nicht auswachsen können, die Perlen erlangen nicht die erwünschte Grösse und Reife, später glaubt man werde die letztere der Muschel beschwerlich, sie wirft sie aus der Schaale.

Die Perlenbänke befinden sich am Nordwestende der Insel, in der Nähe der Adamsbrücke; dies sind gleichfalls Bänke, Untiefen welche von Ceilon nach dem festen Lande gehn, und die den Namen daher haben, dass man behauptet, Ceilon sey das Paradies gewesen, Adam aber, nach dem Sündenfalle daraus vertrieben, habe sie auf diesem Wege verlassen, den alsdann das Meer verschlungen habe, oder (hierüber sind die Gelehrten nicht einig) Adam sey so gross gewesen dass diese Untiefen von ihm ohne Gefahr durchwatet werden konnten, ja dass an den tiefsten Stellen das Wasser ihm nur bis an die Knöchel gegangen sey.

Adam ist ihnen überhaupt noch in gutem Andenken, sie haben einem Adamsberg, an einem Felsen befindet sich eine Kette aus Granit, welche von Adam gemacht seyn soll; weil Adam hier wohnte, sind die Elephanten von Ceilon edler, als andrer

Orten, ein Elephant des festen Landes beugt vor
einem Ceilanesen in Demuth die Knie, diejenige
Raçe, deren sich Adam und Eva als Reitpferde bedienten, sind weiss, deren giebt es nun noch etc.
desshalb werden die Elephanten von Ceilon sehr
geschätzt, und desshalb wird ihnen sehr nachge-
stellt.

Die Art· des Fanges derselben durch ein zahmes Weibchen, welches sie lockt oder durch das
Eintreiben in grosse, mit Pallisaden umgebene
Räume ist zu bekannt, doch war es mir interessant
auf meiner Reise nach Candi dies Schauspiel zu
haben, weil die lebendige Ansicht solch eines Vor-
falles ganz etwas andres ist, als die treckene Erzählung. Die Menschen welche zu dieser Jagd
gehn, müssen ausserordentlich kühn und besonnen
seyn, im eigentlichsten Sinne, Verwegenheit und
Kälte miteinander vereinen, und dies scheint in
dem Character der Bewohner von Ceilon, der Cingalesen zu liegen.

Die ehemals portugiesischen, dann holländischen, jetzt engländischen Besitzungen auf Ceilon
begreifen noch nichts weiter, als einen schmalen
Kreis welcher parallel mit der Seeküste, die Insel
umzieht. Der König von Candi behauptet sich,
durch die tapferen Gebirgsbewohner unterstützt,

gegen alle Versuche eines weiteren Vordringens, ja
die Engländer können es nicht einmal dahin bringen, das er ihnen freien Handel mit seinen Unterthanen gestattet. Bei einer Tigerjagd hatte ich
Gelegenheit, ihren ausserordentlichen Muth zu bewundern, doch zeigt derselbe sich manchmal auch
sehr zum Verderben ihrer selbst und anderer. So
sind sie über alle Maassen rachsüchtig; eine kleine
vermeinte Beleidigung setzt sie ausser sich und
macht sie kochen vor Rache. Dann schwören sie
dem Götzen (es sind Malaien, Indier) der den Griff
ihres Dolches bildet, nicht eher zu ruhen, als bis
sie ihren Feind ermordet haben, und alles nieder
zu stossen, was ihnen in den Weg kommt. Sie berauschen sich nun durch ein, in seinen Wirkungen,
dem Opium ähnliches Gift, den Bang; dieser bringt
sie zu einem vorübergehenden Wahnsinn, zu völli-
ger Raserei; so bald sie dieses fühlen, rennen sie
wüthend auf die Strasse, und was ihnen entgegen
tritt, wird durchbohrt, man flieht sie wie einen tol-
ten Hund, denn eine blosse Schramme von diesem
Messer würde tödtlich, weil es vergiftet ist, allein
man schiesst auch aus allen Fenstern auf sie, wie
auf einen tollen Hund, denn sie sind, hors de la
loi. Erhält man sie lebendig, so werden sie gevier-
theilt, eine Strafe, die, so fürchterlich sie ist, doch
nicht hinreicht, sie von diesem sogenannten Muck-
laufen abzuhalten; sie gehn auch wohl in die Woh-

nung des Beleidigers, tödten sich vor seinen Augen, blos um ihn in den Verdacht des Mordes zu bringen.

Regt man diesen Teufel in ihnen nicht auf, so sind sie gut, treu, liebevoll, gastfrei, dienstfertig in einem hohen Grade, allein ihren Glauben und Aberglauben muss man nicht antasten, denn diesem sind sie sehr ergeben. So lange sie noch Fakirs haben, so lange sich noch Parias schwingen lassen, werden sie sich schwerlich taufen lassen. Hier kann man sehn, was Selbstverleugnung heisst. Die Fakirs, eine Klasse von Heiligen, üben sich öffentlich im Ertragen aller erdenklichen Martern. Einen Arm 25 Jahr lang Tag und Nacht in die Höhe halten, dass er vordorrt, wie ein Stab; die Hand zusammenkneifen, bis die Nägel derselben durch sie hindurchgewachsen sind u. dgl., das sind kaum beachtungswerthe Kleinigkeiten, allein sie lassen sich geiseln Tag für Tag, oder sie lassen sich mit Nägeln durch Hände und Füsse an einen Baum befestigen, nur von dem lebend, was die Vorübergehenden ihnen in den Mund stecken, oder sie liegen Tag und Nacht auf einem Brett welches ganz mit Nagelspitzen übersäet ist.

Die Paria's sind eine sehr verachtete Menschenrace, wenn sich jedoch ein Paria schwingen

lässt, so wird er so heilig, dass eine Blume aus
seiner Hand vor jedem Unheil schützt. — Dies
Schwingen geschieht nun folgender Art. Auf dem
Hauptplatz in Candi, oder überhaupt wo Pagoden
d. h. Götzentempel sind, werden so viele bewegliche
Schnellgalgen aufgerichtet, als mit Bequemlichkeit
geschehn kann, ohne dass einer den andern beim
Umherdrehen des horizontal stehenden Trägers hindert; an dem äussersten Ende dieses Schnellgalgens
befindet sich eine Rolle, durch welche man ein
paar Stricke gezogen hat, an diesen hängen starke,
eiserne Hacken. Der Paria legt sich auf die Erde
nieder, und durch das Fleisch des Rückens werden
ihm die Hacken getrieben, so dass sie eine acht
Zoll lange, zweifache Wunde machen, hieran wird
der Paria in die Höhe gezogen, und nun schwenkt
man ihn im Kreise umher. Er hat einen Korb
mit kleinen Blumensträuschen mitgenommen, diese
wirft er aus, — glücklich wer ein solches erhält —
doch auch dafür ist gesorgt, denn an allen übrigen Gerüsten geschieht ein gleiches, und in jeder
Viertelstunde lässt ein anderer unsinniger Thor sich
martern, dies dauert vom Aufgang der Sonne bis
in die Nacht.

Während jene Schlachtopfer einer finstern
Götzendienerei, einer thörigten Seelenwanderungs-
lehre,

(„ — — — — Was?
„Meint ihr ein Fackir lasst umsonst sich schlagen?
„Geduld! der Tod verwandelt auch in Pferde,
„Und wehe dem auf welchem ich
·„Nach meinem Tode reiten werde!"
                                        Pfeffel.

auf diese fürchterliche Weise gequält werden, sitzen
die Cingalesen in grösster Gemüthsruhe, essen,
giessen ihre Getränke aus Theekannen von fern
sich in den Mund, denn das Gefäss an den Mund
zu setzen, wird für beleidigend und schimpflich gehalten, und sehn den Paria's zu, welche ihre
Schmerzen mit der grössten Standhaftigkeit ertragen, und noch dazu singen, bis sie ein Blumenstrauss trifft, worauf sie ihren Zweck erreicht haben und den Platz verlassen.

Unter den Cingalesen sieht man häufig so gut,
wie in dem nahen Indien selbst, die bekannten
und berühmten Gauckler, welche sich Nägel durch
die flache Hand, durch die Backen schlagen läs-
sen, welche sich eine gekrümmte Gabel in die Nase
stecken, bis sie zum Munde heraus kommt, welche
sich einen breiten Degen in den Mund bis zum
Magen hinein drücken, welche die giftigsten Brill-
lenschlangen, so wie Ratten und Mäuse compag-
nienweise gleich den Soldaten, mit kleinen Gewehr-
ren, exerziren, marschiren, tanzen und springen

lassen, ohne dass sie von den ersteren den Biss, der in jedem Fall tödtlich wäre, noch von den anderen das Davonlaufen, oder nur irgend einen Ungehorsam zu befürchten hätten.

Auch sie gehören wie die Fackirs zu der Klasse der Paria's, niemals zu den Braminen, welche von der edleren Kaste sind, sich auch durch vorzüglich schönen, überaus zarten Körperbau, wie durch die auffallend weisse Hautfarbe auszeichnen. Unter den Braminen allein findet man Gelehrsamkeit, und Kenntniss der Natur, welche sie von ihren Vorfahren ererbt haben, zugleich aber auch die patriarchalischen Sitten, die Einfachheit und Güte, die Treuherzigkeit, welche dem alten Indier eigen war und in ungeschwächtem Grade auf den Sohn übergegangen ist.

Es ist nicht zu sagen, wie der ehemalige Besitzer dieser Insel, der Holländer, gegen sie in den Schatten tritt; dieser ist vor Schmutz auf 50 Schritt durch den Geruch zu erkennen, jener badet sich gesetzlich dreimal an jedem Tage, aus Liebe zur Reinlichkeit aber ausserdem noch drei - bis viermal; dieser ist der Inbegriff aller Faulheit, jener lebhaft und zum Thun geneigt; dieser handelt nur zu seinem Vortheil, uneigennützig im höchsten Grade opfert der Bramine nicht nur seinen Vortheil, sondern sich selbst für den Hülfebedürftigen — diese divergirenden Linien, denn wahrlich eine Parallele ist das nicht zu nennen, könnte man ins Unendliche fortführen, denn der Holländer giebt überall Anlass, ihn zu verlachen oder ihn zu verachten, während man am Brachmanen nur Schönes und Edles sieht.

So macht der Holländer auf der Strasse mit einem jeden Bekannten die erdenklichen Zeremonien und Complimente, dasselbe geschieht bei einem Besuch. Hat er nun diese Pflicht erfüllt, so zieht er sich ohne Umstände den Rock und die andern Kleidungsstücke aus, fährt in einen Schlafrock, den der Hausherr bringen lässt, setzt dessen Schlafmütze auf, zieht Pantoffeln an und verfährt, als wenn er zu Hause wäre, dann lässt er sich eine kopfhängende Tonpfeife bringen, und schmaucht einige Stunden gewaltig; unterdessen kommen vielleicht noch zehn andre, welche nach den nöthigen vorschriftsmässigen Begrüssungen es so machen, wie der erste, alle zusammen sprechen aber kein Wort. Auf diese Weise machen sie vom Morgen bis zum Abend, oft sechs Besuche, ein jeder ist von den Antritts - und Abschiedsehrenbezeugungen begleitet, überall zieht der Besuchende sich aus, nirgend spricht er. Tabackrauchen und Branntweintrinken macht die Unterhaltung aus, um sechs Uhr kehrt

ein jeder zum Mittag heim, sagt. zu seiner Frau,
er habe sich sehr amüsirt, und nun ist er mit dem
Gespräch auch schon fertig; denn die gnädige
Dame plump und dick, von Fett und Salben triefend, gewiss in der Gefahr, kleben zu bleiben,
wenn man sie an die Wand wirft, ist eben so wenig zum Sprechen zu bringen, und ohne Bildung,
unter verworfenen Sclavinnen aufgezogen, entbehrt
sie eines jeden Reizes, den wir an den Frauenzim-
mern höherer Stände zu finden gewohnt sind.

So ist es in der ganzen Stadt Colombo, welche
300000 Einwohner zählt. Nur die Engländer machen hievon eine rühmliche Ausnahme.

———

Vierzehnte Vorlesung.

Im Januar des Jahres 1821 kam ich nach Madagascar, welches der Colonie auf der Insel Bourbon wegen, früherhin von den Franzosen den Portugiesen abgenommen wurde; leider haben auch sie sich zur Schande der Menschheit hier so betragen, dass der Fluch der armen Einwohner sie überall verfolgt. Das Land an der Küste hat ein trauriges Ansehn durch die verschanzten Dörfer und Wohnungen, alles ist mit starken Pallisaden umgeben, mit Wällen versehen, Bogen und Feuergewehr lehnt in jeder Ecke, das Ganze sieht äusserst kriegerisch aus.

Wahrscheinlich ist es mir, dass die Insel durch Araber hauptsächlich bevölkert worden ist. Bevor Vasco de Gama den Weg um das Vorgebirge der

guten Hoffnung fand, war der Handel allein in den
Händen der Araber, welche die Küsten des rothen
und des persischen Meeres bewohnten, sie waren
nicht blos Küstenfahrer, sie gingen nach China und
Japan, nach den Inseln des Südmeeres wie uns
viele Producte. zeigen, welche sie damals nach Europa lieferten. So haben sie auch wohl Madagascar besucht, vielleicht sich gar dort niedergelassen.

Die oberste der Klassen auf Madagascar ist
rein arabischen Ursprunges, dies zeigt der ganze
Körperbau, zeigt ein allgemeines physiognomisches
Gepräge, dies zeigen ihre Sitten und Religionsge-
bräuche etc. Sie selbst sind jedoch nicht dieser
Meinung, ihr Stammbaum ist älter; sie datiren denselben bis auf Adam zurück, ja sie würden ihr
Geschlechtsregister noch weiter hinaufführen, wenn
sie es bequem zu machen wüssten. Das Wahre an
der Sache ist, dass Gott nach der Vertreibung des
Adam aus dem Paradies, Mitleid mit dem armen
Schelm, Mitleid wegen der ihn nothwendig befallen-
den Langweile hatte, und ihm sieben Weiber
machte; die eine aus seinem Kopf, die zweite aus
den Schultern, den Armen entsprang die dritte,
die vierte den Rippen (von dieser stammen wir und
unsere liebenswürdigen Weiber ab, wir sind mit
dem Mittleren bedacht, welches überall das Beste

ist), die fünfte kam aus Adams Hüfte, aus seiner Wade die sechste und die siebente aus der Ferse.

Hier finden wir auch gleich die Klassification der Kasten. Die Kinder, welche aus Adams Vermählung mit der, aus seinen Haupt entsprungenen Frau entstanden, sind die erste und edelste Kaste, ihr folgen die andern, die Dame seines Herzens ist unser aller Mutter etc. Nach diesem Mythus gibt es nun auf Madagascar sieben Volksklassen, welche so scharf von einander getrennt sind, dass der obere durch die Berührung eines niederern sich für entehrt hält, dass eine Verbindung zwischen einem Mädchen höheren, und einem Manne niederern Standes niemals, das Umgekehrte aber höchst selten statt findet, dass der Niedere mit dem Höheren nur mit gesenktem Haupt, mit vor den Mund gehaltener Hand sprechen, und dabei nicht aufsehen darf, damit der unreine Athem jenen nicht anwehe, ein Blick seiner schlechten Augen ihn nicht treffe etc.

Sie haben nichts mit einander gemein, als den Hass gegen die Europäer, und doch wie sonderbar — halten sie das Begegnen eines Europäers am Morgen für sehr heilbringend; mit frohem Muth geht der Madecasse an das wichtigste Geschäft, wenn ihm solch ein Glück begegnet ist, die Nachfolgenden,

welche dies bemerken, treten in des ersten Fuss-
stapfen, um dieses Glückes theilhaftig zu werden —
etc. Sie verfolgen den Weissen — (dies kann man
nicht eigentlich als Unterscheidungszeichen gelten
lassen, weil die vornehmste Kaste, die der Ombias-
sen, weisser noch ist, die schönste Hautfarbe und
ächt caucasische Bildung hat, es steht hier für Europäer) bis auf's Leben, und achten sich durch ehe-
liche Verbindung mit demselben doch hoch geehrt,
ja diese höchste Kaste selbst vermählt ihre Töchter
lieber mit einem Europäer als mit dem vornehmsten
Eingebornen.

Das Innere des Landes hat eine ganz andre
Gestalt als die Küste, mehrere Bergreihen durch-
ziehen dasselbe seiner Länge nach, die höchsten
Gipfel derselben sind im Norden der Wigagore, im
Süden der Bothistmene, viele kleine Flüsse durch-
wandern es nach allen Richtungen und machen die
romantischen Gebirgsthäler höchst lebendig. Prächtige Wasserfälle, schöner und grossartiger als der
Staubbach in der Schweiz, wenn auch nicht so
gross als der Rheinfall, sind in Menge vorhanden,
die ausgedehnten Wälder, welche an die Lianen-
bäume Indiens erinnern, bekränzen den Fuss der
schroff, man möchte sagen eigenthümlich geform-
ten Gebirge, die Beleuchtung, unter welcher die
Gegend sich darstellt, tiefe Himmelbläue oder scha:-

tige Wolkendecke, oder Silberschaum des Mondes, macht alles noch mannigfaltiger.

So werde ich nie eines Bildes vergessen, das seiner trefflichen dreifachen Beleuchtung wegen des Pinsels eines Rembrand würdig gewesen wäre. Mein Weg hatte mich im Gebirge, nahe am Botistmene, lange Zeit umhergeführt, ein grosser Affe, den ich verfolgte, war die Ursache, dass ich meine Begleiter verlor und mich auf einmal in der ungeheuren Wildniss allein fand, die rasche Verfolgung des, mich mit spasshaften Sprüngen neckenden Thieres, hatte mich auf die Himmelsgegend nicht acht haben lassen, ich wusste also nicht, sollte ich die Gefährten im Norden oder im Süden suchen, vergebens liess ich mein Horn ertönen, es war nicht Hüons Horn, es zauberte mir nicht einen hülfreichen, freundlichen Genius herbei, ich musste mich auf mich selbst verlassen, so wandelte ich bei einbrechender Nacht weiter, den Mond, welcher hoch am Himmel stand, allein zu meinem Trost und meinem Geleitsmann habend.

Sieh, da trat ich aus dem mich bergenden Dickicht heraus, und sah vor mir in geringer Entfernung den Botistmene liegen, sein Haupt hinauf zu den Wolken tragend, mild übergoss ihn der Mond mit seinem blassen Licht, kräftig und keck

traten die Schattenpartien hervor, fern im Westen
sah man noch das letzte Roth der schon längst
untergegangenen Sonne, den Horizont säumend
und den Bergspitzen den leisen Hauch von Purpur
mittheilend, indess mit weissem Licht überflogen in
tiefer Ruhe alles übrige der reizenden Gegend lag,
nur seitwärts flimmerte ein breiter Wasserstrahl,
hüpfend und springend eine Felskuppe hinab, bald
in weissen Schaum aufgelöst, bald wieder gesammelt in leichten Cascaden weiter rollend, bald wieder in lauter Silberflittern zertheilt und die Reflexlichter von den Stellen des noch zusammenhängenden, nicht zerstäubten Wassers drangen kräftig
durch die leichten beweglichen, bald entfliehenden,
bald wieder rückkehrenden Nebel, welche mit der
Luft zu ringen schienen, und in denen der Mond
vergeblich des Regenbogens bunte Farben bilden
wollte.

Aus dunklen, dicht gedrängten Waldungen
ragten die hell erleuchteten Höhen hervor, geküsst
vom Mondesstrahl, doch ganz nahe lag ein breites,
grad abgerissenes Felsstück, davor war ein Feuer,
und um dieses eine Gruppe von Madecassen. Zwei
derselben knieten am Feuer, ihr Abendbrod zu bereiten, ein dritter war so eben im Begriff noch
ein andres anzuschürren, und blies mit vollen Backen
hinein, so dass sein Gesicht von der dunkeln Koh-

lengluth, trotz der Schwärze seiner Haut, Zinnober-
roth gefärbt war. Drei halb nackte Schwarze zer-
theilten ein geschlachtetes Thier, indess einige andre, durch das Geräusch welches mein Nahen verursacht hatte, aufmerksam nach der Gegend hin
horchten, woher ich kam, ein ungeheurer Hund,
war von einem derselben im Augenblick, da er mir
entgegen wollte, am Halsband gehalten und stand
so noch auf den Hinterbeinen im Sprunge gefesselt,
ihre glänzenden Gewehre hatten die andern in Händen, und am sonderbarsten erschien eine Frauen-
gestalt, in reichen faltigen Kleidern am Feuer
sitzend, auf das stärkste beleuchtet, während das
nach mir gewendete Gesicht keinen Lichtstrahl bekam. Die Spannung in der ganzen Gruppe, die
Bewegungslosigkeit derselben, das helle Feuer, seine
Streiflichter zwischen den Gestalten hindurch wer-
fend, der schwarze Schlagschatten von einigen der
Figuren, riesengross anwachsend theils auf dem
Felsstück, theils gar bis hoch an den Berg hinauf
ragend, und dies im Verein mit dem fein geröthe-
ten Horizont und dem blassen Lichte des Mondes
welcher überall in der Nähe des Feuers Doppelschat-
ten hervorbrachte, gab ein so reizendes Bild, das
ich im Anschauen desselben meine eigne gefahrvolle
Lage vergas.

Nachdem ich mich daran satt gesehn, und mit
einigen flüchtigen Zügen so weit das Helldunkel es

erlaubte, eine Soizze davon genommen hatte, ging
ich auf das Feuer zu, und nun bemerkte ich, dass
es meine eignen Leute waren, was mich, da ich
dies gar nicht erwarten konnte, doppelt überraschte
und freute; ich hatte mich nämlich von dem ver-
folgten Thier in einem völligen Kreis umher locken
lassen, und fand sie, die ich hinter mir glaubte,
nun vor mir.

Das Land ist überaus reich an trefflichen Früchten, an seltnen Pflanzen, ist reich an Thieren und
eben so an Minern, leider wird alles zu wenig benutzt, die Europäer sind an die Küsten gebannt,
die Einwohner verstehn nicht zu brauchen, was sie
an Schätzen haben. Die Fremden sind überall
selbst Schuld, dass sie vertrieben, nicht gelitten
werden, die französischen Kommandanten haben
sich unerhörte Bedrückungen erlaubt, und wenn sie
durch andere ersetzt würden, so machten es diese
noch ärger. Recht war von den Usurpatoren nie
zu erhalten, der Kläger musste stets gegen den
Beklagten verlieren, dies lag in ihrer jämmerlichen
Politik; so nahmen sich die gequälten Menschen,
verzweiflungsvoll, endlich selbst Recht, und jagten
ihre Plagegeister zu verschiedenen Malen zur Insel
hinaus, allein die Fransosen hielten sie für zu
wichtig und kamen stets wieder, und das Volk
selbst, von Hause aus sehr bieder und gutmüthig,

lies sie zuletzt ihr Wesen treiben und zog sich vor
ihnen in das Innere des Landes zurück, welches so
reizend ist, dass ich es dem Grafen Benjowski gar
nicht verdenken mag, wie er sich zum König von
Madagascar creirte, es ist doch immer ein Königreich von 12000 Quadratmeilen.

Wenn die Türken ungerechter Weise ein Paradies blos für die Männer haben (in welches ich
schon gar nicht möchte) so ist zum Ersatz Madagascar das Paradies für die Weiber, und schon hier
auf der Erde. Sie sind mit keiner beschwerlichen
Arbeit geplagt, können ihrem Vergnügen ohne Hin-
derniss nachgehn, sie werden von den Männern
geachtet, geliebt, sie stehn höher als jene, nie
sah ich einen Streit oder gar nie Zänkerei zwischen
Mann und Weib, die ersteren bemühen sich in Ge-
genwart ihrer Frauen, nicht das Rauhe (wie selbst
bei uns zu Zeiten geschieht) sondern das Glatte
heraus zu kehren, bemühen sich stets freundlich
und heiter in ihrer Nähe zu erscheinen, ja, sollte
es ihnen einen Zwang kosten, sollen sie missge-
stimmt seyn, sie suchen alle Unannehmlichkeiten
zu vergessen, um nur den Frauen kein verdrüsslich
Gesicht zu zeigen.

Diese dagegen sind nicht unempfindlich für so
manche Aufopferung, sie bemühen sich eben so

freundlich auf die Männer zu wirken, ja eine besondere Sitte — ein Aberglauben an ihre, man könnte sagen magnetische Wirkung, an ihren Raport mit den Männern lässt sie, wenn die letzteren im Kriege sind, den ganzen Tag nicht ruhen, sie springen, singen, tanzen bis zum Hinfallen, sie lassen sich kaum Zeit zum Essen, sie schlafen halb so viel als sonst, immerfort nur tanzend, weil sie meinen, durch ihre eigne Fröhlichkeit die ihrigen gleichfalls so zu stimmen, ihren Muth, ihre Kraft und ihre Ausdauer in der Gefahr zu erhöhen.

Auf die Schultern der Männer ist jede Last gewälzt, selbst die häuslichen Verrichtungen liegen ihnen ob, und vielleicht kommt die Erfindung der Köche von dort her, denn Köchinen giebt es nicht, die männliche Dienerschaft verrichtet alles. Doch dafür haben sie sich auch in vielen Dingen eine ausgezeichnete Geschicklichkeit erworben, nicht etwa im Flechten von Tragekörben, von Matten oder Hüten, nicht etwa wie die Chinesen im Flechten von Theetassen und Theekannen aus Holz, welche so dicht sind, dass sie unlackirt und ohne irgend einen Firniss, kochend heisses Wasser halten, sondern in Manufaktur-Waaren, welche wir so hoch schätzen, dass sie fast nicht mehr bezahlt werden können, in Verfertigung der kostbaren Zeuge, welche wir Shawl nennen, (woher

der Name Shawl für diesen Damenschmuck kommt)
und davon der Preis für eine Elle 100 Karolin ist.
Die Langsamkeit mit der die Arbeit bei den höchst
unvollkommenen Maschinen vor sich geht und das
Material , Haar der Angora - Ziege , welches weich
und lang wie Seide ist, erklären diese Theuerung.

Der Mousselin, welchen sie verfertigen, der
unter dem Namen des ostindischen bekannt, aber
in Europa wohl nicht oft gesehen ist, und der aus
Nesselgarn bereitet wird, ist so zart, dass eine
sechsfache Bekleidung damit dem lüsternen Auge
auch nicht die geheimsten Reitze entziehen würde;
was wir hier mit diesem Namen beehren, möchte
neben jenem Mousselin kaum Sack - Leinwand genannt werden können.

Welch ein Handelsplatz könnte dies werden,
wenn nicht Portugiesen, Holländer, Franzosen und
Engländer das Land einander abgejagt, einander
in allen erdenklichen Grausamkeiten überboten hätten — wie natürlich, dass ein Volk, welches auf
seine Kräfte aufmerksam wird, eine so schnöde Behandlung mit den Waffen in der Hand zurückweist.

Nach zweimonatlichem Aufenthalt verlies ich
die Insel, ging bei dem Cap vor Anker, sah mich
während eines Zeitraums von sechs Wochen im

Lande so viel als möglich um, allein diese Spitze
von Africa ist zu sehr bekannt als dass ich etwas
Neues darüber' sagen könnte, dass es dort Löwen,
Elephanten, Tieger, Strausse, Schaaren von Affen
u. s. w. giebt, weiss jedermann, dass die Bossjemans
von den braven Holländern gleich den Affen behandelt, dies ist, wo sie sich sehn lassen todtgeschos-
sen werden, gleichfalls; nirgends lernte ich , die
Coriphäen dieses Volks, die reichen Min Heers,
mehr hochachten, als hier, wo das Zählen der
Schläge, welche sie dem Sclaveu zutheilen lassen,
ihnen zu mühsam ist, und sie die Strafe daher
nach der Anzahl der Pfeifen Taback, welche sie
während des Schlagens ausrauchen, bestimmen etc.
ich dankte dem Himmel, als ich wieder fort war.

Vor St. Helena gingen wir vor Anker, allein
da Napoleon damals noch dort lebte, durften
wir die interessante Insel nicht besuchen, wir setzten daher am zweiten Tage unsere Farth nach
Europa fort, passirten die Canarischen Inseln, die
Madeiren etc., und im Herbst betrat ich bei Cux-
hafen mein liebes Deutschland nach 4 und ½jähriger
Abwesenheit.

III.

V.

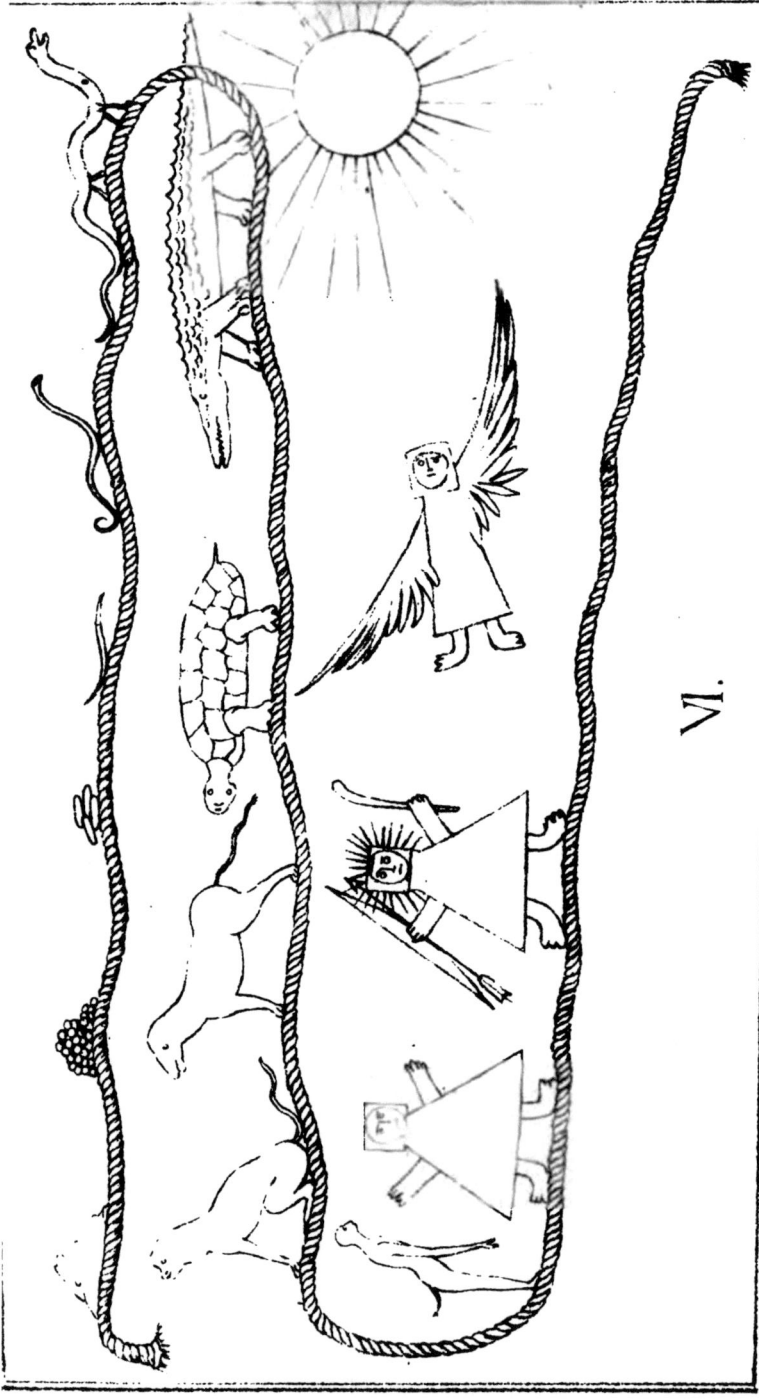

VI.

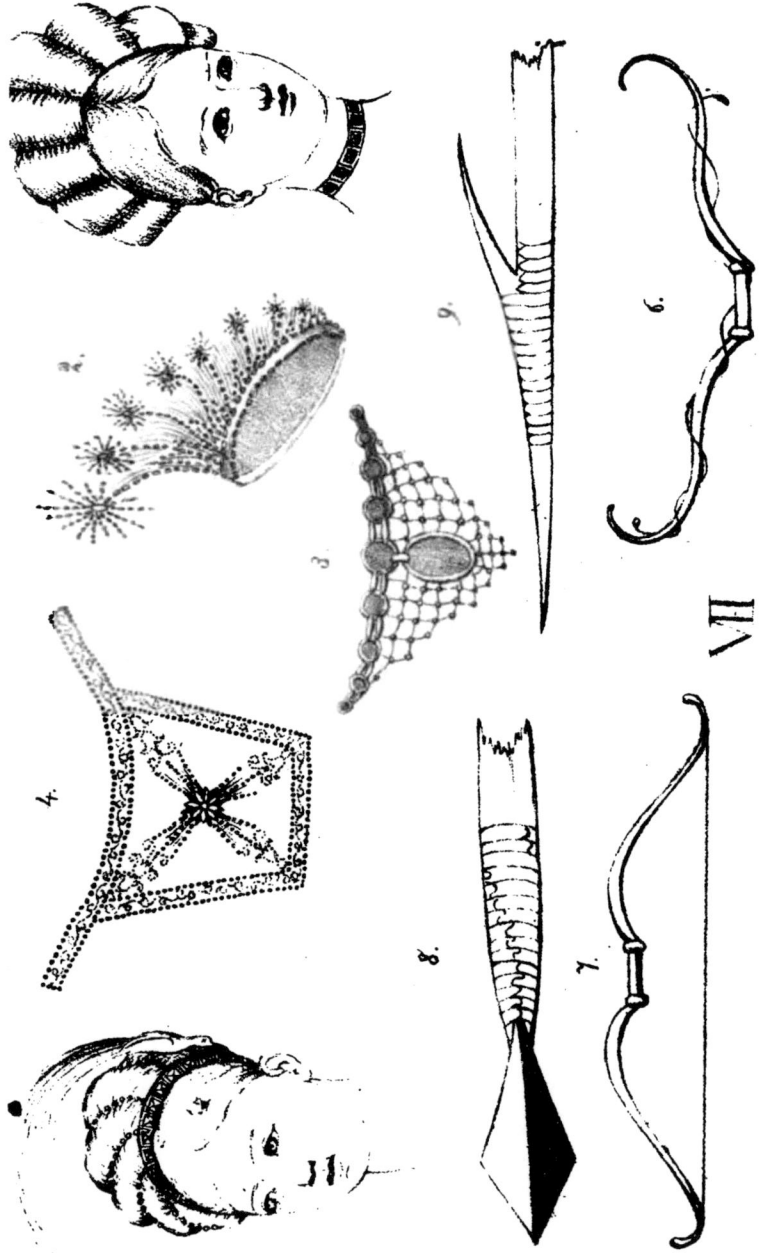